Liebe Christiane,

herzlichen Dank
für das schöne Cover!
Viele Grüße,

Werner
Berlin, 18.7.13

Lorenz Pöllmann

Der Einsatz von Social Media

in der Kommunikationspolitik von Theatern

Shaker Verlag

Aachen 2013

Bibliografische Information der Deutschen Bibliothek

Die Deutsche Bibliothek verzeichnet diese Publikation in der Deutschen
Nationalbibliografie; detaillierte bibliografische Daten sind im Internet über
http://dnb.ddb.de abrufbar.

Lorenz Pöllmann

Der Einsatz von Social Media in der Kommunikationspolitik von Theatern

Die vorliegende Arbeit wurde 2012 als Dissertation an der Kulturwissenschaftlichen
Fakultät der Europa-Universität Viadrina Frankfurt (Oder) angenommen.

Umschlag: Christiane Werum

Printed in Germany.

ISBN: 978-3-8440-2015-1

Shaker Verlag GmbH • Postfach 101818 • 52018 Aachen
Telefon: 02407 / 95 96 - 0 • Telefax: 02407 / 95 96 - 9
Internet: www.shaker.de • E-Mail: info@shaker.de

Inhalt

1 Einleitung

1.1 Problemstellung

Mit der Verbreitung neuer interaktiver Onlineangebote hat sich ein radikaler Wandel der medialen Landschaft vollzogen (vgl. Edelman 2007, S. 130; Cooke/Buckley 2008, S. 271). Social Media-Anwendungen, wie beispielsweise Facebook oder YouTube werden weltweit von einer Vielzahl von Personen genutzt und entwickeln sich zunehmend zu den wichtigsten Kommunikationsmedien unserer Zeit. In Deutschland verwendeten 2011 bereits 42% aller Onliner Social Networks (vgl. ARD/ZDF 2011f). Ein Vergleich der Nutzungsdaten seit 2007 verdeutlicht insgesamt eine steigende Nachfrage von Social Media-Angeboten in Deutschland (vgl. ebd.). Die Popularität der Anwendungen ist auf die Kommunikationsmöglichkeiten zurückzuführen, die sich für die User ergeben: Während früher Informationen über das Internet häufig nur abgerufen wurden, können heute Inhalte selbst online gestellt und verbreitet werden (vgl. u.a. Hettler 2010, S. 7; Ebersbach et al. 2011, S. 25ff.; Bernecker/Beilharz 2012, S. 19ff.; Hausmann 2012a, S. 20). Die User nehmen damit eine Doppelrolle als Produzenten sowie als Konsumenten von Inhalten ein, weshalb sie auch als sogenannte „Prosumer" bezeichnet werden (vgl. Howe 2008, S. 4; Weinberg 2010, S. 14ff.). Dieses veränderte Nutzungsverhalten führt zu einer neuen Struktur der Medienlandschaft: Die Möglich-keiten der Informationskontrolle traditioneller Massenmedien wird durch die schnelle Verbreitung von nutzergenerierten Inhalten über Social Media-Kanäle eingeschränkt (vgl. u.a. Edelman 2007, S. 130; Cooke/Buckley 2008, S. 271; Bruhn 2010, S. 473). Statt Informationen über traditionelle Multiplikatoren wie Zeitungen oder das Radio zu verbreiten, nutzen inzwischen zahlreiche Unternehmen und Institutionen Social Media, um mit den Usern in Kontakt zu treten. Beispielsweise zeigte eine aktuelle Studie des Deutschen Instituts für Marketing aus dem Jahr 2011, dass zwei Drittel der dort befragten Unternehmen (n=587) Social Media in der Unternehmenskommunikation nutzen (vgl. Bernecker/Beilharz 2012, S. 283ff.). Für Kulturbetriebe wie beispielsweise Theater ergeben sich ebenfalls neue Möglichkeiten, direkt Informationen gegenüber ihren Zielgruppen zu kommunizieren und ihre Kommunikationspolitik durch Social Media-Anwendungen zu erweitern (vgl. u.a. Henner-Fehr 2010; Janner 2011).

Die Mehrheit der öffentlich-rechtlichen Theater in Deutschland hat bereits Social Media als neues Instrument in ihre Kommunikationspolitik integriert, wie anhand einer empirischen Untersuchung im Rahmen dieser Arbeit gezeigt wird. Ein bedeutendes Ziel der Kommunikationspolitik ist die Übermittlung von Informationen, um Unsicherheiten zu reduzieren, die sich aus fehlenden Kenntnissen über die Eigenschaften einer Leistung ergeben (vgl. Meffert/Bruhn 2009, S. 24; Homburg 2012, S. 58f.). Für Theater sind Kommunikationskanäle wie Social Media daher von besonderer Bedeutung: Als kulturelle Dienstleister bieten sie Leistungen an, die vielfach erst nach der Inanspruchnahme bewertet werden können (vgl. Hausmann 2005). Dies führt auf der Seite potenzieller Theaterbesucher und insbesondere bei Erstbesuchern zu Unsicherheiten hinsichtlich der Qualität der Theaterleistung (wie beispielsweise in Bezug auf die Leistung der Schauspieler oder die Kreativität der Inszenierung), die durch Kommunikationsmaßnahmen reduziert werden sollen.

Derzeit lässt sich beobachten, dass Theater unter Einsatz verschiedener Social Media-Anwendungen wie Facebook, Twitter oder YouTube versuchen, potenzielle Theaterbesucher von ihren Angeboten zu überzeugen. Eine theoretisch fundierte Analyse der Möglichkeiten sowie eine empirische Betrachtung der Social Media-Nutzung von Theatern und deren Besuchern fehlen bislang und sollen durch die vorliegende Arbeit erbracht werden.

Die theoretischen Überlegungen stützen sich auf die Sichtung und Auswertung der bestehenden Literatur. Daher soll zunächst ein Überblick des Forschungsstands gegeben werden.

1.2 Stand der Forschung

Ziel dieses Kapitels ist die Darstellung des Forschungsstands, um die Forschungslücke zu verdeutlichen, die mit dieser Arbeit geschlossen werden soll. Für die vorliegende Arbeit sind drei Bereiche von Relevanz, deren gegenwärtiger Forschungsstand nachfolgend besprochen werden soll. Die drei relevanten Wissenschaftsbereiche sind:

(1) Kultur- und Theatermarketing
(2) Kommunikationspolitik
(3) Social Media

(1) Kultur- und Theatermarketing

Zu den Standardwerken im Theatermarketing können die Publikationen von Kotler/ Scheff, Hausmann und Scheff Bernstein gezählt werden (vgl. Kotler/Scheff 1997, Hausmann 2005, Scheff Bernstein 2007):

- Philip Kotler und Joanne Scheff veröffentlichten 1997 ihr vielbeachtetes Buch „Standing Room Only". Das Buch gliedert sich in sechs Bereiche, in denen das Marketing für Theater umfangreich von der Definition eines Mission Statements, der Betrachtung des Kulturmarktes, preispolitischen Überlegungen bis hin zu Entwicklungsfragen zukünftiger Theaterpublika besprochen wird. Ein explizites Kapitel zum Marketing-Mix wurde nicht verfasst (die Preispolitik wird beispielsweise den Strategien zugeordnet). Der Kommunikationspolitik ist als bedeutender Bereich des Marketing dafür rund ein Sechstel des Buches gewidmet.

- Andrea Hausmann publizierte 2005 das nach wie vor aktuellste und umfangreichste deutschsprachige Buch zum Theatermarketing. Hausmann ordnet die Theater als Dienstleistungsbetriebe ein und entwickelte mit dem Buch erstmalig eine systematische Theatermarketing-Konzeption, die sich an bewährten Marketing-Modellen orientiert und auf die aktuelle Situation der Theater abgestimmt ist. Insgesamt findet sich in der Publikation eine vielseitige Darstellung sämtlicher Bereiche des Theatermarketing, die strukturiert die Bereiche Analyse, Zielsetzung, Strategie, operatives Marketing sowie Controlling behandelt. Das Buch dient der Entwicklung eines ganzheitlichen Verständnisses von Theatermarketing als Prozess.

- Zehn Jahre nach der gemeinsamen Publikation mit Philip Kotler veröffentlichte Joanne Scheff Bernstein 2007 mit „Arts Marketing Insights" erneut ein Buch, das sich neben Theatern auch an Orchester und andere Kulturbetriebe der darstellenden Kunst richtet. Scheff Bernstein zeigt mit ihrer Publikation die wesentlichen Handlungsfelder des Marketing für Theater auf, die durch zahlreiche Fallstudien illustriert sind. Ergebnisse empirischer Forschung bereichern die Ausführungen, auch wenn sich die Forschung überwiegend auf die Situation in den U.S.A. bezieht. Die Autorin widmet dem Internet- und E-Mail-Marketing ein eigenes Kapitel. Social Media-Anwendungen werden jedoch nicht berücksichtigt.

Weitere Ausführungen zum Theatermarketing finden sich bei Röper (2006) und Schmidt (2012). Diese beiden Publikationen befassen sich im Gegensatz zu den drei vorgestellten Werken nicht primär mit Theatermarketing sondern mit Theater-management. Aus diesem Grund sind die Ausführungen zum Marketing deutlich knapper gehalten.

In den vergangenen Jahren waren Untersuchungen zum Theater im Kontext des Kulturmanagement zunehmend Gegenstand wissenschaftlicher Untersuchungen. Aspekte des Theatermarketing wurden thematisiert von Hilger (1985), der sich mit den Möglichkeiten des Marketing für öffentliche Theater befasste. Schwerdtfeger (2004) untersuchte die Gestaltung der Theater als Marke. Darüber hinaus wurden Forschungs-arbeiten zum Theatermanagement (vgl. Hoegl 1995; Allmann 1997; Nowicki 2000; Röper 2001), zur Theaterfinanzierung (vgl. Solf 1993; Tobias 2003; Lange 2006; Gerlach-March 2008), zum Theatercontrolling (vgl. Schneidewind 2000; Vakianis 2003) zum Theaterpublikum (vgl. Martin 1999), zu Produktionsstrukturen (vgl.

Widmayer 2000) und zu Kooperationen von Theatern (vgl. Föhl 2011) veröffentlicht, jedoch keine Forschungsarbeit zur Kommunikationspolitik von Theaterbetrieben.

Da das Theatermarketing als Teilbereich des Kulturmarketing anzusehen ist, kann die Literatur zum Kulturmarketing das Forschungsvorhaben dieser Arbeit unterstützen, wie in Kapitel 4 dargestellt. Als relevante Literatur mit dem Schwerpunkt Kulturmarketing sind insbesondere zu nennen: Colbert (2007), Günter/Hausmann (2009 bzw. 20012) und Klein (2011):

- Die Publikation von François Colbert ist die dritte Auflage des Buches „Marketing Culture and the Arts", das gemeinsam mit Jacques Nantel, Suzanne Bilodeau und William Poole 1995 veröffentlicht wurde und zu den ersten internationalen Kulturmarketingpublikationen zählt (die deutsche Übersetzung erschien 1999). Das Autorenkollektiv behandelt die Aspekte des Kulturmarketing aus einer grundsätzlich betriebsübergreifenden Perspektive und geht zudem teilweise auch explizit auf die Besonderheiten von Theater ein.

- Das Buch von Andrea Hausmann und Bernd Günter stellt Kulturmarketing als umfassende betriebswirtschaftlich fundierte Konzeption für die Gestaltung der Beziehungen zwischen Kulturbetrieben und ihren Stakeholdern dar. Ihre Ausführungen verdeutlichen die Autoren immer wieder auch am Beispiel der Betriebsform Theater. Insgesamt lassen sich zahlreiche behandelte Aspekte auf das Theatermarketing übertragen. Darüber hinaus ist festzuhalten, dass die Publikation erstmalig das Thema Social Media (unter dem Begriff „Web 2.0") im Rahmen einer umfangreichen Behandlung des Kulturmarketing aufgreift. In der Neuauflage von 2012 findet sich eine ausführliche Vertiefung, indem die Autoren dem Thema ein eigenes Kapitel widmen (vgl. Günter/Hausmann 2012, S. 91ff.).

- Von Armin Klein erschien 2011 die dritte Auflage seines 2001 veröffentlichten Buches zum Kulturmarketing, das als erstes deutschsprachiges Standardwerk zu diesem Thema betrachtet werden kann. Auch Klein, der als ehemaliger Dramaturg den Theatern verbunden ist, geht in seinem Buch wiederholt auf das Theatermarketing ein und bietet in der Neuauflage auch ein Unterkapitel zur Social Media-Kommunikation von Kulturbetrieben (vgl. Klein 2011, S. 425ff.).

Alle drei Bücher behandeln Kulturmarketing umfassend und geben wertvolle Informationen für das Theatermarketing. Die jeweils vorgestellten Kulturmarketing-Konzeptionen unterscheiden sich voneinander, wobei Colbert – ähnlich wie Kotler/Scheff – seine Ausführungen zum Marketing in größere Blöcke unterteilt. Hingegen liefern Günter/Hausmann und Klein jeweils einen klar strukturierten Aufbau eines Kulturmarketing-Prozesses, der auch mit dem Theatermarketing-Prozess bei

Hausmann (2005) zu vergleichen ist, und dem im Rahmen der vorliegenden Arbeit gefolgt werden soll.

Insgesamt zeigen die Ausführungen, dass zum Kultur- und Theatermarketing bereits fundierte Publikationen existieren. Eine wissenschaftliche Untersuchung der Kommunikationspolitik öffentlicher Theater unter Berücksichtigung informationsökonomischer Annahmen, wie es in dieser Arbeit vorgesehen ist, wurde bisher jedoch nicht durchgeführt. Dies zeigen auch die nachfolgenden Ausführungen zur Kommunikationspolitik.

(2) Kommunikationspolitik

Da Social Media im Verlauf dieser Arbeit der Kommunikationspolitik im Theatermarketing zuzuordnen ist, wird nachfolgend der Stand der Forschung zur Kommunikationspolitik mit den für diese Arbeit relevanten Schwerpunkten erläutert. Die Forschung der Unternehmenskommunikation im operativen Marketing basiert auf Grundlagen der Kommunikationswissenschaft (vgl. Merten 1999; Burkart 2002 sowie Bentele et al. 2006). In der Marketingliteratur wird Kommunikation in der Regel als Element des Marketingmix unter der Bezeichnung „Kommunikationspolitik" behandelt (vgl. u.a. Nieschlag/Dichtl/Hörschgen 2002; Bruhn 2004; Kotler/Bliemel 2006; Scheuch 2006; Meffert 2008; Steffenhagen 2008; Homburg/Krohmer 2009). Kommunikation wird hier als integrierter Bestandteil des Marketing betrachtet und mit dem strategischen Marketing sowie mit den anderen Instrumenten des Marketing-Mix (Produktpolitik, Preispolitik und Distributionspolitik) in Kontext gesetzt. Darüber hinaus findet sich in der Literatur auch die dezidierte Auseinandersetzung mit der Kommunikationspolitik unabhängig von einer Behandlung der anderen Marketinginstrumente (vgl. Pepels 2001; Fuchs/Unger 2007; Kloss 2007; Bruhn 2010):

- Werner Pepels veröffentlichte 2001 die vierte und deutlich erweiterte Auflage seines Buches „Kommunikations-Management", das einen umfassenden Überblick zum Prozess der Marketingkommunikation und der einzelnen Kommunikationsinstrumente gibt. Ausführungen zu Social Media finden sich in dem Buch hingegen nicht, da die Verbreitung von Social Media erst nach dem Erscheinungsdatum der Publikation einsetzte.

- Ebenfalls in der vierten Auflage ist das Handbuch „Management der Marketing-Kommunikation" 2007 von Wolfgang Fuchs und Fritz Unger erschienen, das einen vielseitigen Überblick zur Planung und Gestaltung der Kommunikationspolitik liefert und auch ein eigenes Kapitel der internationalen Marktkommunikation widmet. Ausführungen zu Social Media finden sich in der vierten Auflage nicht.

- Das Buch von Ingomar Kloss ist zwar als „Werbung – Handbuch für Studium und Praxis" betitelt, behandelt in der vierten Auflage von 2007 jedoch (teilweise unter dem Oberbegriff „Sonderwerbeformen") deutlich mehr Kommunikations-instrumente. Social Media-Kommunikation wird in der Publikation nicht er-läutert.

- Von Manfred Bruhn ist 2010 in der stark erweiterten und inzwischen sechsten Auflage das Buch „Kommunikationspolitik" erschienen. Das Buch zeigt Kommunikationspolitik als umfassenden Prozess der sich am klassischen Marketingprozess orientiert. Aktuelle Erkenntnisse der Werbewirkungs-forschung werden in der Neuauflage ebenso berücksichtigt wie Social Media als Instrument der Kommunikationspolitik.

Alle vier vorgestellten Publikationen stellen die einzelnen Stufen des Management der Kommunikationspolitik dar (Analyse, Zielsetzung, Strategie, Maßnahmen und Controlling). Die operative Kommunikationspolitik lässt sich in Form vielseitiger Kom-munikationsinstrumente darstellen (z.B. Werbung, PR, Direktmarketing etc.). Der Komplexität der verschiedenen Instrumente ist es geschuldet, dass auch diese in der Literatur spezifisch untersucht werden: z.B. Werbung (Schweiger/Schrattenecker 2009); Direktmarketing (Holland 2004); Verkaufsförderung (Gedenk 2002); Public Relations (Kunczik 2010; Röttger et al. 2011) oder auch Onlinekommunikation (Kilian/Langner 2010; Misoch 2006). Mit der zunehmenden Verbreitung des Internet und dem Wachstum der onlinebasierten Kommunikationsmöglichkeiten hat sich Social Media inzwischen als neues Instrument der Kommunikationspolitik entwickelt. Wie gezeigt wurde, ist die Behandlung von Social Media-Kommunikation bisher noch selten in den Standardwerken der Kommunikationspolitik zu finden, weshalb in einem dritten Schritt der Stand der Forschung zu Social Media besprochen werden soll.

(3) Social Media

Für eine strukturierte Darstellung des Forschungsstandes von Social Media werden zunächst Publikationen vorgestellt, die Entwicklungen thematisieren, die in direktem Zusammenhang mit Social Media stehen. Dem folgt die Erläuterung von aktuellen Veröffentlichungen zu Social Media aus einer allgemeinen, nicht kulturmanagement-spezifischen Perspektive. Abschließend werden relevante Beiträge zum Einsatz von Social Media im Kulturmanagement vorgestellt und die Forschungslücke definiert.

- *Forschungsstand zu Entwicklungen, die im Kontext von Social Media stehen*

In den letzten Jahren wurden mehrere Beiträge zu Phänomenen veröffentlicht, die mit den neuen Entwicklungen des Internet und Social Media einhergehen. Grundlegende Verhaltensänderungen in der Unternehmenskommunikation forderten Levine et al. bereits 1999 in ihrem Cluetrain Manifest (vgl. Levine et al. 2000). Das 95 Thesen umfassende Manifest proklamiert die Bedeutung der vernetzten Kommunikation der Konsumenten. Diese Vernetzung wird insbesondere durch die schnellen Austausch-möglichkeiten der Online-Kommunikation erklärt. Das Manifest verdeutlicht zwar eine frühe Sensibilisierung der Autoren für eine sich wandelnde Medienlandschaft, eignet sich für die vorliegende Untersuchung jedoch nicht als hilfreiche Quelle für die Behandlung von Social Media. Deutlich umfangreicher und fundierter haben sich die Autoren Gladwell (2000), Surowiecki (2005) und Howe (2008) mit den Möglichkeiten vernetzter Online-Kommunikation auseinander gesetzt. Ihr Interesse gilt Kollektiv-projekten, die durch das onlinebasierte, gemeinsame Arbeiten ermöglicht werden und unter dem Begriff „Crowdsourcing" diskutiert werden (z.B. Wikipedia). Andere Autoren versuchen grundlegende Gesetzmäßigkeiten für den Umgang mit der neuen medialen Landschaft zu definieren (vgl. Shirky 2008; Jarvis 2009) und diskutieren die Frage, welche neuen Geschäftsmodelle sich durch Social Media ergeben (Anderson 2007 und 2009). Diese Publikationen geben einen interessanten Einblick in Teilaspekte der sich wandelnden Medienlandschaft und helfen, diese zu verstehen.

- *Social Media aus allgemeiner Perspektive*

Die Recherche und Auswertung der Publikationen zu Social Media und dem oft in den Anfängen oft synonym genutzten „Web 2.0" zeigen, dass in den letzten Jahren eine Fülle von Literatur zu Social Media veröffentlicht wurde, die große Unterschiede hinsichtlich der thematischen Schwerpunkte sowie der Darstellungen aufweist. Zu unterscheiden sind praxisorientierte und wissenschaftliche Beiträge. Mit starker Praxis-orientierung wird Social Media in zahlreichen Handbüchern bzw. Praxisleitfäden behandelt (z.B. Evans 2008; Li/Bernoff 2009; Weinberg 2010; Hilker 2010; Pfeiffer/Koch 2010; Safko 2010; Stuber 2011; Schindler/Liller 2011; Blanchard 2012).

Wissenschaftlich wird Social Media und deren Einfluss in den vielseitigsten Bereichen diskutiert und erforscht wie beispielsweise in Zusammenhang mit Gesundheit (z.B. Chou et al. 2009), Politik (z.B. Shirky 2011) oder auch Militär (z.B. Mayfield 2011). Die einzelnen Untersuchungen konzentrieren sich in der Regel auf spezifische und sehr unterschiedliche Aspekte wie das Social Media-Nutzungsverhalten in ländlichen und städtischen Gebieten (U.S.A.) (vgl. Gilbert et al. 2008), die Informationsverbreitung innerhalb der „Blogosphäre" (Soziale Netzwerke, die sich aus unterschiedlichen Blogs zusammensetzen) (vgl. Finin et al. 2008), die Bindungsstärke von Beziehungen in Social Networks (vgl. Gilbert/ Karahalios 2009) oder die Qualität von Informationen in Frage/Antwort-Foren (vgl. Agichtein et al. 2008). Da sich die hier vorgestellten Untersuchungen thematisch teilweise zu weit von der Forschungsfrage dieser Arbeit entfernen und überwiegend die US-amerikanische Situation betreffen, werden die konkreten Ergebnisse nur bedingt in die Arbeit einfließen. Dennoch dienen die im Rahmen der Studien gemachten Aussagen zur Entwicklung eines gemeinsamen Verständnisses von Social Media. Einen besseren Überblick zur Social Media-Nutzung in Deutschland geben die Nutzungsdaten der Social Media-Anbieter und Ergebnisse von wissenschaftlich fundierten Studien:

Es existieren vielfältige statistische Angaben zu Nutzungszahlen von Social Media-Angeboten, die von den jeweiligen Diensten regelmäßig veröffentlicht werden. Repräsentative Daten zum Social Media-Nutzungsverhalten ermittelt jährlich die ARD/ZDF-Onlineumfrage sowie die Allensbacher Technik und Computer Analyse (ACTA). Zudem wurden in den letzten Jahren in Deutschland empirische Studien zu unterschiedlichen Fragestellungen durchgeführt, beispielsweise:

- zu Mundpropaganda und Plattformen für Kundenbewertungen im Internet (vgl. Henning-Thurau/Gwinner/Walsh/Gremler 2004 sowie Henning-Thurau/Walsh 2004),
- zu Weblog-Inhalten (vgl. Schäfer et al. 2008),
- zu Nutzertypen in sozialen Onlinenetzwerken in Deutschland (Maurer et al. 2008),
- zur Transparenz in Weblogs (vgl. Fank 2009),
- zur Vermarktung von Events via Twitter (vgl. von Ferenczy et al. 2010),
- zur Kommunikationskultur auf Twitter (vgl. Frank 2011b) oder
- zum Einsatz von Social Media im Personalmarketing (vgl. Beck/Hesse 2011).

Seit etwa 2006 gibt es Bemühungen, Social Media mit sämtlichen Teilaspekten umfassend darzustellen (auch unter dem Begriff „Web 2.0") (z.B. Alby 2008; Alpar/Blaschke 2008; Blumauer/Pellegrini 2009; Zerfaß et al. 2008a und 2008b; Safko 2010; Weinberg 2010; Hettler 2010; Ebersbach et al. 2011). Vier Publikationen sollen nachfolgend hervorgehoben werden:

- Tom Alby veröffentlichte 2006 das Buch „Web 2.0 – Konzepte, Anwendungen, Technologien", das 2008 bereits in der dritten Auflage erschienen ist und zu den ersten deutschsprachigen Monografien über Social Media zählt. Das Buch gibt einen praxisorientierten Überblick über zahlreiche Social Media-Anwendungen und beinhaltet neben Praxisbeispielen auch neun Experteninterviews, liefert aber keine ganzheitliche Systematik zum Verständnis von Social Media (bzw. Web 2.0).

- Einen ebenfalls sehr praxisorientierten Ansatz verfolgt Tamar Weinberg mit dem Buch „Social Media Marketing – Strategien für Twitter, Facebook & Co", das 2009 in der Originalausgabe noch unter dem Titel „The New Community Rules: Marketing on the Social Web" erschienen ist (zur Diskussion der Titeländerung vgl. Kapitel 5). In elf Kapiteln werden eine Vielzahl von Social Media-Anwendungsmöglichkeiten aufgezeigt und Dienste (die teilweise überwiegend im US-amerikanischen Raum genutzt werden) vorgestellt. Eine wissenschaftlich fundierte Systematik des Social Media-Marketing wird in der Publikation nicht vorgestellt.

- Uwe Hettler veröffentlichte 2010 eine inzwischen vielzitierte Monografie zum Social Media-Marketing, die eine systematische Aufbereitung des Einsatzes von Social Media im Marketing zeigt. Social Media wird hier nicht auf den Aspekt der Unternehmenskommunikation reduziert. Stattdessen werden auch Einsatzmöglichkeiten für die Marktforschung und das Innovationsmanagement verdeutlicht. Die Publikation unterstützt die Entwicklung eines ganzheitlichen Verständnisses von Social Media aus Perspektive des Marketing.

- Das Autorenkollektiv Anja Ebersbach, Markus Glaser und Richard Heigl publizierten 2008 ihr Buch zum „Social Web", das 2011 in einer umfassend überarbeiteten zweiten Auflage erschienen ist. Die Autoren bieten eine übersichtliche Systematik einzelner Social Media-Anwendungen und behandeln auch in einem separaten Kapitel theoretische Aspekte von Social Media. Im Gegensatz zur Publikation von Hettler ist das Buch von Ebersbach et al. nicht aus der Perspektive des Marketing verfasst.

Insgesamt geben die vorgestellten Bücher einen guten ersten Eindruck zu theoretischen Grundgedanken und insbesondere zu Nutzungsmöglichkeiten von Social Media-Anwendungen. Dennoch hat sich weder eine einheitliche Definition von Social Media noch eine einheitliche Systematisierung der einzelnen Anwendungen bisher in der Literatur durchgesetzt.

- *Social Media im Kulturmanagement*

Social Media findet speziell im Kontext des Kulturmanagement seit einigen Jahren eine große Resonanz, die sich beispielsweise durch verschiedene Konferenzen zum Thema (z.B. stART Konferenz 2010 sowie 2011[1]; „Wohl oder Übel?!" 2012[2]) und zahlreiche Blogbeiträge zeigt wie beispielsweise die Blogs von Henner-Fehr[3], Bauman[4] sowie von Janner[5]. Auch Fachzeitschriften haben sich dem Thema Social Media als Themenschwerpunkt mit einzelnen Ausgaben gewidmet (z.B. für Orchester, vgl. Das Orchester Nr. 12/2009; allgemein zum Kulturmanagement, vgl. KM Magazin (Kulturmanagement Network) Nr.7/2009). Die Literatur beschränkt sich jedoch bisher auf einzelne, kürzere Beiträge beispielsweise zum Kulturmarketing (vgl. Janner 2011), zum Crowdfunding (vgl. Kreßer 2011; Gumpelmaier 2011; Hausmann/Pöllmann 2010), zum viralen Marketing (vgl. Hausmann 2012a sowie 2012b), zu Bereichen der Kulturwirtschaft wie der Bewerbung von Medienprodukten (vgl. Walsh/Kilien/Zenz 2011) oder der Kundenintegration am Beispiel des Buchmarkts (vgl. Blömeke/Braun/Clement 2011) sowie zu einzelnen Case Studies (z.B. Bamberger 2010; Schmidt 2010b; Eichhoff/Schumann 2010; Wach/ Lachermeier 2011; Hartmann 2011). Mehrere Einzelbeiträge zu Social Media im Kontext von Kulturmanagement wurden in Herausgeberbänden zusammengefasst (vgl. Scheurer/Spiller 2010; Janner et al. 2011 sowie den Beitrag von Hausmann/Pöllmann 2012). Erste Studien wurden veröffentlicht beispielsweise zum Social Media-Engagement deutscher Museen und Orchester (vgl. Schmidt 2010a), zum Social Media-Einsatz von Kulturbetrieben in Deutschland, Österreich und der Schweiz (vgl. Kaul 2011) und zur Nutzung von Twitter durch Kulturmanager (vgl. Frank 2011b). Weiter finden sich, wie bereits erwähnt, Erläuterungen zu Social Media als Instrument der Kommunikationspolitik für Kulturbetriebe bei Günter/Hausmann (2012, S. 81f.) und Klein (2011, S. 430ff.). Eine umfassende monografische Behandlung des Einsatzes von Social Media im Kulturmanagement steht hingegen noch aus. Dies gilt ebenfalls für die Nutzung von Social Media im Theatermanagement bzw. im Theatermarketing: Veröffentlichungen zu Social Media im Kontext von Theatern existieren nur als Artikel von Hausmann (2012a und 2012b) und einem Beitrag von Henze (2011).

Anhand des dargestellten Forschungsstandes lässt sich als Forschungslücke festhalten, dass bisher eine umfassende, fundierte und mit empirischen Ergebnissen unterfütterte

---

[1] Vgl. http://www.startconference.org/

[2] Wohl oder Übel?! Social Media für Kultureinrichtungen, Februar 2012, Hochschule für Technik und Wirtschaft Berlin

[3] http://kulturmanagement.wordpress.com

[4] http://arts-marketing.blogspot.com

[5] http://kulturmarketingblog.de

Darstellung des Einsatzes sowie der Einsatzmöglichkeiten von Social Media in der Kommunikationspolitik von Theatern fehlt. Diese Forschungslücke soll im Verlauf der vorliegenden Arbeit geschlossen werden. Die genaue Zielsetzung und der damit verbundene Aufbau der Arbeit werden nachfolgend verdeutlicht.

1.3 Ziel und Aufbau der Arbeit

Ziel der Arbeit ist es, durch theoretische Überlegungen und empirische Untersuchungen die folgenden drei Forschungsfragen zu beantworten:

1. Wie lassen sich Social Media in die Kommunikationspolitik von Theatern integrieren und welche Möglichkeiten ergeben sich hieraus?
2. Inwiefern können Informationsasymmetrien zwischen Theatern und ihren Nachfragern durch Social Media reduziert werden?
3. Welche Social Media-Anwendungen werden von Theatern genutzt und welche von den Nachfragern?

Die Arbeit gliedert sich in einen theoretischen sowie einen empirischen Teil. Der theoretische Teil behandelt die Schwerpunkte Theater, Informationsökonomik, Kommunikationspolitik und Social Media. Der empirische Teil zeigt und diskutiert die Auswertung von drei Studien, die für die vorliegende Arbeit durchgeführt wurden. Der Aufbau dieser beiden Teile gestaltet sich wie folgt:

Zunächst werden im **zweiten Kapitel** die Kulturinstitution Theater und die Leistungen der Theater vorgestellt. Für eine Darstellung der Theater als Gegenstand der vorliegenden Untersuchung werden nach einem kurzen historischen Abriss zur Entstehung der Theaterlandschaft wesentliche Merkmale und Kennzahlen der Theater in Deutschland aufgezeigt. Dem folgt eine Auseinandersetzung mit der Theaterleistung. Diese wird zunächst in Kern- und Zusatzleistungen unterteilt und anschließend als Dienstleistung definiert.

Das **dritte Kapitel** stellt die theoretische Grundlage der Arbeit dar und behandelt zentrale Annahmen der Informationsökonomik. Dieser Teilbereich der Neuen Institutionenökonomie dient als theoretisches Konstrukt, um Dienstleistungen zu untersuchen. Nach einer Definition grundlegender Begriffe folgt die Darstellung informationsökonomischer Prämissen, die anschließend auf die Theaterleistung übertragen werden. Ziel des Kapitels ist es zu erläutern, wie Informationsasymmetrien zwischen Theatern und Theaterbesuchern entstehen.

Das **vierte Kapitel** konzentriert sich auf die Kommunikationspolitik von Theatern. Ziel des Kapitels ist das Aufzeigen von Möglichkeiten, wie die beschriebenen Informationsasymmetrien durch den Einsatz von Kommunikationsinstrumenten reduziert werden können. Zudem wird in diesem Kapitel gezeigt, wo Social Media im Theatermarketing einzuordnen ist. Zunächst wird im vierten Kapitel die Kommunikationspolitik als Teilbereich des operativen Marketing in das Theatermarketing eingeordnet. Dem schließt sich die Darstellung und Diskussion des Management-Prozesses der Kommunikationspolitik aus Perspektive der Theater an.

Ziel des **fünften Kapitels** ist die Darstellung von Social Media als neues Kommunikationsinstrument sowie das Aufzeigen der Maßnahmen und Möglichkeiten von Social Media für Theater. Das Kapitel beginnt mit einem Überblick zur Entstehung von Social Media im Kontext der Entwicklung des Internets. Darauf aufbauend werden verschiedene Definitionsansätze aus der Literatur gezeigt und diskutiert. Anschließend werden wesentliche Charakteristika von Social Media gezeigt, die als Grundlage für ein einheitliches Begriffsverständnis dienen sollen. Zusammengefasst werden die Erkenntnisse durch die Formulierung einer eigenen Definition für Social Media. Einen konkreten Einblick in die Anwendungsformen und Möglichkeiten von Social Media gibt das Unterkapitel 5.2. Im weiteren Verlauf des Kapitels werden Social Media-Kommunikationsformen beschrieben und statistische Daten zu Social Media-Nutzern besprochen. Dem folgt die Verknüpfung mit dem dritten Kapitel, indem gezeigt wird, wie durch Social Media Informationsasymmetrien reduziert werden können. Das Kapitel schließt mit einer kritischen Bewertung von Social Media.

Mit dem **sechsten Kapitel** beginnt der empirische Teil der Arbeit, in dem die Ergebnisse der durchgeführten Studien vorgestellt werden. Diese gliedern sich in zwei Bereiche: Zunächst werden die Ergebnisse aus zwei Vollerhebungen besprochen und miteinander verglichen, die die Social Media-Nutzung von Theatern untersuchen.

In dem zweiten Teil werden fünf Hypothesen formuliert und operationalisiert sowie das Forschungsdesign einer Onlinebefragung vorgestellt. Anschließend werden die Ergebnisse der Befragung vorgestellt, die mit Theaterbesuchern durchgeführt wurde, um ihr Informationsverhalten zu analysieren und hieraus Handlungsempfehlungen für Theater abzuleiten.

Die Arbeit schließt im **siebten Kapitel** mit einer Zusammenführung der theoretischen sowie empirischen Erkenntnisse und den sich daraus ableitenden Handlungsempfehlungen für die Kommunikationspolitik von Theatern. Darüber hinaus werden weitere Forschungsfelder und zukünftige Forschungsfragen aufgezeigt.

Die nachfolgende Tabelle fasst den Aufbau der Arbeit anhand der einzelnen Kapitel grafisch zusammen und zeigt neben den Themenschwerpunkten auch die Untergliederung in den theoretischen sowie empirischen Teil.

Theater und Theaterleistung (Kapitel 2)	*Theoretischer Teil*
↓	
Die Theaterleistung aus Sicht der Informationsökonomik (Kapitel 3)	
↓	
Kommunikationspolitik von Theatern (Kapitel 4)	
↓	
Der Einsatz von Social Media im Rahmen der Kommunikationspolitik von Theatern (Kapitel 5)	
↓	
Untersuchungsmodell, Thesen und Ergebnisse der empirischen Untersuchungen (Kapitel 6) ■ Erhebung des Social Media-Nutzungsverhaltens der Theater ■ Erhebung des Social Media-Nutzungsverhaltens der Theaterbesucher	*Empirischer Teil*
↓	
Implikationen (Kapitel 7)	*Zusammenführung*

Tabelle 1: Aufbau der Arbeit.[6]

---

[6] Sofern nicht anders angegeben, handelt es sich bei sämtlichen Tabellen und Abbildungen um eigene Darstellungen.

2 Theater und Theaterleistung

2.1 Öffentlich-rechtliche Theater in Deutschland

2.1.1 Definition und historische Entwicklung der öffentlich-rechtlichen Theater in Deutschland

Die vorliegende Arbeit widmet sich den öffentlich-rechtlichen Theatern in Deutschland. Die Kulturbetriebsform Theater ist definiert als „komplexe, lokalisierbare künstlerische Institution, die Aspekte des Betriebes und des künstlerischen Schaffens miteinander verbindet" (Schmidt 2012, S. 19). Als öffentlich-rechtliche Theaterunternehmen sind solche anzusehen, „deren rechtliche und/oder wirtschaftliche Träger Länder, Gemeinden, Gemeindeverbände sind, unabhängig davon, in welcher Rechtsform sie betrieben werden" (DBV 2011, S. 9).

Das Theater hat seine Ursprünge in magischen Ritualen und kultischen Handlungen, die bis in die Prähistorie zurückgehen. Erste Weiterentwicklungen finden sich in der Kultur des Mittleren Reichs der Ägypter (2000-1500 v. Chr.) (vgl. Simhandl 2007, S. 13). Der Grundstein für die Entwicklung des europäischen Theaters geht auf den Dionysoskult der Griechen zurück: Zu Ehren des Gottes Dionysos wurden im 6. Jhd. v. Chr. Trink- und Festgesänge abgehalten. Eine Weiterentwicklung erfuhr das Theater durch die Festspiele im antiken Rom (vgl. ebd., S. 34f.). Der Untergang des römischen Reiches stellte auch eine Zäsur für die Theater dar. Dieser Einschnitt führte zu einer Unterbrechung der Theaterentwicklung, die fast ein halbes Jahrtausend andauerte.

Eine neue Form des Theaters entstand ab dem 14. Jhd. durch freie, fahrende Truppen in England, wo später, ab dem 16. Jhd. erste Theatergebäude entstanden. Zeitverzögert lässt sich diese Entwicklung auch in Deutschland beobachten, wo die Geschichte des Theaters etwa mit dem Mittelalter beginnt (vgl. Fischer-Lichte 1999; Schmidt 2012, S. 46). Inspiriert von den freien Theatergruppen aus England, Italien und Frankreich entwickelten sich im 17. Jhd. „Wanderbühnen", die durch die Orte zogen (vgl. Fischer-Lichte 1999, S. 60ff.). Das erste Ensemble, das ortsgebunden engagiert wurde, konnte 1592 am Hof von Herzog Heinrich Julius in Wolfenbüttel nachgewiesen werden (vgl. Schlossmuseum Wolfenbüttel 1992, S. 16). Mit dem Ottonium wurde schließlich 1603 das erste Theatergebäude in Kassel eröffnet (Knudsen 1970, S. 152). Andere Fürstenhöfe errichteten ebenfalls kleinere Saaltheater, die später, mit der aufkommenden Popularität italienischer Opern (und deren Bühnenanforderungen), ausgebaut bzw. neu gebaut wurden.

Die politische Zersplitterung des deutschen Raumes und die damit verbundene Konkurrenz der Städte untereinander führten zu einer besonderen Theaterdichte, da sich die Hauptstädte nicht nur als politische Machtzentren, sondern auch als kulturelle Orte verstanden (vgl. Lennartz 2005, S. 26). Diese politischen Umstände prägen bis heute die deutsche Theaterlandschaft: Die Staatstheater gehen überwiegend auf die Hof- und Residenztheater der Fürstentümer im 17. und 18. Jhd. zurück und wurden nach dem Zusammenbruch des Kaiserreichs vom Staat übernommen. Die Stadttheater lassen sich auf die bürgerlichen Theaterbetriebe zurückführen, die sich im 18. und 19. Jhd. etabliert hatten. Die Landestheater wiederum finden ihren Ursprung in den oben genannten Wanderbühnen (vgl. EK 2008, S. 108; Schmidt 2012, S. 47). Mit derzeit 140 öffentlich-rechtlichen und rund 270 privaten Theatern verfügt Deutschland heute über eine weltweit einmalige Theaterdichte (vgl. DBV 2011; Schmidt 2012, S. 42).

2.1.2 Rahmenbedingungen der deutschen Theaterlandschaft

Der Erhalt dieser einzigartigen Theaterlandschaft ist aufgrund von Ressourcenknappheit und sinkenden Besucherzahlen nicht selbstverständlich, weshalb in der Literatur immer wieder von einer Krise der Theater die Rede ist (vgl. u.a. Dümcke 1995; Kümmritz 2001; Otting 2001; Wagner 2004b, S. 11; Schmidt 2012, S. 64f.)[7]. Bereits 1995 schrieb Hoegel: „Für das Musiktheater wurde die Krise zumindest auf wirtschaftlichem Gebiet so häufig konstatiert, dass sie schon als systemimmanent betrachtet werden kann" (Hoegl 1995, S. 7). Auch die Theaterstatistik des Deutschen Bühnenvereins der Spielzeit 2009/2010 zeichnet kein durchweg positiveres Bild der Theaterlandschaft. Die jährliche Erhebung zahlreicher Kennzahlen der öffentlichen Theater in Deutschland gibt eine Übersicht zu verschiedenen Aspekten der Theater[8]: So konnten zwar die Theater ihre Eigeneinnahmen in der Spielzeit 2009/2010 im Vergleich zu der vorangegangenen Spielzeit um 2,3% steigern und den (weiteren) Personalabbau verhindern. Dem entgegen stehen jedoch – im Vergleich zu der Spielzeit 2008/2009 – sinkende Besucherzahlen (-2,7%) und nur eine sehr geringe Erhöhung der öffentlichen Zuwendungen (+1,6%), die die steigenden Personalkosten der Theater nicht ausgleichen konnte.[9] Da ein Vergleich der Kennzahlen von zwei aufeinanderfolgenden

---

[7] Eine aktuelle kritische Diskussion zur öffentlichen Förderung von Theatern findet sich bei Hasselbach et al. 2012.

[8] Die Theaterstatistik des Bühnenvereins bietet eine detaillierte, zahlengestützte Übersicht der öffentlich-rechtlichen Theater sowie zahlreicher Privattheater in Deutschland. Zu beachten ist jedoch, dass die Statistik auf der Selbstauskunft der Theater basiert.

[9] Die Personalkosten steigen aufgrund tarifvertraglicher Verpflichtungen der Theater. Vgl. zur grundsätzlichen Problematik der Personalkostensteigerung von Theatern ausführlich Baumol/Bowen 1966.

Spielzeiten nur sehr eingeschränkt Auskunft über die grundsätzliche Veränderung und Entwicklung der Theaterlandschaft geben kann, sollen die aktuellen Ergebnisse der Theaterstatistik im 10-Jahresvergleich gesehen werden: Die nachfolgende Tabelle 2 gibt einerseits einen Überblick über ausgewählte aktuelle Kennzahlen der öffentlich-rechtlichen Theaterlandschaft in Deutschland (Spielzeit 2009/2010) und zeigt zudem die Veränderung der Kennzahlen seit der Spielzeit 1999/2000 in % an.

Bereich	Spielzeit 1999/2000	Spielzeit 2009/2010	10-Jahres Entwicklung
Anzahl der Theater[10]	153	140	-8,5%
Anzahl der Spielstätten[11]	731	866	+18,5%
Anzahl der Veranstaltungen	63.953	64.908	+1,5%
Anzahl der Inszenierungen	4.718	5.162	+9,4%
Öffentliche Zuweisungen	3.969.862.000 DM	2.168.472.000 EUR	+6,8%[12]
Eigeneinnahmen	698.031.000 DM	484.235.000 EUR	+35,7%[13]
Einspielergebnis	15,7 %	18,2 %	+2,5%
Besucher (ohne Gastspiele)	20.191.616	18.824.956	-6,8%
Besucher gesamt	22.450.896	20.780.551	-7,4%
Betriebsausgaben	4.717.069.000 DM	2.734.096.000 EUR	+13,4%[14]
Betriebszuschuss pro Besuch	176,76 DM	109,47 EUR	+21,1%[15]

Tabelle 2: Die öffentlich-rechtlichen Theater im 10-Jahresvergleich (vgl. DBV 2010; DBV 2011).

---

[10] Neben den öffentlich-rechtlichen Theatern gibt es zudem Privattheater, die jedoch maßgeblich von der öffentlichen Hand finanziert werden. Beispielsweise erhielt das Berliner Ensemble in der Spielzeit 2009/2010 Zuweisungen in Höhe von über 11 Millionen Euro und die Schaubühne am Lehniner Platz (Berlin) erhielt über 12 Millionen Euro öffentliche Mittel. (vgl. DBV 2011, S. 233f.). Zur besonderen Situation der Schaubühne Berlin und des Berliner Ensemble vgl. Schmidt 2012, S. 43.

[11] Zwar hat sich die Anzahl der Theater von 153 auf 140 zwischen den Spielzeiten 1999/2000 zu 2009/2010 verringert, die Anzahl der Spielstätten konnte jedoch von 731 um über 18 Prozent auf 866 gesteigert werden. Dies ergibt sich einerseits dadurch, dass Theater neue Räumlichkeiten an Spielstätten erschlossen haben (z.B. Anbau von Räumen). Andererseits wurden Theater formal fusioniert, ohne dass die einzelnen Spielstätten geschlossen wurden.

[12] Die Angaben der prozentualen Veränderung basieren auf der Umrechnung der DM-Beträge durch den Kurs 1 EUR = 1,95583 DM

[13] vgl. Anmerkung 12.

[14] vgl. Anmerkung 12.

[15] vgl. Anmerkung 12.

Dieser 10-Jahresvergleich zeigt, dass trotz weniger Theater (und Mitarbeiter) mehr Inszenierungen und mehr Veranstaltungen durchgeführt wurden. Obwohl eine Zunahme an Veranstaltungen zu sehen ist, wurden innerhalb des Untersuchungs-zeitraums allerdings 6,8% weniger Besuche erzielt. Zu beachten ist, dass es sich um Durchschnittswerte handelt und die Situation in den einzelnen Häusern deutlich abweichen kann. Während beispielsweise der Betriebszuschuss pro Besuch bei der Staatsoper Unter den Linden (Berlin) in der Spielzeit 2009/2010 bei 193,25 EUR lag, benötigte der Friedrichstadtpalast im gleichen Zeitraum nur 7,21 EUR Zuschuss pro Besuch (vgl. DBV 2011, S. 195).

Neben den oben gezeigten Kennzahlen dient eine Betrachtung der Rechtsformen, Sparten und Spielbetriebsformen, um einen Überblick der deutschen Theaterlandschaft zu geben:

Rechtsformen

Die oben angeführte Definition öffentlich-rechtlicher Theater verweist auf einen öffentlichen Rechtsträger. Die Rechtsträger der öffentlich-rechtlichen Theater sind die Länder, die Gemeinden oder auch Zweckverbände (Mehrträgerschaft). In der Spielzeit 2009/2010 waren 65 Theater in kommunaler Trägerschaft, 45 Theater in Mehr-trägerschaft und 30 Theater wurden von Bundesländern getragen wie die folgende Tabelle 3 zeigt:

Rechtsträger	Zahl der Theater (2009/2010)
Land	30
Gemeinde	65
Mehrträgerschaft	45

Tabelle 3: Rechtsträger öffentlich-rechtlicher Theater (vgl. DBV 2011, S. 257).

Die Rechts- und Betriebsform bestimmt den Grad der Einfluss- und Kontroll-möglichkeiten, die der Rechtsträger gegenüber dem Theater hat und definiert die gesetz-lichen Rahmenbedingungen (vgl. Hausmann 2005, S. 6f.; Föhl 2011, S. 41; Schmidt 2012, S. 23ff.). Unterschieden wird zwischen öffentlich-rechtlichen und privat-rechtlichen Rechtsformen (vgl. Lange 2006, S. 73f.; EK 2008, S. 112ff.). Die öffentlichen Rechtsformen, insbesondere der Regiebetrieb, sind dadurch gekenn-zeichnet, dass sie in der Regel geringe wirtschaftliche und organisatorische Freiräume geben. Privatwirtschaftliche Theater z.B. in der Rechtsform einer GmbH oder eines

Vereins haben demgegenüber in der Regel mehr Gestaltungsräume (vgl. Röper 2006). Die nachfolgende Tabelle 4 gibt einen Überblick der verschiedenen Rechtsformen und zeigt, dass derzeit die deutliche Mehrheit der Theater in den drei Rechtsformen GmbH, Eigenbetrieb und Regiebetrieb geführt wird.

Rechtsform	Anzahl öffentlich-rechtlicher Theater (2009/2010)
Regiebetrieb	31
Eigenbetrieb	33
GmbH	48
eingetragener Verein (e.V.)	5
Zweckverband	6
Anstalt des öffentlichen Rechts	8
Gesellschaft bürgerlichen Rechts	1
Stiftung	8

Tabelle 4: Rechtsformen der öffentlich-rechtlichen Theater (vgl. DBV 2011, S. 257).

In Zusammenhang mit den Trägerschaften steht auch die Unterscheidung zwischen Staatstheatern, Stadttheatern und Landesbühnen. Die Staatstheater (z.B. Staatstheater Stuttgart, Sächsische Staatsoper Dresden) werden überwiegend von den Ländern finanziert (allerdings sind die Länder nicht immer auch die Rechtsträger). Die Stadttheater (z.B. Stadttheater Freiburg) befinden sich in der Regel in kommunaler Trägerschaft und werden neben den kommunalen Geldern für gewöhnlich auch aus Landesmitteln finanziert. Die Landesbühnen (z.B. Landesbühnen Hannover) befinden sich oftmals in Mehrträgerschaft von Land und Gemeinde und haben die Aufgabe, durch Gastspiele ein geografisch flächendeckendes Theaterangebot zu gewährleisten (vgl. Lange 2006, S. 71f.; EK 2008, S. 108; Schmidt 2012, S. 23ff.).

Sparten

Neben der Rechtsform werden Theater hinsichtlich ihres inhaltlichen Angebots unterschieden, indem sie anhand ihrer Angebotsbreite in verschiedene Sparten unterteilt werden. Eine Sparte stellt jeweils eine spezifische Angebotsform wie Musiktheater, Schauspiel oder Tanztheater/Ballett dar (Schmidt 2012, S. 30; Heinrichs 2006, S. 212). Unterschieden werden Theater zwischen Ein- und Mehrspartenhäuser. D.h. ein Einspartentheater bietet ausschließlich Vorstellungen einer Angebotsform wie beispielsweise Schauspiele an und verfügt nicht über die Kapazitäten für andere Sparten (beispielsweise hat ein Einspartentheater, das nur Schauspiel anbietet, kein Tanzensemble und kein Orchester). Mehrspartentheater sind mit einem Anteil von über 50 Prozent am häufigsten in der deutschen Theaterlandschaft vertreten. Dieser Gattung folgen die reinen Schauspieltheater (37%) und die Musiktheater (12%) (vgl. EK 2008, S. 108). Verbunden mit der Anzahl der Sparten sind auch unterschiedliche Herausforderungen für die Kommunikationspolitik der Theater: Je mehr Sparten ein Theater hat, desto vielseitiger sind in der Regel die Angebote, die gegenüber unterschiedlichen Zielgruppen vermittelt werden müssen.

Spielbetriebs-Formen

Während die Sparten Auskunft über die grundsätzliche Angebotsvielfalt geben, verdeutlicht die Form des Spielbetriebs die Gestaltung des Spielplans in Bezug auf Wechselfrequenzen der angebotenen Vorstellungen. Unterschieden wird hier zwischen dem Repertoiresystem, dem En Suite-System und dem En Bloc-System (vgl. Hausmann 2005, S. 4f.; Röper 2006). Diese drei Systeme sollen nachfolgend erläutert werden:

- *Repertoiresystem*

Ziel des Repertoiresystems ist es, einen abwechslungsreichen Spielplan zu gestalten. Theater, die diese Form des Spielbetriebs einsetzen, verfügen über ein festes Ensemble und eine Reihe einstudierter Inszenierungen. Dies ermöglicht ein täglich wechselndes Angebot und führt dazu, dass erfolgreiche Inszenierungen über mehrere Spielzeiten hinweg im Programm enthalten bleiben können. Vorteilhaft am Repertoiresystem sind die Angebotsvielfalt für die Besucher und auch die Abwechslung für das (künstlerische) Personal. Allerdings verursacht dieses System auch die höchsten Kosten. Dennoch ist es die meistgenutzte Spielbetriebsform der öffentlich-rechtlichen Theater (vgl. Röper 2006, S. 42).

- *En Suite-System*

Im Gegensatz zum Repertoiresystem bleibt beim En Suite-System (auch Stagione-System genannt) ein Stück nach der Premiere über einen längeren Zeitraum durchgehend auf dem Spielplan. Durch diese Art der Blockaufführungen entsteht ein geringerer Aufwand z.B. bei Bühnenumbauten oder bei der Wartung von Requisiten und Kostümen. Jedoch werden bei diesem System durch die mangelnde Angebotsvielfalt weniger Besuchersegmente als beim Repertoiresystem angesprochen. Auch sorgen die langen Pausen zwischen den einzelnen Inszenierungen dafür, dass in der Regel weniger Aufführungen beim En Suite-System aufgeführt werden (vgl. Hausmann 2005, S. 5).

- *En Bloc-System*

Das En Bloc-System (auch Semistagione-System) stellt eine Mischform aus Repertoiresystem und En Suite-System dar: Bei diesem System wird der Spielplan in mehrere Phasen unterteilt, in welchen jeweils eine Inszenierung über mehrere Tage hinweg angeboten wird. Hierdurch wird ein wechselndes Angebot ermöglicht und die finanziellen Vorteile des En Suite-Systems genutzt.

Mit der direkten Auswirkung der Spielbetriebsform auf das Theaterangebot ergeben sich auch Konsequenzen für die Kommunikationspolitik von Theatern. So gilt es beim Repertoiresystem, deutlich mehr Informationen gegenüber potenziellen Zielgruppen zu vermitteln. Bei den En Suite- und En Bloc-Systemen muss die Kommunikationspolitik stärker im Vorfeld aktiv werden, da sich die Informationen nicht über einen längeren Zeitraum durch Empfehlungen der Besucher verbreiten können.

Die vorangegangenen Ausführungen haben gezeigt, nach welchen Kriterien öffentlich-rechtliche Theater klassifiziert werden können. Diese Kriterien werden in Tabelle 5 zusammengefasst.

Kriterium	Trägerschaft	Rechtsform	Sparten	Spielbetrieb
Ausprägung	Staatstheater Landestheater Stadttheater	Regiebetrieb Eigenbetrieb GmbH etc.	Ein- oder Mehr- spartenhaus	Repertoiresystem En Suite-System En Bloc-System

Tabelle 5: Übersicht von Klassifikationsmöglichkeiten der öffentlich-rechtlichen Theater.

Um ein Verständnis zur Situation der öffentlich-rechtlichen Theater in Deutschland zu entwickeln, ist darüber hinaus ein Blick auf die Nachfrage von Bedeutung. Der folgende Abschnitt gibt einen Eindruck zu den Theaterbesuchern auf Grundlage empirischer Daten.

Besucherstruktur deutscher Theater

In der Spielzeit 2009/2010 verzeichneten die Theater in Deutschland insgesamt fast 19 Millionen Besuche am eigenen Standort. Während die Anzahl der Besuche von der

Spielzeit 2007/2008 zur Spielzeit 2008/2009 um 1,7 Prozent auf 19,3 Millionen angestiegen waren, sind die Besuche 2009/2010 wieder um 2,3 Prozent auf 18,8 Millionen gesunken. Einer der Gründe für den Rückgang könnte eine leichte Reduzierung der Veranstaltungen um 0,9% sein. Die Verteilung der Besuche, wie in Tabelle 6 dargestellt, zeigt, dass Schauspiele mit über 5,3 Millionen Besuchen die meiste Nachfrage erzielten. Dem folgen mit über 4,3 Millionen Besuchen die Opernaufführungen. Zu berücksichtigen ist, dass insgesamt mehr Schauspiel- als Opernveranstaltungen angeboten werden, wie anhand der Spartenverteilung ersichtlich wird. Weitere hier nicht aufgeführte Veranstaltungsformen sind Konzerte, nachrichtliches theaternahes Rahmenprogramm und Ereignisse, die als „sonstige Veranstaltungen" verbucht werden.

Sparte	Besuche
Schauspiel	5.310.407
Oper	4.316.526
Kinder- und Jugendtheater	2.795.474
Tanz	1.484.238
Musical	1.279.763
Operette	562.755
Figurentheater	248.067

Tabelle 6: Theaterbesuche in der Spielzeit 2009/2010 nach Sparten (vgl. DBV 2011, S. 259).

Zu beachten ist, dass es sich hierbei um die Anzahl der Besuche, d.h. der vergebenen Karten handelt. Die Zahlen geben jedoch keine Aussage darüber, wie viele (verschiedene) Personen die Theater in der Spielzeit besucht haben.[16]

---

[16] Eine Frage, die zu klären wäre ist, wie oft Nachfrager durchschnittlich die Theater besuchen. Daraus ergäbe sich die Möglichkeit zu berechnen, wie viele Personen das Theater tatsächlich nutzen. Beispielsweise stellte Martin in einer Studie 1999 fest, dass das Dresdner Theaterpublikum durchschnittlich 10,4 Mal pro Jahr Theatervorstellungen besuchen (vgl. Martin 1999). Fischer konnte in einer Umfrage 2002 herausfinden, dass an der Oper Frankfurt rund zwei Drittel aller verkauften Karten von Besuchern bezogen werden, die häufiger als sechsmal jährlich eine kulturelle Veranstaltung besuchen (vgl. Fischer 2006). Weitere Daten zur Besuchshäufigkeit liefert die Besucherbefragung, die im Rahmen dieser Arbeit durchgeführt wurde (vgl. Kapitel 6.3). Diese Werte sind nicht repräsentativ für alle Theaterbesucher, zeigen aber exemplarisch, dass aus der Summe der abgegebenen (verkauften sowie kostenlos vergebenen) Theaterkarten kein Rückschluss auf die konkrete Anzahl von Personen zu ziehen ist, die jährlich die Theater besuchen.

Es existiert über diese Erhebung zu den Besuchen der einzelnen Sparten keine allgemeine Studie zur Besucherstruktur öffentlich-rechtlicher Theater. Eine Ausweitung der Erhebung von Theater-Kennzahlen durch den Deutschen Bühnenverein auf Angaben der Theaterpublika wäre daher wünschenswert. Theaterübergreifend, d.h. nicht auf einzelne Häuser begrenzt, wurden Studien durch das Zentrum für Audience Development (ZAD) an der Freien Universität Berlin und durch das Zentrum für Kulturforschung (ZfKf) in Kooperation mit der Deutschen Orchestervereinigung (DOV) durchgeführt (vgl. ZAD 2009; ZfKf/DOV 2011). Die Studie des ZAD untersuchte Theater, Orchester und Museen unter dem Aspekt „Migranten als Publikum" und bildet damit nur einen spezifischen Ausschnitt des Kulturpublikums ab. Daher kann diese Untersuchung für die Beschreibung des Theaterpublikums nicht herangezogen werden.

Mit dem 9. Kulturbarometer haben das ZfKf und die DOV im September 2011 eine weitere Erhebung veröffentlicht, die Einblicke zum Verhalten des Publikums von Musiktheatern und klassischen Konzerten gibt. Demnach besuchten in der Spielzeit 2010/2011 32% der bundesweiten Bevölkerung eine Musiktheateraufführung. Erstmals wurde im 9. Kulturbarometer auch der Besuch von Bildungsangeboten (z.B. Werkeinführungen, Workshops) erfragt. Ermittelt wurde, dass 10% der Besucher von Musiktheatern auch Bildungsangebote der Musiktheater besucht haben. Aussagen, die sich konkret auf das Publikum öffentlich-rechtlicher Theater beziehen, können aus dem 9. Kulturbarometer jedoch nicht abgeleitet werden, da sich die Angaben zum Musiktheater nur auf eine Sparte konzentrieren.

Mit dem Ziel, das Theaterpublikum in Deutschland zu beschreiben, veröffentlichten Föhl/Lutz 2011 eine Sekundäranalyse, in der 23 Publikumsbefragungen aus den Jahren zwischen 1991 und 2009 ausgewertet wurden (vgl. Föhl/Lutz 2011). Durch den Vergleich der einzelnen Studien wurde ersichtlich, dass die Publikumsforschung der Theater in der Regel lokal begrenzt ist (vgl. Föhl/Lutz 2011, S. 32ff.). Damit ergeben sich unterschiedliche Eindrücke anhand der lokalen Theaterpublika und es zeigt sich, dass die Zusammensetzung der Besucher variiert, abhängig von Theater und Angebot, in dem die Befragung durchgeführt wurde. Beispielsweise zeigen zwar alle Studien, dass das Durchschnittsalter der Besucher über 30 Jahren liegt. Jedoch unterscheidet sich die altersmäßige Zusammensetzung stark je nach dargebotenem Stück. So ist etwa das Publikum von Musicalveranstaltungen deutlich jünger als das Opernpublikum (vgl. Nolte et al. 2001), was eine allgemeingültige Aussage zum Alter des Theaterpublikums erschwert (vgl. Föhl/Lutz 2011, S. 42f.).

Der Vergleich der Studien zur Frage der Geschlechterverteilung im Publikum zeigte, dass tendenziell mehr Frauen als Männer Theateraufführungen besuchen (Föhl/Lutz

2011, S. 43). Auch bei der Geschlechterverteilung ergaben sich Unterschiede anhand einzelner Angebote bzw. Sparten. So war beispielsweise der Anteil weiblicher Besucher in Ballettveranstaltungen in einer Studie von Rössel et al. mit 68% besonders hoch (vgl. Rössel et al. 2002). In den meisten Publikumsbefragungen wird im Rahmen soziodemografischer Fragen auch der Bildungsgrad des Publikums erfragt. Die Auswertung der Studien zeigt, dass die Besucher von Theaterveranstaltungen durchschnittlich einen hohen Bildungsgrad und einen hohen Anteil an Hochschulabsolventen aufweisen (Föhl/Lutz 2011, S. 44). Die Aussagen zum höheren Anteil weiblicher Theaterbesucher sowie des hohen Bildungsgrades können auch durch die Studie bestätigt werden, die im Rahmen dieser Arbeit durchgeführt wurde (vgl. Kapitel 6.3).

Insgesamt verdeutlicht der von Föhl/Lutz vorgenommene Vergleich, dass die einzelnen Studien kein einheitliches Bild der Theaterbesucher zeichnen und sich deutliche Unterschiede der Publikumszusammensetzung anhand der Theaterstandorte und der Theaterangebote zeigen. Der Bedarf nach einer übergeordneten Publikumsforschung an öffentlich-rechtlichen Theatern in Deutschland bleibt damit bestehen. Gleichzeitig ist festzuhalten, dass die einzelnen Theater die Notwendigkeit der Publikumsforschung für sich erkannt haben. Die Mehrheit der Theater hat bereits Publikumsbefragungen durchgeführt, um individuelle Fragestellungen zu beantworten. Unbeantwortet aber bleibt, wer und wie viele Personen sich wirklich hinter den rund 19 Millionen Theaterbesuchen verbergen.

Die Publikumsforschung hat für die Gestaltung der Kommunikationspolitik von Theatern eine große Bedeutung. Umfangreiche Kenntnisse über die Eigenschaften der Besucher sind die Voraussetzung für zahlreiche Entscheidungen wie die Kreation von Botschaften, die Wahl der Medien oder der Zeitpunkt einer Kommunikationsmaßnahme.

Der Einsatz von Social Media ist in diesem Zusammenhang für Theater von besonderer Bedeutung: Durch Social Media-Anwendungen, wie beispielsweise Facebook, lässt sich mit vergleichsweise geringem Aufwand eine Analyse der soziodemografischen Daten derjenigen Theaterbesucher analysieren, die Social Media nutzen. Neben automatisch generierten statistischen Daten, die von den Theatern über Social Media eingesehen werden können, lassen sich zudem Onlineumfragen durchführen, um vertiefende Erkenntnisse zu gewinnen. Somit ist an dieser Stelle bereits zu erwähnen, dass durch den Einsatz von Social Media eine Vereinfachung und Verbresserung der Publikumsforschung an den Theatern realisiert werden kann. Zu berücksichtigen ist jedoch, dass hierdurch nur diejenigen Theaterbesucher erreicht werden, die auch mit den Theatern über Social Media in Kontakt stehen.

Ein wichtige Frage, die durch diese Möglichkeit der Publikumsforschung beantwortet werden kann, ist die nach dem Hinzugewinn neuer Zielgruppen. Da Social Media derzeit überwiegend von jüngeren Zielgruppen genutzt werden (vgl. ARD/ZDF 2011) scheinen Social Media auch zur Ansprache und Gewinnung jüngerer Zielgruppen für Theater geeignet. Die in Kapitel 6 vorgestellt Studie liefert hierzu erste Ergebnisse. Gezeigt wird, dass der Altersdurchschnitt der Theaterbesucher, die Social Media nutzen, jünger ist als das durchschnittliche Theaterpublikum. Nicht beantwortet wird dadurch aber die Frage, ob durch Social Media auch neue Zielgruppen angesprochen werden. Diese Möglichkeiten werden im Verlauf der Arbeit anhand der Überlegungen zur viralen Verbreitung von Informationen durch Social Media noch diskutiert.

Zu beachten ist, dass Theater neben den Ergebnissen von Publikumsbefragungen auch auf Informationen über weitere, potenzielle Zielgruppen angewiesen sind, die über Besucherbefragungen nicht erlangt werden. Denn auch potenzielle Besucher sind Zielgruppen der Kommunikationspolitik der Theater.

Nach der Betrachtung der Theaterbesucher werden im folgenden Kapitel die Ziele der Theater besprochen und anschließend deren Relevanz für die Kommunikationspolitik verdeutlicht.

2.1.3 Ziele und Auftrag der öffentlich-rechtlichen Theater

Ziele stellen grundsätzlich gewünschte Sollzustände in der Zukunft dar, die sich überprüfen lassen (vgl. Hausmann 2005, S. 78). Die Ziele öffentlich-rechtlicher Theater setzen sich aus Teilzielen verschiedener Bereiche zusammen. Diese Bereiche lassen sich in die drei Gruppen (1) (kultur-)politische Ziele, (2) künstlerische Ziele und (3) ökonomische Ziele unterteilen.

(1) Politische Ziele

Öffentlich-rechtliche Theater bieten meritorische Güter an und existieren daher nicht zum Selbstzweck, sondern als Mittel zum Zweck (vgl. Klein 2008a, S. 67). Meritorische Güter werden vom Staat durch Subventionen zur Verfügung gestellt. Dies geschieht, da angenommen wird, dass ohne staatliche Unterstützung eine geringere Nachfrage erfolgen würde, als (kultur-)politisch gewünscht (vgl. Heinrichs/Klein 2001, S. 275f.; Sieg 2007, S. 162).[17] Als meritorische Güter dienen Theater der Erfüllung politischer

---

[17] D.h. bei Wegfall der staatlichen Zuwendungen ist von einem (starken) Rückgang der Nachfrage von Theaterleistungen auszugehen, was angesichts von 109,47 Euro Zuschuss pro Theaterbesuch nachvollziehbar ist (Stand: Spielzeit 2009/2010).

Ziele, zu denen neben kulturpolitischen auch bildungs- und wirtschaftspolitische Ziele zählen. Von politischer Seite wird von Theatern erwartet, dass sie

- kulturelles Erbe pflegen und zur kulturellen Bildung der Bevölkerung beitragen,
- die regionale Profilbildung stärken und als Repräsentationsmöglichkeit sowie als („weicher") Standortfaktor dienen,
- Arbeits- und Ausbildungsplätze schaffen,
- Kulturtouristen zu einem Besuch motivieren und dadurch die regionale Wirtschaft stärken.

Diese Erwartungen sind in verschiedener Intensität ausgeprägt. Von größter Bedeutung ist der kulturpolitische Auftrag, nach dem Theater handeln. (vgl. Schmidt 2012, S. 57f., S. 75f.; Föhl 2011, S. 54ff.)

(2) Künstlerische Ziele

Künstlerische Ziele betreffen die Produktionen einzelner Inszenierungen und werden gegenüber dem künstlerischen Personal (beispielsweise Regisseure, Dramaturgen, Kostümbildner, Schauspieler u.a.) formuliert. Das grundlegende Ziel, eine möglichst hohe künstlerische Qualität zu erreichen, betrifft einerseits den kreativen Prozess der Inszenierung eines Stückes (z.B. Lichtregie, Bühnenbild, Kostüme, Textbearbeitung) als auch die Qualität der einzelnen Aufführungen durch die ausführenden Akteure (z.B. Schauspieler, Tänzer, Musiker, Abendregie). Zu berücksichtigen ist, dass es sich bei künstlerischen Zielen in der Regel um beabsichtigte Qualitäten handelt, die überwiegend subjektiv beurteilt werden. Dies erschwert die Überprüfung, ob die Ziele durch das Theater erreicht werden.

(3) Ökonomische Ziele

Die ökonomischen Ziele der Theater lassen sich (im Gegensatz zu den künstlerischen Zielen) in monetären Größen und wirtschaftlichen Kennzahlen formulieren und messen. Für Theater können vier Arten ökonomischer Ziele unterschieden werden:

- *Effektivitätsziele* betreffen die Produktivität des Theaters. Diese lassen sich beispielsweise in der Anzahl von Veranstaltungen und Inszenierungen messen.
- *Effizienzziele* untersuchen den Einsatz von Ressourcen der Theater mit dem Ziel, die einzelnen Produktionsfaktoren nach Möglichkeit wirksam einzusetzen. Eine Steigerung der Effizienz lässt sich aus dem oben gezeigten Vergleich der

Spielzeiten 1999/2000 und 2009/2010 ableiten, da mit weniger Personal mehr Aufführungen realisiert wurden.[18]

- *Finanzziele* knüpfen an die Effizienzziele an, da im Rahmen der finanziellen Ziele eines Theaters eine Reduktion von Ausgaben angestrebt wird. Darüber hinaus verfolgen Theater jedoch auch das Ziel, öffentliche Zuwendungen zu erhalten und eigene Einnahmen und Drittmittel zu steigern (z.B. durch mehr Kartenerlöse sowie den Zugewinn von Sponsoren oder Spendern)[19].

- *Nachfrageziele* beziehen sich auf das Verhalten der Besucher. Grundlegendes Ziel ist, dass das Publikum das Theaterangebot nachfragt (vgl. Sievers 2005, S. 46; Almstedt 1999, S. 53). Beispiele für Nachfrageziele sind die Steigerung der Kartenabsätze, die Steigerung der Auslastung von Veranstaltungen oder die Erhöhung der Wiederbesuchsfrequenz (Besucherbindung).

Im Rahmen der Untersuchung von Theaterzielen ist zu beachten, dass oft Ziele miteinander in Verbindung stehen, die sich gegenseitig widersprechen können, weshalb die Zielbeziehungen zu berücksichtigen sind. Daher sollen im folgenden Abschnitt zunächst die möglichen Zielbeziehungen aufgezeigt werden, bevor der Einfluss der Ziele auf die Kommunikationspolitik erläutert wird.

Zielbeziehungen

Theaterziele lassen sich in konfligierende, komplementäre oder neutrale Ziele unterscheiden. Beispielsweise kann das Ziel des effizienten Einsatzes von Produktionsfaktoren mit dem Ziel, hohe künstlerische Qualität zu erzeugen in Konflikt stehen. In komplementärer Beziehung stehen Ziele, die sich gegenseitig begünstigen. Dies ist beispielsweise der Fall bei der Zielsetzung, die Auslastung zu steigern und neue Besucher zu gewinnen. Neutrale Ziele haben keine oder nur marginale Auswirkungen aufeinander wie beispielsweise die Ziele, die Gestaltung des Spielplans zu ändern und das gastronomische Angebot zu erweitern.

Zusammenfassend lassen sich die Ziele grafisch darstellen wie auf der folgenden Seite gezeigt wird:

---

[18] Zu beachten ist, dass diese Zahlen keine Aussage über die Arbeitsbedingungen treffen.

[19] Zur Kulturfinanzierung und Theaterfinanzierung vgl. Gerlach-March 2010 sowie Gerlach-March 2011

Ziele der Theater		
Politische Ziele	**Künstlerische Ziele**	**Ökonomische Ziele**
• Kulturpolitische Ziele • Bildungspolitische Ziele • Wirtschaftspolitische Ziele	• Kreativer Prozess • Künstlerische Ausführung	• Effektivitätsziele • Effizienzziele • Finanzziele • Nachfrageziele

Tabelle 7: Ziele der Theater.

Die Ziele der Theater haben direkten Einfluss auf die Kommunikationspolitik, da durch den Einsatz kommunikativer Maßnahmen das Erreichen der einzelnen Ziele unterstützt werden soll. So kann beispielsweise die Imagekampagne eines Theaters zur regionalen Profilbildung einer Kommune beitragen. Klassische Werbemaßnahmen können wiederum direkt ökonomische Ziele wie die Steigerung des Kartenabsatzes fördern.

Während die Kommunikationspolitik in der Regel überwiegend den ökonomischen Zielen dient, können durch den Einsatz von Social Media neuerdings auch künstlerische Ziele verfolgt werden, indem neue Medien in die künstlerischen Prozesse integriert werden. So nutzte beispielsweise 2011 das Gorki Theater Berlin die bestehenden Kontakte im Social Network Facebook, um das Stück Effi Briest in Zusammenarbeit mit Interessierten online aufzuführen.

Zusammenfassend bleibt festzuhalten, dass die übergeordneten Ziele der Theater definiert und den Marketingverantwortlichen bekannt sein müssen, bevor Ziele für die Kommunikationspolitik entwickelt werden. Erst dann kann entschieden werden, wie die Kommunikationspolitik das Theatermanagement insgesamt unterstützen kann. Darüber hinaus ist ein Abgleich der Ergebnisse kommunikationspolitischer Arbeit mit den übergeordneten Zielen von Bedeutung, um den Erfolg dieses Marketingbereichs bewerten zu können. Eine Überprüfung der Theaterziele ist anhand verschiedener Kriterien möglich, wie nachfolgend gezeigt wird.

Überprüfung von Theaterzielen

Um Ziele als Steuerungsgrößen im Theatermanagement einsetzen zu können, ist die Möglichkeit der Zielüberprüfung notwendig. Wie oben bereits angesprochen, lassen sich jedoch nicht alle hier vorgestellten Ziele problemlos messen. Dies betrifft insbesondere die künstlerischen Ziele des Theaters, deren Erreichung letztlich auch von subjektiven Einschätzungen abhängen. Während die ökonomischen Ziele anhand von Kennzahlen durch das Theater-Controlling erfasst werden können,[20] müssen für die künstlerischen und kulturpolitischen Ziele oft andere Parameter gefunden werden, um das Erreichen oder Nicht-Erreichen der Ziele evaluieren zu können. Dies ist insofern von Bedeutung, da die Zielerfüllung ein wichtiges Argument gegenüber den Trägern ist, um die Legitimation der Theaterexistenz zu behaupten. Mit dieser Problematik hat sich die Kommunale Gemeinschaftsstelle bereits 1989 auseinandergesetzt und schlägt folgende Kriterien zur Erfolgskontrolle der Theaterziele vor, die von Klein 2008a ergänzt wurden (vgl. KGSt 1998, S. 29; Klein 2008a, S. 93):

Kriterien zur Erfolgskontrolle von Theatern:

- Kooperationsbereitschaft bedeutender Künstler (z.B. Regisseure, Schauspieler, Bühnenbildner)
- Anzahl der getätigten Gastspiele
- Einladung zu jurierten Theatertreffen (z.B. das jährliche „Theatertreffen" in Berlin)
- Kooperationen mit bedeutenden Festivals (z.B. Ruhrfestspiele)
- Hervorbringen bedeutender Künstler.

Im Rahmen der Evaluation kommunikationspolitischer Aktivitäten können folgende relevante Daten zur Erfolgskontrolle generiert werden:

- Auswertung der Medienberichterstattung
- In den Medien übertragene Inszenierungen (z.B. im Fernsehen oder im Internet)
- Entwicklung von Abonnentenzahlen bei Social Media-Anwendungen wie z.B. Social Networks und Blogs
- Anzahl der Weiterleitung von Informationen des Theaters in Sozialen Netzwerken (z.B. Facebook) und Micro-Blogs (z.B. Twitter).

Die Ausführungen in Kapitel 2.1 zeigen insgesamt, dass die Spielbetriebsform, die Besucherstruktur und die Zielsetzungen der Theater einen bedeutenden Einfluss auf die Planung und Gestaltung der Kommunikationspolitik der Theater haben.

Nachdem in diesem Kapitel die Rahmenbedingungen der öffentlich-rechtlichen Theater in Deutschland dargestellt wurden, sollen im folgenden Kapitel 2.2 die Leistungen der Theater untersucht werden.

---

[20] Beispiele für entsprechende Kennzahlen sind die prozentuale Auslastung der Veranstaltungen, die Anzahl der verkauften Tickets, der Betrag, der durch Drittmittel akquiriert wurde, die Umsätze des Theater-Shops und des Theatercafés etc. Vgl. zum Controlling im Theater auch Schneidewind 2000 sowie Schmidt 2012, S. 88ff.

2.2 Das Theater als Dienstleister

2.2.1 Leistungen öffentlich-rechtlicher Theater

Das Angebot von Theatern setzt sich aus verschiedenen materiellen und immateriellen Teilleistungen zusammen. In der Regel werden keine Einzelleistungen, sondern immer eine Kombination unterschiedlicher Leistungen nachgefragt, weshalb auch von Leistungsbündeln die Rede ist (vgl. Hausmann 2005, S. 17f.). Die einzelnen Leistungen der Theater lassen sich in Kernleistungen („core services") und Zusatzleistungen („augmented services") unterteilen (vgl. Hausmann 2005, S. 17f.). Kernleistungen stellen alle Leistungen dar, die aufgrund der originären Aufgaben und Ziele der Theater angeboten werden. Dies sind die Theateraufführungen und inhaltsvermittelnden Rahmenangebote wie Theaterpädagogik und die Arbeit der Dramaturgie. Darüber hinaus bieten Theater zusätzliche Serviceleistungen an, die den Nutzen eines Theater-erlebnisses erhöhen sollen wie beispielsweise Gastronomie in den Pausen. Außerdem werden Zusatzleistungen angeboten, die nicht an die Nachfrage der Kernleistungen geknüpft sind. Hierzu zählen das Vermieten von Räumlichkeiten oder das Betreiben von Cafés oder Shops außerhalb der Vorstellungszeiten. Die folgende Abbildung 1 (siehe nächste Seite) gibt einen idealtypischen Überblick der verschiedenen Theaterleistungen (vgl. Hausmann 2005, S. 18):

Abbildung 1: Kern- und Zusatzleistungen von Theatern (in enger Anlehnung an Haus-mann 2005, S. 18).

Die verschiedenen Theaterleistungen erfüllen in vielen Fällen nicht nur ein einziges Bedürfnis, sondern haben in der Regel mehrere Arten von Nutzen für die Besucher: Neben der geistigen Auseinandersetzung mit einem Thema dient der Theaterbesuch beispielsweise auch dem Treffen von Freunden oder der Unterhaltung. Theaterleistungen umfassen deshalb eine Kombination von möglichen Vorteilen. Wesentlich ist hierbei, dass im Hinblick auf die Nutzenabgrenzung weniger die Sicht der Theater im Mittelpunkt steht, sondern vielmehr die Sicht des Publikums: Nur die Besucher können ein Theater bezüglich seiner Fähigkeit einschätzen, ihre individuellen Bedürfnisse zu befriedigen.

Nach Klein können vier Nutzen-Dimensionen unterschieden werden (vgl. Klein 2011, S. 7ff.; zur Diskussion der Nutzendimensionen von Theaterleistungen vgl. Hausmann 2005, S. 22f), anhand derer sich die einzelnen Nutzen einer Theaterleistung aus Perspektive der Theaterbesucher verdeutlichen lassen:

- Kernnutzen (z.B. Rezeption der fachlich-künstlerischen Theaterarbeit)
- Sozialer Nutzen (z.B. Austausch mit anderen Besuchern, Pflege von Kontakten)
- Symbolischer Nutzen (z.B. positiver Imagetransfer für den Theaterbesucher)
- Servicenutzen (z.B. gastronomische Angebote, Freundlichkeit des Personals)

Die Bedeutung dieser unterschiedlichen Nutzendimensionen wird durch Studien zu Einstellungen und Motiven der Theaterbesucher bestätigt (vgl. u.a. Brauerhoch 2004; Keuchel 2005; Tauchnitz 2000).

Diese Ausführungen zeigen, dass sich die Theaterleistung aus verschiedenen Kern- und Zusatzleistungen zusammensetzt. Bei der Einordnung der Theaterleistung wird von den Kernleistungen ausgegangen, die als Dienstleistungen definiert werden, wie nachfolgend anhand der konstitutiven Merkmale von Dienstleistungen gezeigt wird.

2.2.2 Merkmale einer Dienstleistung

Dienstleistungen werden in der betriebswirtschaftlichen Literatur seit etwa 1980 verstärkt untersucht. Eine Abgrenzung der Dienstleistungen erfolgt nach unterschiedlichen Kriterien (vgl. Scheer et al. 2006, S. 23f; Meffert/Bruhn 2009, S. 7f.; Haller 2009, S. 6ff.; Corsten/Gössinger 2007):

Enumative Abgrenzung: Durch die Aufzählung von Dienstleistungsarten wird eine grobe Gliederung von Bereichen und Branchen der Dienstleistung erreicht. Dies eignet sich vor allem für eine empirische Darstellung, weniger jedoch für die wissenschaftliche Untersuchung einer konkreten Dienstleistung.

Negative Abgrenzung: Durch ein Ausschlussverfahren wird definiert, was *nicht* zum Bereich der Dienstleistung zählt. Hierbei findet jedoch keine positive Untersuchung dessen statt, was als Dienstleistung angesehen werden kann. Diese Art der Abgrenzung wird auch kritisch betrachtet und als „wissenschaftliche Verlegenheitslösung" (Corsten/Gössinger 2007, S. 21f.; vgl. auch Haller 2009, S. 6) bezeichnet.

Institutionelle Abgrenzung: Hierunter wird die Einordung der Dienstleistung in den tertiären Sektor (sog. Dienstleistungssektor; vgl. Danielli et al. 2009, S. 253; Haller 2009, S. 1; Maleri/Frietzsche 2008, S. 11, 45ff.) verstanden. Diesem Sektor werden z.B. die Branchen Handel, Gastgewerbe, Verkehr, Öffentliche Verwaltung u.a. zugeordnet. Diese Einteilung ist jedoch nicht vollständig, da auch Leistungen aus anderen Sektoren teilweise mit Dienstleistungen kombiniert werden. Außerdem wird dieser Sektor kritisch als „außergewöhnlich heterogen" (Meffert/Bruhn 2006, S. 4) bezeichnet. Damit werden Zweifel geäußert, inwieweit Aussagen zur Dienstleistung grundsätzlich auf alle Branchen dieses Sektors übertragbar sind (vgl. ebd.).

Konstitutive Abgrenzung: Hierbei wird die Dienstleistung nach konstitutiven Eigenschaften und Merkmalen definiert und eingegrenzt. Die Definitionsansätze der konstitutiven Abgrenzung werden wiederum in drei Dimensionen unterteilt. Dies geschieht unter Berücksichtigung der Tatsache, dass Dienstleistungen tätigkeits-, prozess- oder ergebnisorientiert sein können. Daraus ergeben sich die drei Dimensionen: Potenzialdimension, Prozessdimension und Ergebnisdimension, die nachfolgend erläutert werden (vgl. Scheer et al. 2006, S. 24ff.; Meffert/Bruhn 2009, S. 16ff.). Abbildung 2 fasst die unterschiedlichen Ansätze der Dienstleistungsdefinition zusammen. Im Rahmen dieser Arbeit wird der konstitutiven Abgrenzung gefolgt, da sich die Theaterleistung anhand der verschiedenen Leistungsmerkmale am geeignetsten untersuchen lässt und Folgen für die Kommunikationspolitik abgeleitet werden können.

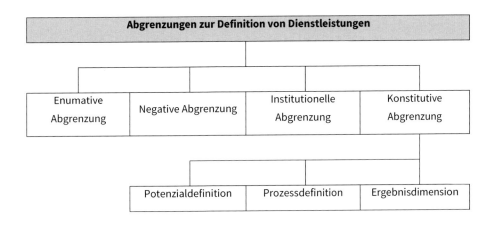

Abbildung 2: Abgrenzungen zur Definition von Dienstleistungen.

Die Potenzialdimension bezeichnet die Fähigkeit und Bereitschaft zur Dienstleistung. Die Prozessdimension beschreibt die Erbringung und Inanspruchnahme einer Dienstleistung unter Einbezug des Nachfragers als sogenannter „externer Faktor". Die Ergebnisdimension schließlich konzentriert sich auf die Wirkung einer Dienstleistung. Abbildung 3 stellt diese Zusammenhänge grafisch dar:

Potenzialdimension		Prozessdimension		Ergebnisdimension
Dienstleistungsanbieter		Dienstleistungsnachfrager (Erbringung des externen Faktors)		Dienstleistung als immaterielles Gut
Fähigkeit / Bereitschaft zur Dienstleistung	→	Erbringung / Inanspruchnahme der Dienstleistung	→	Wirkung der Dienstleistung

Abbildung 3: Dimensionen der Dienstleistung (in Anlehnung an Hilke 1989, S. 15).

Anhand dieser drei Dimensionen lassen sich diverse Charakteristika einer Dienstleistung ableiten (vgl. Ellis/Kauferstein 2004, S. 3; Fitzsimons/Fitzsimons 2008, S. 18ff.; Fleiß 2006, S. 31ff.; Meffert/Bruhn 2009):

- Der Nachfrager partizipiert am Prozess der Dienstleistung (neben der Beteiligung des Nachfragers an der Dienstleistung gibt es darüber hinaus auch Ansätze, die den Kunden selbst als „Dienstleister" bzw. als „Co-Produzenten" sehen; vgl. Grün/Brunner 2002).
- Dienstleistungen weisen Verschiedenartigkeit auf (unterschiedliche Nachfrager wirken auf die Dienstleistung individuell ein, sodass sich diese immer wieder verändert. Meffert/Bruhn machen hierbei deutlich, dass unterschiedliche Dienstleistungen auch unterschiedlich ausgeprägte Individualisierungsgrade haben; vgl. Meffert/Bruhn 2009, S. 30, 37f.). Eine Geigenstunde in der Musikschule hat beispielsweise einen höheren am Nachfrager (Schüler) ausgerichteten Individualisierungsgrad als ein Konzert auf einer Orchestertournee.
- Die Erbringung und Inanspruchnahme der Dienstleistung erfolgt simultan (dies wird auch als Uno-Actu-Prinzip bezeichnet; vgl. Haller 2009, S. 9ff.; Meffert/Bruhn 2009, S. 44).
- Dienstleistungen weisen einen hohen Anteil an Immaterialität auf.
- Dienstleistungen sind vergänglich und können weder gelagert noch transportiert werden (resultierend aus der Immaterialität).

Die Untersuchung der Theaterleistung nach diesen Charakteristika zeigt, wie nachfolgend verdeutlicht, dass ein Theater als Dienstleistungsbetrieb und dessen Angebot als Leistung mit hohem Dienstleistungscharakter zu verstehen ist.

2.2.3 Einordnung der Theaterleistung als Dienstleistung

Die Leistungsbündel des Theaterangebots können sich teilweise aus Produkten zusammensetzen, die *nicht* als Dienstleistung zu klassifizieren sind (z.B. Produkte aus dem Theatershop, Programmhefte, Theatermagazine). Entscheidend für die Einordnung der Theaterleistung als Dienstleistung ist jedoch die Betrachtung der Kernleistung der Theater. Hierzu zählen, wie oben erwähnt, in erster Linien die Aufführungen, Leistungen der Dramaturgie und Angebote der Theaterpädagogik (vgl. Hausmann 2005, S. 17).

Die Theaterleistung lässt sich in den oben genannten drei Dimensionen der Dienstleistung darstellen. So beschreibt die Potenzialdimension die Fähigkeit und die Bereitschaft des Theaters zur Erbringung der Theaterleistung. Während des Prozesses der Leistungserstellung ist der Besucher als externer Faktor anwesend. Nach Abschluss des Prozesses, beispielsweise einer Vorstellung, wirkt im Kontext der Ergebnisdimension die erlebte Leistung als immaterielles Gut bei den Rezipienten nach. Die nachfolgende Abbildung 4 verdeutlicht diese Einordnung der Kernleistungen eines Theaters anhand der drei Dienstleistungsdimensionen.

Potenzialdimension		Prozessdimension		Ergebnisdimension
Theater verfügt über die Fähigkeit sowie Bereitschaft zur Erbringung einer Leistung		Theaterleistung in Kombination mit dem externen Faktor: Besucher bringt sich in den Leistungs-prozess mit ein		Wirkung der Theaterleistung als immaterielles Gut
z.B. Angebot einer Aufführung, Werkeinführung	→	z.B. Werkeinführung wird durchgeführt und Besucher kommt mit Theaterpädagogen ins Gespräch; Stück wird aufgeführt und Besucher nimmt daran teil	→	z.B. Besucher fühlt sich über das Stück informiert; hat emotionales Erlebnis durch die Aufführung

Abbildung 4: Dimensionen der Theaterleistung (vgl. Hausmann 2005, S. 21).

Werden die weiteren spezifischen Charakteristika der Dienstleistung in Bezug auf die Theaterleistung untersucht, kann folgendes festgehalten werden:

- **Partizipation des Nachfragers am Prozess der Dienstleistung**

  Der Besucher ist Teil und Voraussetzung der Erbringung der Theaterleistung. Letzteres ergibt sich aus dem Umstand, dass eine Vorstellung ohne die Anwesenheit von Besuchern nicht aufgeführt werden würde. Auch die Reaktion des Besuchers wirkt auf die Theaterleistung ein, wie z.B. Fragen im Gespräch mit der Theaterpädagogik oder Applaus sowie Zwischenrufe in der Theatervorführung.

- **Verschiedenartigkeit**

  Durch die Partizipation eines wechselnden Publikums bei der Theaterleistung, sich ändernder Besetzungen und Konditionen der Akteure sowie teilweise Veränderungen durch die Regie zwischen den einzelnen Aufführungen kann von einer Verschiedenartigkeit der Theaterleistung ausgegangen werden. Diese Einschätzung wird auch von Theatermachern geteilt. So erklärte der 2007 verstorbene Autor und Theaterregisseur Georg Tabori in einem Interview: „Ich mache nun seit [...] 70 Jahren Theater, aber ich habe noch niemals zwei gleiche Aufführungen gesehen. Theater ist immer anders" (Süddeutsche Zeitung 2004).

- **Simultanität von Erbringung und Inanspruchnahme**

  Der Theaterleistung gehen viele vorbereitende Schritte wie Textrecherche, die Entwicklung eines Regiekonzeptes oder Bühnenproben voraus. Die eigentliche Leistung wie Aufführung oder Publikumsgespräch wird jedoch zeitgleich mit deren Rezeption erbracht.

- **Immaterialität**

  Da die Betrachtung einer Aufführung und die Rezeption der (kreativen) Idee bzw. des Konzeptes eines Regisseurs kein greifbares, materielles Produkt darstellt, ist der Theaterleistung ein hoher immaterieller Anteil zuzusprechen. Auch die von der UNESCO initiierte „repräsentative Liste des immateriellen Kulturerbes der Menschheit" benennt viele Kulturgüter, die z. B. dem Genre Theater zuzuordnen sind (vgl. UNESCO 2010).

- **Vergänglichkeit bzw. fehlende Lagerfähigkeit**

  Mit der Immaterialität einher gehen auch die Vergänglichkeit der Leistung und die Unmöglichkeit, eine Theaterleistung zu lagern. Wer eine Theatervorstellung nicht besucht, kann deren Besuch nicht mehr nachholen. Eine Rezeption ist nur den vor Ort Anwesenden möglich. Der Vollständigkeit halber sei angemerkt, dass die Dokumentation einer Aufführung auf CD/DVD oder der Mittschnitt eines Publikumsgesprächs im Radio keine „Lagerung" der Leistung darstellt, sondern sich hieraus bereits ein neues Produkt ergibt.

- **Mangelnde Transportfähigkeit**
  Die Immaterialität sowie die fehlende Lagerfähigkeit der Theaterleistung führen zu einer mangelnden Transportfähigkeit. Zwar werden durch Gastspiele einzelne Inszenierungen auch an anderen Orten aufgeführt. Hierbei wird aber nicht die Leistung, sondern es werden nur die „Produktionsfaktoren" transportiert.

Diese Ausführungen zeigen, dass die Theaterleistungen die Charakteristika einer Dienstleistung erfüllen. Die Einordnung und Charakterisierung des Theaterangebots als Dienstleistung stellt hierbei keine neue Erkenntnis dar. Die Auswertung bestehender Forschung zeigt, dass Theater in der Literatur bereits als Dienstleistungen eingeordnet werden (vgl. u.a. Herzog 1996, S. 496; Nowicki 2000; Hausmann 2005, S. 18ff. sowie 2012a, S. 22).

Aus den Besonderheiten des Kernprodukts als Dienstleistung ergeben sich spezifische Aufgaben für die Kommunikationspolitik der Theater, wie nachfolgend verdeutlicht werden soll (vgl. auch Meffert/Bruhn 2009, S. 280ff.).

2.2.4 Bedeutung der Einordnung für die Kommunikationspolitik im Theater

Eine Aufgabe der Kommunikationspolitik ist die Übermittlung von Informationen zwischen dem Theater und dessen Zielgruppen. Ausführlich wird die Kommunikationspolitik in Kapitel 4 behandelt. Nachfolgend sollen jedoch grundlegende Anforderungen an die Kommunikationspolitik anhand der Theaterdienstleistung aufgezeigt werden.

Aus der **Potenzialdimension** der Dienstleistung ergibt sich die Notwendigkeit, im Rahmen der Kommunikationspolitik (1) die Leistungsfähigkeit des Theaters zu verdeutlichen, indem (2) die Leistungskompetenz und das Potenzial zur Erbringung der Theaterleistung dargestellt werden (vgl. Meffert/Bruhn 2009, S. 280; Hausmann 2001 sowie 2005, S.19ff.).

(1) Verdeutlichung der Leistungskompetenz: Da die dramaturgische, inszenatorische und schauspielerische Leistungsfähigkeit nicht oder nur sehr begrenzt darstellbar ist, muss im Rahmen der Kommunikationspolitik die Leistungskompetenz dokumentiert werden. Dies kann beispielsweise durch positive Theaterkritiken in den Medien oder der Darstellung von Preisen erfolgen.

(2) *Darstellung von Potenzial:* Neben der Dokumentation von Kompetenz muss darüber hinaus in der Kommunikation auf das Potenzial zur Theaterleistung hingewiesen werden. Dies betrifft die Nennung der Ensemblemitglieder ebenso wie das Zeigen des Theatergebäudes, evtl. besondere akustische Verhältnisse oder technische Besonderheiten. Beispielsweise betonen die Semperoper Dresden die besondere Architektur und das Festspielhaus Bayreuth die akustische Qualität.

Die **Prozessdimension** der Dienstleistung wird neben dem Uno-Acto-Prinzip durch die Integration des Besuchers als externer Faktor charakterisiert. Hieraus ergibt sich für die Kommunikationspolitik einerseits (1) die Notwendigkeit darzustellen, wie die Theaterleistung erreicht werden kann. Andererseits sollte (2) eine Darstellung des externen Faktors im Rahmen der Kommunikationspolitik erfolgen (vgl. Meffert/Bruhn 2009, S. 280; Hausmann 2005, S. 19ff.):

(1) Darstellung von Erreichbarkeit: Da die Anwesenheit des Besuchers als externer Faktor für die Leistungserbringung existenziell ist, muss die Kommunikation die örtliche Erreichbarkeit gegenüber den Besuchern verdeutlichen. Dies bezieht sich auf die Darstellung von Ort, Zeit, Transportmöglichkeiten (z.B. ÖPNV) und weitere Informationen, die Interessierte für einen Besuch benötigen.

(2) Darstellung des externen Faktors: Auch wenn sich der externe Faktor (das Theaterpublikum) bei jeder Vorstellung neu zusammensetzt, so kann dieser dennoch beispielhaft anhand ausgewählter Besucher dargestellt werden. Hierdurch können prominente Besucher für ein Theater werben oder durch das Aufzeigen bestimmter Besuchergruppen Identifikationspotenziale gegenüber weiteren Besuchern geschaffen werden. Beispielsweise kann die Darstellung studentischer Theaterbesucher dazu führen, dass andere Studierende zu einem Theaterbesuch motiviert werden. Dies ist vor allem dann wirksam, wenn ein Besuch aufgrund von Vorurteilen (z.B. es gehen keine jungen Personen in das Theater) bisher nicht erfolgte.

Die **Ergebnisdimension** beschreibt die Immaterialität der Theaterleistung. Aufgabe der Kommunikationspolitik ist es, die Leistung durch (1) Materialisierung und (2) Visualisierung gegenüber den Zielgruppen des Theaters zu verdeutlichen:

(1) Materialisierung und (2) Visualisierung: Da die Theaterdienstleistung nicht vollständig dargestellt werden kann, wird versucht, durch die Kommunikationspolitik eine Materialisierung der Leistung zu erreichen. Dies kann durch die Visualisierung, d.h. durch Dokumentation der Theaterleistung erfolgen. Beispielsweise bietet sich die Möglichkeit, durch Fotografien und Videoaufnahmen einen visuellen Eindruck der Räumlichkeiten, Bühnenbilder

oder der schauspielerischen Leistung einzelner Ensemblemitglieder zu veröffentlichen.

Neben den hier erwähnten Anforderungen an die Kommunikationspolitik sollen noch einige Anmerkungen gemacht werden, die speziell die Kommunikationspolitik der Theater von anderen Dienstleistern unterscheidet.

Im Rahmen eines Theaterbesuchs kommt es in der Regel zu zahlreichen Kontakten mit dem Theaterpersonal, bei denen ein individueller Dialog mit den Theaterbesuchern erfolgt. Entsprechende Kontaktpunkte sind beispielsweise die Kasse, die Garderobe, die gastronomischen Einrichtungen oder der Theatershop. Anders als im Rahmen des allgemeinen Dienstleistungsmarketing angenommen, findet bei der Theaterdienstleistung in der Regel keine individuelle Kommunikation zwischen den Besuchern und den wesentlichen Dienstleistern, d.h. den Schauspielern, Regisseuren etc., statt. Während in der medizinischen Dienstleistung ein Arzt im individuellen Kontakt mit seinen Patienten steht, wird im Theater meistens das gesamte Publikum pauschal angesprochen. Aus dieser Spezifizierung ergeben sich Abweichungen von den Merkmalen, die für die Dienstleistungskommunikation (z.B. von Meffert/Bruhn 2009, S. 280) definiert wurden:

Der Einsatz von Kommunikationsmaßnahmen im Rahmen der Dienstleistungserbringung (z.B. während der Vorstellung) ist nicht möglich bzw. stark eingeschränkt, denn es kann davon ausgegangen werden, dass der werbliche Verweis auf den Spielplan im Rahmen einer Theateraufführung auf Unverständnis beim Publikum stoßen würde. Allerdings bieten sich im Rahmen der oben genannten Kontaktpunkte Möglichkeiten für die Übermittlung von Informationen. Beispielsweise kann auf andere Stücke beim Kartenkauf verwiesen werden und in der Pause einer Theateraufführung können Mitarbeiter über den Spielplan informieren.

Für Theater ergeben sich darüber hinaus besondere Herausforderungen im Rahmen der Kommunikationspolitik, die aus der Eigenschaft der Angebote als Dienstleistungen resultieren: Die Unmöglichkeit, die Theaterleistung vor der Inanspruchnahme zu bewerten, führt auf Seiten der Theaterbesucher zu Unsicherheiten in Hinblick auf die Qualität der Theaterleistung. Zu beachten ist allerdings, dass der Grad der Unsicherheit abhängig von den Erfahrungen des individuellen Theaterbesuchers ist. So kann davon ausgegangen werden, dass die empfundene Unsicherheit bezüglich der Leistungsqualität eines Theaterangebots bei einem Stammbesucher deutlich geringer als bei Erst- und Gelegenheitsbesuchern ist. Erklärungsansätze zur Entstehung und Reduktion dieser Unsicherheiten liefern Annahmen der Informationsökonomik, die im nachfolgenden Kapitel 3 besprochen werden.

3 Die Theaterleistung aus Sicht der Informationsökonomik

3.1 Definition grundlegender Begriffe

Da im weiteren Verlauf der Arbeit Informationen und deren Zusammenhang mit Erfahrungen, Qualitätsempfinden und dem Entstehen von Vertrauen eine besondere Rolle spielen, werden nachfolgend die Begriffe Information, Erfahrung, Vertrauen und Qualität definiert.

3.1.1 Information

Der Begriff Information leitet sich etymologisch aus dem lateinischen Wort „informare" ab, was mit Unterrichten, Formen, ins Bild setzen übersetzt werden kann. Spezifischere Definitionen unterscheiden sich anhand der verschiedenen Forschungsperspektiven (vgl. Faßler 1997, S. 119; Hopf 1983). Aus kommunikations- und medienwissenschaftlicher Perspektive wird Information einerseits als Austauschprozess von tatsachenbezogenen Aussagen verstanden, andererseits aber auch als Aussage selbst (vgl. Beck 2006c, S. 97f.). Sieht man von der prozessorientierten Perspektive ab, so wird Information als „objektiver Inhalt von Nachrichten und medialen Informationsangeboten zur (fiktionalen) Unterhaltung" (Beck 2006c, S. 97) definiert. Aus der Perspektive des Konsumentenverhaltens bezeichnen Kroeber-Riel et al. Informationen als Kommunikationsinhalte und unterscheiden zwischen kognitiven Informationen (das Wissen über einen Gegenstand) und affektiven Informationen (Inhalte, die affektive Prozesse vermitteln) (vgl. Kroeber-Riel et al. 2009, S. 534).

Eine pragmatischere Definition findet sich in den Wirtschaftswissenschaften. Hier wird Information als zweckorientiertes Wissen definiert (vgl. Wittmann 1959, S. 14). Das Wissen dient dem Zweck der Handlung bzw. den Entscheidungen, auf denen Handlungen basieren. Genau genommen stellt das Wissen bereits eine Verarbeitung der Information (das Merken bzw. sich Erinnern) dar. Über diese Unschärfe kann jedoch hinweggesehen werden.

Basierend auf den genannten Definitionen soll Information im Rahmen dieser Arbeit als objektiver Inhalt von Botschaften verstanden werden, der Entscheidungen und Handlungen ermöglicht.

3.1.2 Erfahrung

Erfahrungen stellen Erlebnisse dar, die Teil des Lern- und Erkenntnisprozesses von Individuen und Gruppen sind. Erfahrungen können in direkte Erlebnisse (auch „Direktrealität") und durch Medien übermittelte Erlebnisse (auch „zweite" Medienwirklichkeit) unterteilt werden (vgl. Böhme-Dürr 2000; Kroeber-Riel et al. 2009, S. 658f.). Bereits in Hinblick auf das Fernsehen wurde von Medien- und Neuro-wissenschaftlern konstatiert und empirisch belegt, dass eine Vermischung von Direkt-realität und Medienwirklichkeit durch den Betrachter erfolgt und somit die Quellen von Erfahrungen nicht klar in reale und fiktive Ereignisse abgegrenzt werden können (vgl. u.a. Böhme-Dürr 2000, Barthelmes/Sander 2001, Spitzer 2006, S. 361ff.). Vor diesem Hintergrund lässt sich vermuten, dass Medienwirklichkeiten wie beispielsweise Radio-beiträge, Videos im Internet oder die Interaktion zwischen Online-Usern in Social Net-works Erfahrungen darstellen, die als Teil des Erlebnishorizonts Individuen in ihren Einstellungen und Handlungen beeinflussen.

3.1.3 Vertrauen

Als dritter Begriff soll Vertrauen definiert werden, das als „Mechanismus zur Reduktion sozialer Komplexität" (Luhmann 1973, S. 23ff.) einen grundlegenden Aspekt für infor-mationsökonomische Betrachtungen darstellt.

Ripperger definiert Vertrauen als „die freiwillige Erbringung einer riskanten Vorleistung unter Verzicht auf explizite vertragliche Sicherungs- und Kontrollmaßnahmen gegen opportunistisches Verhalten in der Erwartung, dass sich der andere, trotz Fehlens solcher Schutzmaßnahmen, nicht opportunistisch verhalten wird" (Ripperger 1999, S. 45). Nahezu identisch wird Vertrauen auch von Clement und Schreiber definiert (vgl. Clement/Schreiber 2010, S. 59). Die Grundlage für den Aufbau von Vertrauen sind Erfahrungen (vgl. Bentele 2006b, S. 300), da durch sie möglicherweise entstehende Risiken eingeschätzt werden können.

Das Phänomen Vertrauen wird in der Literatur aus zwei Perspektiven betrachtet: Als Persönlichkeitsvariable und situationsbedingt bei Kaufentscheidungen. Vertrauen als Persönlichkeitsvariable umschreibt den Umstand, dass Vertrauen subjektiv empfunden wird und daher von Mensch zu Mensch unterschiedlich ausgeprägt ist. Wird Vertrauen situationsbedingt interpretiert, kann es als „emotionales Gefühl der Sicherheit beschrieben werden, dass die Erwartungen des Konsumenten an ein Produkt, einen Verkäufer oder auch ein Unternehmen erfüllt werden" (Kroeber-Riel et al. 2009, S. 438).

3.1.4 Qualität

Qualität wird gemäß der gültigen Norm zum Qualitätsmanagement EN ISO 9000: 2008 definiert als „Grad, in dem ein Satz inhärenter Merkmale Anforderungen erfüllt" (vgl. DGQ 2012). Inhärente Merkmale sind objektiv messbare, einem Produkt oder einer

Leistung permanent innewohnende Eigenschaften wie die Länge eines Theaterstücks oder die Anzahl der mitwirkenden Personen. Diese Definition zeigt, dass eine Übertragbarkeit auf das Theater nur sehr bedingt möglich ist, da eine subjektive Beurteilung der Qualität durch die Theaterbesucher nicht berücksichtigt wird. In der Literatur zur Dienstleistungsqualität wird daher zwischen objektiver und subjektiver Qualität unterschieden (Wölker 2011, S. 5f.; Gabler 2009, S. 5f.). Objektive Dienstleistungsqualität definiert die Übereinstimmung einer Dienstleistung mit vorab definierten messbaren Merkmalen. Subjektive Dienstleistungsqualität hingegen wird vom Nachfrager bestimmt und definiert die Übereinstimmung einer Leistung mit den vorab individuell gebildeten Nutzenvorstellungen. Aussagen wie „die Vorstellung hat mir gefallen, ich hatte einen schönen Abend" sind somit Teil des subjektiven Qualitätsempfindens und können nicht objektiv gemessen werden. Dienstleister können die Qualität der Rahmenbedingungen durch ein Qualitätsmanagement verbessern wie beispielsweise die Optimierung der Erstellungsprozesse durch ein Total Quality Management System (vgl. Meffert/Bruhn 2009, S. 186ff.). Eine besondere Rolle spielen Faktoren, die Einfluss auf die subjektiv wahrgenommene Dienstleistungsqualität haben. Hierzu zählen (vgl. Meffert/Bruhn 2009, S. 193): das äußere Erscheinungsbild des Dienstleistungsortes (z.B. das Theatergebäude, insbesondere die Bühne), Zuverlässigkeit (z.B. geringe Krankheitsausfälle der Schauspieler), Reaktionsfähigkeit (z.B. auf bestimmte Wünsche bei der Platzwahl), Leistungskompetenz (Qualität der Schauspieler) und Einfühlungsvermögen (z.B. besondere Behandlung von Kindern).

Die Definitionen dieser vier Begriffe geben bereits einigen Aufschluss über deren Zusammenhang: So ist das Wissen als verarbeitete Information Teil der Erfahrung. Erfahrung wiederum führt zu der Entwicklung von Qualitätsvorstellungen und Erwartungen. Erfahrungen mit erfüllten oder enttäuschten Qualitätsanforderungen ergeben die Grundlage für den Aufbau von Vertrauen.[21] Diese Zusammenhänge sind für die nachfolgenden Betrachtungen der Informationsökonomik von Relevanz, wie im nächsten Kapitel gezeigt wird.

---

[21] Der Bedarf von Wissen bzw. Erfahrung, um Vertrauen zu entwickeln, ist u.a. auch in der Spieltheorie untersucht und anerkannt (vgl. u.a. Diekmann 2009, S. 60ff.).

3.2 Informationsökonomik

3.2.1 Die Neue Institutionenökonomik als Bezugsrahmen

Die Neue Institutionenökonomik wird auch als „Theoriekonglomerat" bzw. „Makro-Theorie" bezeichnet (Kornmeier 2007, S. 89f.), da sie mehrere Theorien zusammen-fasst. Hierzu zählen etwa die Property Rights-Theorie, der Transaktionskostenansatz, die Prinzipal Agent-Theorie und die Informationsökonomik (vgl. Kass 1995a, S. 3f.; Meffert/Bruhn 2009, S. 55ff.). Bislang hat sich in der Literatur jedoch keine einheitliche Systematik etabliert, aus der hervorgeht, welche Theorieansätze der Neuen Institutionenökonomik zuzuordnen sind (vgl. Göbel 2002, S. 49 sowie die unterschied-liche Konzentration auf einzelne Theorieansätze bei Göbel 2002; Meffert/Bruhn 2009; Richter/Furubotn 2010; Erlei et al. 1999 sowie Rothärmel 2007, S. 92ff.). Die folgenden Kapitel behandeln den Theorieansatz der Informationsökonomik. Für ein besseres Verständnis soll zunächst durch einige einführende Erläuterungen zur Neuen Institu-tionenökonomik der Kontext verdeutlicht werden.

Die Lehre der Neuen Institutionenökonomik versteht sich als Abgrenzung zur neo-klassischen Theorie, die von einem idealisierten Markt ausgeht. In diesem Markt stehen allen Marktakteuren Informationen vollumfänglich zur Verfügung und durch das Han-deln nach dem Grundsatz vollkommener Rationalität besteht kein Bedarf an Reglements durch Staat oder Rechtsordnung. Entgegen der neoklassischen Theorie geht die Infor-mationsökonomik von einem Markt aus, auf dem Informationen asymmetrisch zwischen den Marktteilnehmern verteilt sind und dessen Akteure daher auch nicht zwingend rational handeln. Hieraus entstehen Unsicherheiten, die durch den Einsatz von Institutionen reduziert werden sollen (vgl. Kaas 1995a, S. 2; Göbel 2002, S. 49; Richter/Furubotn 2010, S. 1ff.; Rothärmel 2007, S. 92).

Unter Institutionen werden Systeme von formellen sowie informellen verhaltens-steuernden Regeln verstanden, die Problembereiche menschlicher Interaktion ordnen, die für längere Zeit gelten und deren Beachtung auf unterschiedliche Art und Weise durchgesetzt wird (vgl. Richter/Furubotn 2010, S. 7; Göbel 2002, S. 3; North 1994, S. 360[22]). Entsprechend dieser allgemeinen Definition von Institutionen verwundert die Vielfalt an Institutionen nicht: Beispiele für Institutionen sind u.a. die Verfassung, der Staat, das Geld, die Sprache oder die rechtliche Ordnung. Aufgabe und Funktion der Institutionen ist die Ordnung, Koordination und Entlastung des Marktgeschehens, aber

---

[22] North kommt in seiner Definition von Institutionen zum gleichen Ergebnis wie Richter/Furubotn und Göbel, hebt aber den sanktionierenden Charakter der Institutionen hervor, indem er Institutionen als „the formal rules (constitutions, statute and common law, regulations etc.), the informal constraints (norms of behavior, conventions, and internally imposed codes of conduct), and the enforcement characteristics of each" definiert (North 1994, S. 360).

auch die Motivation der Marktakteure zu einem bestimmten Verhalten. Zudem sollen Institutionen einen Wertemaßstab liefern, der das Verhalten der Marktakteure beeinflusst (vgl. Göbel 2002, S. 7).

3.2.2 Grundlagen der Informationsökonomik

Der Theorieansatz „Informationsökonomik" dient der Analyse ökonomischer Systeme mit besonderem Fokus auf dem Austausch von Informationen (vgl. u.a. Picot/Wolff 2004, S. 1478). Der Informationsökonomik liegen zwei wesentliche Annahmen zugrunde: Zum einen wird davon ausgegangen, dass Individuen (z.B. Theaterbesucher) oftmals Entscheidungen treffen müssen, ohne vollständig über den Entscheidungsgegenstand (z.B. Theaterangebot) informiert zu sein. In Zusammenhang dazu steht die zweite Annahme. Sie betrifft die Verteilung von Informationen gegenüber den Marktakteuren wie beispielsweise dem Theater und den Besuchern. Im Rahmen der Informationsökonomik wird davon ausgegangen, dass die Informationen ungleich verteilt sind, wobei in der Regel die Anbieter über mehr Informationen als die Nachfrager verfügen. In diesem Zusammenhang wird daher auch von Informationsasymmetrien gesprochen. (vgl. Rothärmel 2007, S. 94; Richter/Furobotn 2010, S. 567; Meffert/ Bruhn 2009, S. 55f; Homburg 2012, S. 57; Schumacher 1994, S. 11f.).

Durch die unvollständigen und asymmetrisch verteilten Informationen entsteht Unsicherheit, mit der die Marktakteure – im vorliegenden Fall die Theaterbesucher – umgehen müssen. D.h. sie müssen ihre Entscheidungen (z.B. Ticketkauf) in Unsicherheit treffen. Das Ziel der Informationsökonomik ist daher die Untersuchung des Informationsverhaltens der Marktakteure. Dadurch können Aussagen darüber getroffen werden, welche Informationen für die Beurteilung einer Leistung (und damit für die Entscheidungsfindung) relevant sind und wie Informationsdefizite sowie Informationsasymmetrien überwunden werden können.

Diese Untersuchung ist wichtig, da Informationen nicht unbegrenzt erlangt werden können und die Informationsbeschaffung zudem mit Kosten, sogenannten Transaktionskosten, verbunden ist (vgl. u.a. Göbel 2002, S. 129ff.; Richter/Furubotn 2010, S. 55ff.). Transaktionskosten entstehen beispielsweise durch Zeitaufwand, um Informationen über ein Theaterstück oder das Renommee eines Regisseurs zu recherchieren. Zudem sind teilweise bestimmte Informationen nicht ohne Weiteres zugänglich. Beispielsweise existieren in der Regel keine vollumfänglichen Informationen über die

Bearbeitung eines dargebotenen Textes durch die Regie einer Inszenierung (z.B. Textkürzungen, Textzusätze etc.).[23]

Entsprechend der Zielsetzung der Informationsökonomik werden im Rahmen dieser Theorie unterschiedliche Faktoren innerhalb ökonomischer Systeme untersucht (Meffert/Bruhn 2009, S. 56f.; Homburg 2012, S. 58f.; Göbel 2002, S. 110f.):

- Zum einen werden unterschiedliche Formen von Unsicherheit wie Ereignis- oder Marktunsicherheit unterschieden.
- Weiter werden Produkte und Leistungen hinsichtlich ihrer Eigenschaften (Such-, Erfahrungs- oder Vertrauenseigenschaften) untersucht.
- Das Informationsverhalten der Marktakteure wird analysiert, wobei zwischen informationssendenden und informationssuchenden Aktivitäten unterschieden wird.

Auf diese drei Aspekte wird im folgenden Kapitel detaillierter eingegangen und ein Bezug zum Untersuchungsgegenstand der Arbeit, dem Theater und seinen Besuchern, hergestellt.

3.2.3 Entstehung von Informationsdefiziten und Informationsasymmetrien

Wie oben erwähnt, verfügen Theaterbesucher in der Regel nicht über alle Informationen zu einer Theaterleistung; und die Theaterverantwortlichen verfügen diesbezüglich in der Regel über einen Informationsvorsprung gegenüber den Besuchern. Beispielsweise kennt der Besucher vor dem Besuch gewöhnlich nicht alle Facetten der Inszenierung (z.B. Interpretation des Stücks, Bühnenbild, Kostüme etc.). Zudem fehlen dem Besucher meistens Informationen, die eine bestimmte Aufführung betreffen wie etwa die Konstitution des künstlerischen Personals am Abend (z.B. Krankheitsvertretung). Ein besonderes Informationsdefizit ergibt sich bei Erstbesuchen, da der Besucher in diesem Fall zudem keine eigene Erfahrung hinsichtlich der spezifischen Räumlichkeiten, Akustik, Sichtverhältnisse oder der sanitären Bereiche sowie anderen Aspekten eines Theaterbesuchs hat.

Die Theaterverantwortlichen verfügen ebenfalls nicht vollumfänglich über entscheidungsrelevante Informationen bezüglich ihrer Besucher. Beispielsweise bestehen Unsicherheiten hinsichtlich der Zahlungsbreitschaft der Besucher oder darüber, welche Angebote (auch kostenfreie Zusatzleistungen wie z.B. Werkeinführungen) in welchem Umfang nachgefragt werden.

---

[23] Eine Ausnahme stellt in diesem Zusammenhang das Berliner Ensemble dar, das sämtliche Textbearbeitungen im Programmheft veröffentlicht.

Aus den unvollständigen und asymmetrisch verteilten Informationen entsteht Unsicherheit, die sich aus der Perspektive der Nachfrager in Ereignisunsicherheit und Marktunsicherheit unterteilen lässt (vgl. Homburg 2012, S. 59). Die Ereignisunsicherheit (auch exogene Unsicherheit) bezieht sich auf zukünftige Entwicklungen von Umweltzuständen außerhalb des betrachteten ökonomischen Systems (vgl. Homburg 2012, S. 59). Die Marktunsicherheit (auch endogene Unsicherheit) entsteht innerhalb eines ökonomischen Systems (z.B. zwischen einem Theater und dessen Besuchern) und bezieht sich auf die (fehlenden) Informationen über die Qualität einer angebotenen Leistung. Die Marktunsicherheit auf Seiten der Besucher lässt sich unterteilen in (1) Verhaltensunsicherheit und (2) Qualitätsunsicherheit.

(1) Verhaltensunsicherheit entsteht, da die Theaterleitung gegenüber den Besuchern einen Informationsvorsprung hat. Hierdurch besteht grundsätzlich die Gefahr des opportunistischen Verhaltens durch die Theaterleitung, indem dieser Informationsvorsprung ausgenutzt wird. Beispielsweise könnte eine krankheitsbedingte Besetzungsänderung erst unmittelbar vor Vorstellungsbeginn angekündigt werden, was die Rückgabe von Karten erschweren würde.

(2) Die Qualitätsunsicherheit ergibt sich aus der fehlenden Information über die Qualität der Theaterleistungen. Dies umschließt beispielsweise die künstlerische Qualität der Inszenierung und der Schauspieler als auch die Qualität der Akustik, der Sitzbequemlichkeit oder der Gastronomie in den Pausen. Da die Theaterleistung eine nur bedingt standardisierbare Dienstleistung ist und die Qualität – wenn überhaupt – in der Regel erst *nach* der Inanspruchnahme der Leistung bewertet werden kann, spielt die Qualitätsunsicherheit der Besucher und deren Reduktion eine entscheidende Rolle im Theatermarketing.

Nach der Darstellung der verschiedenen Formen von Unsicherheit wird in einem nächsten Schritt der für die Analyse der Theaterleistung wichtige eigenschaftstypologische Ansatz vorgestellt.

3.2.4 Der eigenschaftstypologische Ansatz

Die entstehenden Transaktionskosten bei der Informationsbeschaffung sind abhängig von den Eigenschaften der untersuchten Güter. Aus diesem Grund werden in der Informationsökonomik Produkte und Leistungen anhand ihrer Eigenschaften in sogenannte Such-, Erfahrungs- oder Vertrauensgüter unterteilt (vgl. Nelson 1970; Darby/Karni 1973; Weiber/Adler 1995b, S. 61ff.; Rothärmel 2007, S. 115ff.; Hausmann 2012a, S. 22). Bei dieser Klassifizierung wird untersucht, ob eine Beurteilung des

Produktes oder der Leistung grundsätzlich möglich ist und ob eine Beurteilung ex ante oder ex post, also bereits vor dem Kauf oder erst nach dem Kauf vorgenommen werden kann.

Ein Produkt verfügt über **Sucheigenschaften**, wenn die Eigenschaften des Produkts bereits vor dem Kauf durch Inspektion beurteilbar sind (daher wird auch von Inspektionseigenschaften gesprochen; vgl. Meffert/Bruhn 2009, S. 57). Suchgüter erzeugen beim Nachfrager verhältnismäßig geringe Kosten bei der Informationssuche und beinhalten ein geringeres Kaufrisiko als die anderen beiden Güterklassifizierungen. Beispiele für Sucheigenschaften sind die Größe oder das Design eines Produkts.

Erfahrungseigenschaften lassen sich erst durch das Erfahren einer Leistung, also während oder nach der Inanspruchnahme einer Leistung bzw. nach dem Kauf beurteilen. Während vor dem Kauf bestenfalls über die Eigenschaften der Leistung spekuliert werden kann, sind Konsumenten nach der Inanspruchnahme der Leistung in der Lage, präzise Bewertungen über Erfahrungseigenschaften abzugeben. Beispiele für Erfahrungseigenschaften sind die Lebensdauer von Produkten oder die Dauer einer Dienstleistung.

Vertrauenseigenschaften können weder vor noch nach dem Kauf eines Produktes oder einer Leistung bewertet werden, d.h. der Nachfrager muss in diese Eigenschaften vertrauen, ohne sie überprüfen zu können. Daher stellen Güter mit Vertrauenseigenschaften das höchste Kaufrisiko dar. Die Bewertung von Vertrauenseigenschaften ist für den Nachfrager nicht möglich, da eine Beurteilung oftmals Expertenwissen voraussetzt, das nur unter erheblichem Aufwand (und einhergehend mit hohen Transaktionskosten) erlangt werden kann. In anderen Fällen sind Güter von zukünftigen unvorhersehbaren Ereignissen abhängig, die ebenfalls nicht abschließend bewertet werden können. Beispiele für Vertrauenseigenschaften finden sich bei Beratungen oder ärztlichen Behandlungen (vgl. Kaas 1995b, S. 28ff.; Meffert/Bruhn 2009, S. 57; Homburg 2012, S. 60). Die nachfolgende Tabelle 8 fasst die wesentlichen Merkmale der oben genannten Eigenschaften zusammen:

	Sucheigenschaften	Erfahrungs-eigenschaften	Vertrauens-eigenschaften
Beurteilung ist vor dem Kauf möglich	Ja	Nein	Nein
Beurteilung ist nach dem Kauf möglich	Ja	Ja	Nein

Tabelle 8: Merkmale von Such-, Erfahrungs- und Vertrauensgütern.

Die meisten Produkte und Leistungen weisen mehrere dieser Eigenschaften auf. Abhängig von der Gewichtung der einzelnen Eigenschaften, wird zwischen Suchgütern, Erfahrungsgütern und Vertrauensgütern unterschieden. Weist ein Gut überwiegend Sucheigenschaften auf und lässt sich das Gut weitgehend vor dem Kauf beurteilen, so spricht man von einem „Suchgut". Bei einer Dominanz von Erfahrungseigenschaften ist von „Erfahrungsgütern" die Rede. Wenn ein Gut weder vor noch nach dem Kauf bewertet werden kann, so handelt es sich um ein „Vertrauensgut" (vgl. Weiber 1996, S. 74; Adler 1996, S. 71). Entscheidend für die Einordnung eines Produkts oder einer Leistung sind letztlich nicht die objektiven Eigenschaften der Güter, sondern die subjektive Wahrnehmung der Nachfrager (vgl. Weiber 2004, S. 96). Abhängig davon, welche Art von Gut nachgefragt wird, spricht man von „Such-", „Erfahrungs-" oder „Vertrauenskäufen" (vgl. Weiber/Adler 1995a, S. 73).

Abbildung 5 zeigt die drei Dimensionen an Gütereigenschaften auf und gibt Beispiele von Gütern mit unterschiedlich ausgeprägten Charakteristika. Verfügt ein Gut ausschließlich über eine der Eigenschaften, so ist von einem reinen Such-, Erfahrungs- oder Vertrauensgut die Rede. In einem solchen Fall wäre das Gut einer der Ecken des Schaubildes zuzuordnen. Wie oben erwähnt und nachfolgend durch die Beispiele verdeutlicht, lassen sich jedoch die wenigsten Güter als reine Such-, Erfahrungs- oder Vertrauensgüter definieren, da sie unterschiedliche Eigenschaften aufweisen.

Abbildung 5: Informationsökonomische Einordnung von Produkten und Dienstleistungen (in Anlehnung an Weiber/Adler 1995a, S. 61 sowie Meffert/Bruhn 2009, S. 57).

Während materielle Produkte in der Regel Suchgütern zuzuordnen sind, werden Dienstleistungen oftmals ein starkes Gewicht an Erfahrungs- und Vertrauenseigenschaften zugesprochen[24] (vgl. u.a. Meffert/Bruhn 2009, S. 57f., Homburg 2012 S. 60; Corsten et al. 2005, S. 367). Die Theaterleistung als Leistungsbündel wurde in Kapitel 2.2 als Dienstleistung definiert und kann tendenziell den Erfahrungsgütern zugeschrieben werden. Während bei Meffert und Bruhn der Theaterbesuch mit dem Besuch einer Kinovorstellung gleichgesetzt wird und etwas stärker den Sucheigenschaften zugeordnet wird, wurde dem Theaterbesuch in Abbildung 5 ein höherer Anteil an Erfahrungseigenschaften zugesprochen. Die Bedeutung der Erfahrungseigenschaften wird anhand der Einordung der Theaterleistung im folgenden Abschnitt verdeutlicht (vgl. insbesondere Tabelle 9). Zu berücksichtigen ist, dass die Zuordnung der Theaterleistung von den individuellen Erfahrungen der Theaterbesucher abhängt. Während für Erst- und Gelegenheitsbesucher der Anteil der Erfahrungs- und Vertrauenseigenschaften stark ausgeprägt ist, können für Stammgäste vor allem die Sucheigenschaften von Relevanz sein. Denn wenn eine Person zum ersten Mal eine Theatervorstellung besucht, geht sie ein ungleich höheres Kaufrisiko ein, als wenn ein Theaterbesucher eine Aufführung zum wiederholten Mal besucht. Dennoch bleibt zu betonen, dass Theaterbesucher – unabhängig davon, ob sie Stamm- oder Erstbesucher sind – eine Theateraufführung erst nach der Aufführung bewerten können.

Um in diesem Zusammenhang ein differenziertes Verständnis der Theaterleistung zu gewinnen, werden nachfolgend die Teilleistungen der Theaterleistung anhand ihrer Such-, Erfahrungs- und Vertrauenseigenschaften untergliedert.

---

[24] Trotz des weitgehenden Konsenses über die Zuordnung von Dienstleistungen zu den Erfahrungs- und Suchgütern, zeigt beispielsweise ein Vergleich der Einordnung des Angebots „Restaurantbesuch" von Meffert/Bruhn bzw. Homburg, wie unterschiedlich gewichtet das Ergebnis ausfallen kann. So sieht Homburg einen geringeren Anteil an Sucheigenschaften und dafür einen deutlich höheren Anteil an Vertrauenseigenschaften beim Restaurantbesuch als Meffert/Bruhn (vgl. Meffert/Bruhn 2009, S. 57f.; Homburg 2012 S. 60). In dem hier gezeigten Schaubild wurde dem Restaurantbesuch ebenfalls ein höherer Anteil an Vertrauenseigenschaften zugesprochen, da wesentlichen Eigenschaften der Leistung (z.B. Herkunft der Speisen, Hygiene bei der Lagerung und Zubereitung) in der Regel vertraut werden muss.

Einordnung der Theaterleistung

- *Sucheigenschaften*

Die Theaterleistung verfügt über zahlreiche Aspekte, über die sich potenzielle Nachfrager vor dem Kauf der Leistung durch Inspektion informieren können. Hierzu zählen Ort und Datum der Aufführung, die Kartenpreise, die Sitzposition (z.B. Parkett, Rang), der Spielplan, die Schauspieler, Anzahl der Pausen, das Theatergebäude oder auch Merchandiseartikel aus dem Theatershop u.a.

- *Erfahrungseigenschaften*

Die Eigenschaften der Theaterleistung, die erst während oder nach dem Theaterbesuch bewertet werden können, vereinen die wesentlichen Leistungen des Theaters. Hierzu zählen beispielsweise die Qualität der Schauspieler, die Akustik, die Qualität des Sitzplatzes (ggf. auch abhängig von anderen Theatergästen), das Raumklima, die Kreativität der Inzenierung oder die Qualität und Verfügbarkeit der sanitären Anlagen.

- *Vertrauenseigenschaften*

Neben den genannten Such- und Erfahrungseigenschaften sind einige Leistungen des Theaters auch nach dem Theaterbesuch nicht vollständig beurteilbar. Beispielsweise sind Momente künstlerischer Freiheit und damit ein Abweichen von den Regievorgaben auf der Bühne für den Theaterbesucher oftmals nicht als solche zu erkennen. Auch erschließt sich insbesondere für Erst- und Gelegenheitsbesucher selten, ob eine Inszenierung besonders innovativ ist oder von anderen Inszenierungen inspiriert wurde. Auch bei den Zusatzleistungen kann der Theaterbesucher bestimmte Informationen nur schwerlich überprüfen wie beispielsweise die Herkunft der Speisen in der Pause.

Anhand einer Untersuchung der wesentlichen Bestandteile von Theaterleistungen, können, wie in der Tabelle 9 auf der folgenden Seite zu sehen ist, die einzelnen Aspekte anhand ihrer Charakteristika in den eigenschaftstypologischen Ansatz eingeordnet werden.

Leistungseigenschaft	Beispiele
Sucheigenschaften	• Ort der Theatervorstellung • Zeit und Länge der Theatervorstellung • Preis für eine Theaterkarte • Design von Produkten im Theatershop
Erfahrungseigenschaften	• Inhaltliche Qualität und Verständlichkeit des Einführungsvortrags • Engagement der Theaterpädagogik • Qualität der Schauspieler • Gestaltung des Bühnenbilds • Kreativität der Inszenierung • Akustik vom Sitzplatz • Sichtverhältnisse vom Sitzplatz • Unterhaltungswert der Inszenierung • Ambiente während der Vorstellung • Bequemlichkeit der Sitzplätze • Hygiene der sanitären Anlagen • Freundlichkeit des Personals • Wartezeiten an der Garderobe, am Einlass, bei der Gastronomie sowie bei den sanitären Anlagen • Geschmack und Qualität der gastronomischen Angebote • Materialqualität von Produkten aus dem Theatershop
Vertrauenseigenschaften	• Texttreue bei unbekannten Stücken • Innovationsgrad der Inszenierung • Herkunft der Lebensmittel des gastronomischen Angebots

Tabelle 9: Systematisierung der Theaterdienstleistung.

Diese Sammlung und Einordnung von Teilleistungen des Theaters zeigt, dass die Theaterleistung als Leistungsbündel sowohl Such- als auch Erfahrungs- und Vertrauenseigenschaften aufweist. Darüber hinaus wird deutlich, dass die Theaterleistung eine Dominanz an Erfahrungseigenschaften aufzeigt. Dies betrifft insbesondere die Kernleistung des Theaters, d.h. die Aufführung von Theaterstücken oder die Arbeit der Theaterpädagogik. Diese deutliche Gewichtung von Erfahrungseigenschaften bestätigt die Einordnung der Theaterleistung als Erfahrungsgut.

Zusammenfassend werden in Abbildung 6 beispielhaft Aspekte, aus denen sich die Theaterleistung zusammensetzt, in das informationsökonomische Dreieck eingeordnet. Aus Gründen der Übersichtlichkeit werden nicht alle oben aufgeführten Teilleistungen in der Grafik genannt. Vielmehr soll anhand ausgewählter Aspekte die mögliche Einordnung der Theaterleistung in das informationsökonomische Dreieck verdeutlicht werden.

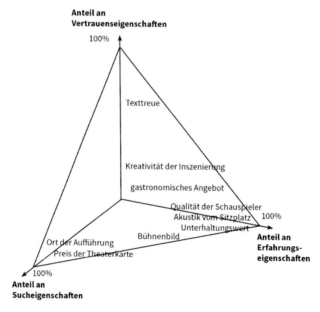

Abbildung 6: Informationsökonomische Einordnung exemplarischer Eigenschaften der Theaterleistung.

Auf der Grundlage der Einordnung der Theaterleistung als Erfahrungsgut (mit einem geringen Anteil an Such- und Vertrauenseigenschaften) wird ersichtlich, dass vielseitige Informationsdefizite zwischen Anbietern und Nachfragern einer Theaterleistung bestehen, die zu Unsicherheiten bei den Besuchern führen. Ziel der Kommunikationspolitik von Theatern ist es daher, diese Informationsdefizite zu reduzieren. Kaas verdeutlicht die Anforderungen der Kommunikationspolitik:[25] Während die Kommunikationspolitik bei Suchgütern vor allem eine Informationsfunktion hat, bestehen bei Erfahrungs- und Vertrauensgütern mittlere bis große Vertrauensprobleme, da die Informationen nicht ex ante durch die Nachfrager überprüft werden können (vgl. Kaas

---

[25] Für eine Erläuterung der einzelnen Marketing-Instrumente siehe Kass 1995b, S. 29ff.

1995b, S. 20f.). Diese Problematik wird im Rahmen der Ausführungen zur Kommunikationspolitik von Theatern im 4. und 5. Kapitel noch einmal aufgegriffen.

Um Informationsdefizite bzw. Informationsasymmetrien zu reduzieren, bestehen für Marktakteure (Theater sowie Besucher) verschiedene Möglichkeiten der Informationsübertragung, die sich in sogenannte Screening- und Signaling-Maßnahmen unterscheiden lassen (vgl. Meffert/Bruhn 2009, S. 58f.; Hausmann 2012a, S. 22f.; Homburg 2012, S. 60f.; Kaas 1995b, S. 29ff.; Kaas 1991; Fischer et al. 1993, S. 448). Grundsätzlich sind für die Kommunikationspolitik der Theater die Signaling-Möglichkeiten der Theater und die Screening-Möglichkeiten der Besucher von Interesse. Da bei der Kommunikation durch Social Media auch Besucher zahlreiche Informationen zur Verfügung stellen und Theater gezielt nach diesen Informationen suchen können, sollen nachfolgend grundsätzliche Möglichkeiten von Screening- bzw. Signaling-Maßnahmen jeweils aus Perspektive der Theater und Theaterbesucher aufgezeigt werden.

3.3 Strategien und Maßnahmen zur Reduktion von Unsicherheit

3.3.1 Screening-Maßnahmen von Besuchern und Theatern

Screening-Maßnahmen bezeichnen die aktive Informationssuche eines Marktakteurs. Es lassen sich drei Strategien des Screening unterscheiden, die abhängig von der Ausprägung von Such-, Erfahrungs- oder Vertrauenseigenschaften zur Anwendung kommen können (vgl. Homburg 2012, S. 61; Hausmann 2012a, S. 22f.):

Strategie der direkten Informationssuche: Bei der direkten Informationssuche werden durch den Informationsnachfrager leistungsbezogene Daten (z.B. Preis der Theaterkarte, Uhrzeit der Vorstellung) abgefragt, um eine direkte Beurteilung der Leistung durchführen zu können. Diese Strategie wird überwiegend gegenüber den Sucheigenschaften der Theaterleistung eingesetzt. Auch die Anbieter der Theaterleistung können durch direkte Informationssuche ihr Informationsdefizit reduzieren, indem sie beispielsweise Besucherbefragungen durchführen und damit Daten generieren, die für die Angebotsgestaltung von Bedeutung sind (z.B. Preisbereitschaft, Service-Erwartungen u.a.).

Strategie der leistungsbezogenen Informationssubstitute: Diese Strategie findet vor allem gegenüber Erfahrungseigenschaften Anwendung. Im Gegensatz zu der Suche nach direkten Leistungsinformationen werden alternative Informationen beurteilt, die sich auf die Leistung beziehen. Beispiele für leistungsbezogene Informationssubstitute sind die Reputation der Schauspieler oder auch eine Garantie der Kostenerstattung bei Nicht-Gefallen.

Strategie der leistungsübergreifenden Informationssubstitute: Bevorzugt bei Vertrauensgütern ist die Suche nach leistungsübergreifenden Informationssubstituten. Diese Informationen treffen unter Umständen keine Aussage über die eigentliche Theaterleistung und können auch von Dritten bereitgestellt werden. Beispiele für leistungsübergreifende Informationssubstituten sind die Bekanntheit und die Reputation eines Theaters oder auch die Empfehlung von Freunden und Bekannten.

Diese Ausführungen zeigen, dass die Theaternachfrager unterschiedliche Strategien wählen (können), um ihre Unsicherheit gegenüber der Theaterleistung zu reduzieren. Der Einsatz der Strategien ist abhängig von der (empfundenen) Dominanz der Eigenschaften individueller Theaterleistungen. Bereits hier kann konstatiert werden, dass es Aufgabe der Informationsaktivitäten (insbesondere der Kommunikationspolitik) eines Theaters ist, entsprechende Informationen bzw. Informationssubstitute anzubieten. Dies kann durch Signaling-Maßnahmen geschehen, wie nachfolgend gezeigt wird.

3.3.2 Signaling-Maßnahmen von Besuchern und Theatern

Während Screening-Maßnahmen die Suche und Beschaffung von Informationen bezeichnen, umschreiben Signaling-Maßnahmen das Aussenden von Informationen durch die besser informierte Marktseite (vgl. Stiglitz 2003, S. 594ff.; Hausmann 2012a, S. 22f.). Ziel des Signalings ist die Übermittlung von glaubwürdigen Informationen, insbesondere von jenen, die nicht vor der Inanspruchnahme der Leistung auf ihre Richtigkeit überprüft werden können. Da Theater in der Regel standortgebunden sind und über Jahre ein weitgehend gleichbleibendes Einzugsgebiet haben, lohnt sich der Aufbau von Reputation durch konsequentes und wiederholtes Signaling (auch mehrperiodisches Signaling; vgl. Meffert/Bruhn 2009, S. 59). Für Theater ergeben sich zahlreiche Möglichkeiten, Nachfragern Informationen zur Verfügung zu stellen bzw. diese zu verbreiten (vgl. auch den Kommunikations-Mix in Kapitel 4.4.4). Entsprechend der oben dargestellten Screening-Strategien, können Theater einerseits Informationen bereitstellen, die direkt auf die Theaterleistung verweisen (z.B. Preis, Datum der Aufführung). Andererseits können durch den Aufbau von Reputation oder die Übernahme von Garantien Informationen vermittelt werden, die unsicherheitsreduzierend wirken, ohne dass sie direkt über die Theaterleistung informieren. Für den Reputationsaufbau spielen Faktoren wie etwa Markenbildung im Theater (vgl. Schwerdtfeger 2004), das

Gewinnen von Theaterpreisen (z.B. DER FAUST)[26] oder auch Qualitätssiegel (z.B. das Zertifikat ServiceQualität Deutschland)[27] eine bedeutende Rolle.

Darüber hinaus stellt sich für Theater die Herausforderung, das Signaling von Multiplikatoren gegenüber potenziellen Besuchern zu initiieren. Multiplikatoren können die Medien (z.B. die feuilletonistische Berichterstattung einer Zeitung) oder auch einzelne Theaterbesucher sein. Eine Maßnahme, um das „Multiplikatoren-Signaling" zu motivieren, kann beispielsweise die aktive Pressearbeit sein (Pressekonferenzen, Aussenden von Pressemitteilungen, Pressefreikarten etc.). Um ein Signaling der Besucher gegenüber Dritten (Weiterempfehlung) zu erleichtern, können einerseits Informationsträger wie Gratispostkarten bereitgestellt werden. Andererseits kann die Weiterempfehlung durch Integration in digitale Medien befördert werden, wie im weiteren Verlauf der Arbeit gezeigt werden soll (vgl. Kapitel 5.3.1).

Neben den Signaling-Maßnahmen der Theater haben auch die Besucher die Möglichkeit, zu einer Reduktion von Informationsdefiziten beizutragen. Dies kann direkt erfolgen, beispielsweise über die Selbsteinordnung in definierte Preiskategorien (z.B. Schüler, Rentner), über Kommentare in Gästebüchern oder Theaterblogs sowie durch persönliche Gespräche gegenüber dem Service-Personal. Zudem kann ein indirektes Signaling ebenfalls über Multiplikatoren stattfinden, wie durch das Verfassen eines Leserbriefs als Antwort auf eine Theaterrezension.

In der Tabelle 10 auf der nachfolgenden Seite werden die beiden Formen der Informationsaktivitäten zusammengefasst und durch die Nennung von Beispielen verdeutlicht. Dem schließt sich eine kritische Bewertung des informationsökonomischen Ansatzes an.

---

[26] Seit 2006 wird in Kooperation des Deutschen Bühnenverein, der Bundesländer, der Kulturstiftung der Länder und der Deutschen Akademie der Darstellenden Künste der Theaterpreis DER FAUST verliehen um auf „die große Leistungskraft der Theater" (DBV 2011c) aufmerksam zu machen.

[27] Das Zertifikat ServiceQualität Deutschland zeichnet Betriebe für ein besonderes Maß an Servicequalität aus und dient als Reputationssignal gegenüber Nachfragern. Theater, die das Qualitätssiegel erhalten haben sind beispielsweise das Stadttheater Bremerhaven oder das Theater im Fischereihafen (Bremerhaven). Quelle: www.q-deutschland.de (Abfrage 06.06.2011)

Maßnahme Perspektive	Screening (Informationssuche)	Signaling (Informationsaussendung)
Besucher	• Inspektion des Spielplans • Wahrnehmung des Images • Empfehlung von Freunden	• Selbsteinordnung (z.B. in Bezug auf Preiskategorien) • Teilnahme an Besucherbefragung
Theater	• Besucherbefragung • Auswertung von Gästebüchern	• Maßnahmen der Kommunikations-politik • Markenbildung

Tabelle 10: Informationsaktivitäten von Theatern und Besuchern (in Anlehnung an Meffert/Bruhn 2009, S. 60).

3.4 Kritische Bewertung des informationsökonomischen Ansatzes

Der informationsökonomische Ansatz eignet sich, um die grundsätzlichen Aspekte der Verteilung von Informationen zwischen Theatern und deren Besuchern zu verdeutlichen. Es soll jedoch auch die kritische Perspektive dieses Theorieansatzes berücksichtig werden. Dazu werden nachfolgend einige wesentliche kritische Anmerkungen zur Informationsökonomik diskutiert.

Durch den informationsökonomischen Ansatz sollen Transaktionskosten bei der Beschaffung von nützlichen Informationen durch Screening-Maßnahmen gesenkt werden. Nicht beachtet wird allerdings, dass die Einschätzung der entstehenden Kosten oftmals nur sehr vage getroffen werden kann.[28] Zudem kann in der Regel der Nutzen einer Information vorab nicht bewertet werden. Die informationsökonomische Unterstellung, jede Information würde zu einer Reduktion von Unsicherheit beitragen, kann nicht bestätigt werden. Denn eine Information kann auch weitere Informationsdefizite offenbaren und daher zu einer stärkeren Unsicherheit führen.

Eine Unschärfe im informationsökonomischen Ansatz ergibt sich aus der subjektiven Einordnung der Leistungseigenschaften in Such-, Erfahrungs- und Vertrauenseigenschaften. Denn die „subjektiven Daten, aufgrund derer die einzelnen Entscheidungssubjekte tatsächlich tätig werden, sind völlig verschieden von dem, was man

---

[28] Zu unvollständiger Voraussicht von Transaktionskosten und Informationsnutzen sowie eingeschränkter Rationalität im Handeln der Marktakteure vgl. Richter/Furobotn 2010, S. 559ff., insb. S. 561 sowie Denzau/North 1994

die objektiven Daten des Systems nennen könnte" (Richter/Furobotn 2010, S. 567). Dies führt dazu, dass Leistungen nicht vollkommen und mit objektiver Gültigkeit eingeordnet werden können. Diese Unschärfe scheint allerdings notwendig, denn hierdurch kann ein anderer Kritikpunkt am informationsökonomischen Ansatz relativiert werden: Kritisch gesehen wird die mangelnde Berücksichtigung der persönlichen Erfahrung im Modell der Leistungseigenschaften. Jedoch basiert die subjektive Einordnung einer Leistung anhand der möglichen Eigenschaften auf nichts anderem als persönlicher Erfahrung, die dem Nachfrager die Möglichkeit gibt, eine Leistung stärker als Such-, als Erfahrungs- oder als Vertrauensgut zu charakterisieren.

Eine weitere kritische Anmerkung findet sich zum Verhältnis von Such- zu Erfahrungseigenschaften: So können prinzipiell Erfahrungseigenschaften zu Sucheigenschaften werden, indem Nachfrager Leistungsproben in Anspruch nehmen (vgl. Müller 2008, S. 99). Übertragen auf das Theater bedeutet dies, dass das Erfahrungsgut „Theateraufführung" durch den Besuch einer öffentlichen Probe ex ante erfahren werden kann und daher zum Suchgut würde. Dem ist jedoch zweierlei entgegen zu halten: Erstens definieren sich Erfahrungsgüter insbesondere durch die Frage von Aufwand und Nutzen, um an bewertungsrelevante Informationen zu gelangen. In diesem Beispiel wäre der Aufwand der Informationsbeschaffung sehr hoch. Zweitens ist anzumerken, dass trotz des Besuchs einer Probe nicht die endgültige Leistung der Abendaufführung erfahren wird, da sich diese unter Umständen deutlich von der Probe unterscheiden kann.

Gegenüber dem informationsökonomischen Ansatz wird konstatiert, dass nicht alle Aspekte des Umgangs mit Informationen, insbesondere der Informationsverarbeitung berücksichtigt werden. Dies ist gerechtfertigt und daher kann der informationsökonomische Ansatz auch keine Theorie liefern, die ein Gesamtbild der Informationsnutzung darstellt. Dies ist allerdings nicht das Ziel des Theorieansatzes und mindert nicht dessen Qualität bei der systematischen Darstellung wesentlicher Aspekte, die den Zusammenhang von Informationen und Unsicherheiten bei der Nachfrage von Leistungen betreffen. Darüber hinaus sei an dieser Stelle angemerkt, dass selbst neurowissenschaftliche Theorieansätze bisher keine Theorie liefern konnten, um ein Gesamtbild der Informationsnutzung und -verarbeitung darzustellen.

Insgesamt bleibt festzuhalten, dass der informationsökonomische Ansatz eine brauchbare Grundlage bietet, um die wesentlichen Herausforderung im Theatermarketing zu erklären.

3.5 Zusammenfassung der Ergebnisse

Nach den Ausführungen in diesem Kapitel können folgende Ergebnisse für die Untersuchung im Rahmen dieser Arbeit festgehalten werden, die die Grundlage nachfolgender Überlegungen bilden:

- Die Kernleistungen eines Theaters können nach Ansicht des Autors weitgehend als Erfahrungsgüter mit geringen Anteilen an Such- und Vertrauenseigenschaften eingeordnet werden.
- Da Theaterleistungen Erfahrungsgüter sind, bestehen Informationsdefizite zwischen den Theatern und deren Besuchern.
- Zur Reduktion von Informationsdefiziten bieten sich verschiedene Maßnahmen für Theater an, die im Rahmen der Kommunikationspolitik gestaltet werden.

Die Ergebnisse des Kapitels werden in Bezug auf die Kernleistungen der Theater in Tabelle 11 zusammengefasst und durch Beispiele illustriert.

Leistungs- eigenschaft	Beispiele für Leistungen	Maßnahmen zur Reduktion von Informationsdefiziten (durch Signaling der Theater)
Sucheigenschaft	Spielplan	Spielplan auf der Homepage verfügbar machen
Erfahrungseigenschaft	Qualität der Schauspieler	Veröffentlichung von positiven Rezensionen
Vertrauenseigenschaft	Texttreue (bei unbekannten Stücken)	Abdruck des Textes in Programmhefte

Tabelle 11: Beispiele für Maßnahmen zur Reduktion von Informationsdefiziten anhand von Leistungseigenschaften der Theater.

Nach den Ausführungen zur informationsökonomischen Fundierung folgt in den nächsten beiden Kapiteln eine detaillierte Auseinandersetzung mit den Möglichkeiten des Signalings durch Theater unter Einsatz kommunikationspolitischer Instrumente, insbesondere durch Social Media. Nachfolgend soll aufgezeigt werden, wie durch die Kommunikationspolitik die Reduktion von Informationsasymmetrien zwischen Theatern und deren Besuchern gelingen kann und welche mögliche Rolle in diesem Zusammenhang Social Media als neues Kommunikationsinstrument spielt.

4 Kommunikationspolitik von Theatern

4.1 Die Kommunikationspolitik als Instrument des Theatermarketing

Bevor in dem nachfolgenden Kapitel der Managementprozess der Kommunikationspolitik erläutert wird, soll an dieser Stelle eine Einordnung der Kommunikationspolitik in das Theatermarketing vorgenommen werden. Ziel dieses Kapitels ist es, zu verdeutlichen, dass die Kommunikationspolitik Bestandteil des Marketingprozesses ist und zu den operativen Instrumenten des Theatermarketing zählt. Eine ausführliche Darstellung des Theatermarketing kann an dieser Stelle nicht erfolgen und ist unter Berücksichtigung des Themas der Arbeit nicht zielführend, weshalb nachfolgend ein verkürzter Umriss des Theatermarketing vorgestellt wird.

Theatermarketing lässt sich nach Hausmann als eine Führungskonzeption für Theater definieren, bei der die marktbezogenen und internen Aktivitäten auf die aktuellen und potenziellen Märkte so auszugestalten sind, dass die Ziele der Theater durch eine dauerhafte Orientierung an den Bedürfnissen der Besucher (und anderer relevanter Austauschpartner) verwirklicht werden (vgl. Hausmann 2005, S. 16 sowie 2011b). Diese Führungskonzeption lässt sich in mehrere aufeinander aufbauende Teilbereiche untergliedern, die einen Managementprozess des Theatermarketing darstellen.

Für eine Untersuchung des Theatermarketingprozesses dienen neben der Literatur zum Theatermarketing (insbesondere Hausmann 2005; Hausmann 2011b; Kotler/ Scheff 1997) auch die Publikationen zum Kulturmarketing als Grundlage (vgl. Günter 2001; Colbert 2007; Scheff Bernstein 2007; Günter/Hausmann 2012; Klein 2011; siehe auch Kapitel 1.3). Dies wird damit begründet, dass sich zahlreiche Überlegungen des Kulturmarketing auf den Teilbereich des Theatermarketing übertragen lassen. Zudem wird in der Literatur zum Kulturmarketing immer wieder auch explizit aus der Perspektive des Theatermarketing geschrieben (vgl. z.B. Günter/Hausmann 2012, S. 13, 81, 96; Klein 2011, S. 4). Darüber hinaus gibt die nicht branchenspezialisierte Literatur zum Marketing wertvolle Anregungen, die teilweise für das Theatermarketing genutzt werden können. Daher soll diese Literatur ebenfalls an dieser Stelle einbezogen werden (u.a. Bruhn 2004; Kotler/Bliemel 2006; Homburg/Krohmer 2009).

Eine Auswertung der genannten Quellen zeigt, dass der Marketingprozess zwar nicht einheitlich dargestellt wird, sich jedoch wesentliche Elemente (teilweise mit unterschiedlichen Bezeichnungen) bei den meisten Autoren wiederfinden, die auch für das Theatermarketing relevant sind. Folgende Elemente können als Bestandteile des Theatermarketing-Prozesses bestimmt werden: Analyse, Zielsetzung, Strategie, operative Maßnahmen und abschließend Controlling.

Zusammenfassend lässt sich der Theatermarketing-Prozess darstellen wie in Abbildung 7 gezeigt wird. Die Grafik verdeutlicht, dass die Kommunikationspolitik dem operativen Theatermarketing zuzuordnen ist.

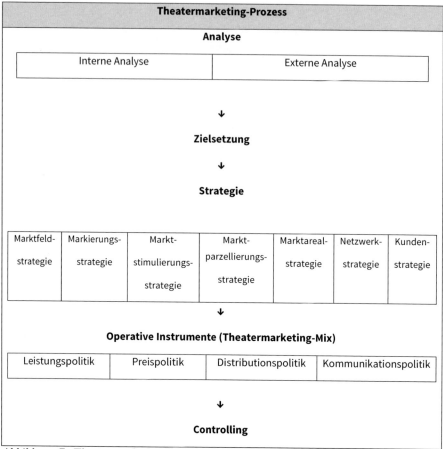

Abbildung 7: Theatermarketing-Prozess (in Anlehnung an Hausmann 2011a, S. 42; Klein 2011, S. 71).

Nach der Verortung der Kommunikationspolitik im Theatermarketing sollen in einem nächsten Schritt die Grundlagen der Kommunikationswissenschaft dargestellt werden, da auf diesen die Überlegungen zur Kommunikationspolitik aufbauen. Darüber hinaus liefern die nachfolgend vorgestellten Modelle der Kommunikationswissenschaft eine relevante Basis zur Betrachtung der Kommunikation innerhalb von Social Media-Anwendungen.

4.2 Grundlagen der Kommunikationswissenschaft

4.2.1 Begriffliche Abgrenzung

Kommunikation hat sich im Informationszeitalter zu einem wesentlichen Forschungsfeld der Geistes- und Wirtschaftswissenschaften entwickelt. Eine nennenswerte wissenschaftliche Aufmerksamkeit erreichte dieser Bereich mit der Entwicklung technischer Neuerungen insbesondere bei den Massenmedien (z.B. Zeitungen, Radio oder Fernsehen). Daher war ursprünglich von „Zeitungswissenschaft" die Rede. Später, unter Einbezug des Radios, wurde die Disziplin in „Publizistik" umbenannt. Eine weitere Verallgemeinerung und Öffnung der Disziplin erfolgte unter der Bezeichnung „Kommunikationswissenschaft" (vgl. Theis-Berglmair 2003, S. 24ff.)[29]. Da die Kommunikationswissenschaft in ihren vielseitigen Ausrichtungen auch interpersonelle Kommunikationsformen berücksichtigt, gibt diese Disziplin eine sinnvolle Grundlage für die Betrachtung zeitgemäßer Kommunikationspolitik im Theater.

Unter Kommunikation wird im Kontext der vorliegenden Arbeit die Vermittlung von Informationen zwischen Menschen durch Medien bezeichnet[30]. Hierbei kann zwischen Primär-, Sekundär-, Tertiär- und Quartiermedien unterschieden werden. Diese Unterteilung richtet sich nach dem Grad der technischen Komplexität: Primärmedien erfordern keine Technik. Dies ist beispielsweise im Rahmen einer Theateraufführung der Fall, bei der die Schauspieler als Medium agieren. Sekundärmedien erfordern auf der Produktionsseite (Sender) Technik, nicht jedoch beim Empfänger (z.B. Zeitung, Buch). Tertiäre Medien wie Telefon oder Radio benötigen auf Sender- sowie auf Empfängerseite technische Geräte. Die Kategorie der Quartiärmedien wurde im Rahmen der Entwicklung der „Digitalen Medien" und „Online Medien" eingeführt. Diese unterscheiden sich von den anderen Medien darin, dass die traditionelle Sender-Empfänger-Beziehung aufgebrochen wird und Empfänger oftmals zu Sendern werden (vgl. Burkart 2002, S. 36ff.; Ludes 2003; Misoch 2006, S. 19ff.). Insbesondere die neueren Entwicklungen im Kontext interaktiver, digitaler Medien (Social Media) verdeutlichen dies, da die vernetzte Kommunikation innerhalb der Mitglieder einer Gruppe dort im Vordergrund steht (vgl. Kapitel 5).

---

[29] Da sich diese Entwicklung vor allem an den technischen Erneuerungen der Medien orientiert, verweist Theis-Berglmair darauf, dass die Bezeichnung „Medienwissenschaften" zutreffender sei.

[30] Der inflationär gebrauchte Begriff „Kommunikation" wird auch ohne klare Abgrenzungen in anderen Zusammenhängen gebraucht, etwa beim Informationsaustausch zwischen Tieren oder Maschinen. Da im Rahmen der vorliegenden Arbeit der Informationsaustausch zwischen Theatern (bzw. den dort handelnden Personen) und Besuchern untersucht werden soll, wird im Folgenden von der engeren Definition ausgegangen, die auch von der Kommunikationswissenschaft unterstützt wird (vgl. Burkart 2002, S. 15).

Die Instrumente der Kommunikationspolitik (z.B. Werbung, Presse- und Öffentlichkeitsarbeit oder Social Media) lassen sich in die Kategorien zwischen Primär- bis Quartiärmedien unterteilen[31]. In der Literatur zur Marketingkommunikation wird jedoch in der Regel eine andere Form der Abgrenzung vorgenommen und überwiegend zwischen persönlicher und unpersönlicher Kommunikation unterschieden, wie in Kapitel 4.4.4 noch ausführlicher dargestellt wird (vgl. u.a. Kotler/Bliemel 2006, S. 902ff.; Homburg/Krohmer 2009, S. 735). Die Kategorisierung von Medien ist eine Aufgabe der Kommunikationswissenschaft, die aufgrund des Aufkommens neuer Medienformate wie Social Media an Bedeutung und Komplexität gewinnt. Darüber hinaus verfolgt die Kommunikationswissenschaft ein umfassendes Erkenntnisinteresse hinsichtlich kommunikativer Prozesse, wie anhand der Zielsetzung verdeutlicht werden soll:

Zielsetzung der Kommunikationswissenschaft

Die zentrale Fragestellung der Kommunikationstheorie kann mit der sogenannten „Lasswell-Formel" beschrieben werden: „Who Says What In Which Channel To Whom With What Effect?" (Lasswell 1949, S. 102; vgl. auch u.a. Kotler/Bliemel 2006, S. 884; Kloss 2007, S. 11)[32] Diese Formel wird von Kroeber-Riel et al. (2009, S. 533) erweitert durch den Aspekt der Bedingungen, unter denen die Kommunikation stattfindet (Kommunikationssituation). Eine andere Variation findet sich bei Bruhn, der in Anlehnung an Lasswell folgenden Satz vorschlägt: „Wer sagt was unter welchen Bedingungen über welche Kanäle zu wem in welchem Gebiet mit welchen Kosten [und] mit welchen Konsequenzen" (vgl. Bruhn 2010, S. 41).

Trotz der anerkannten Verwendbarkeit der „Lasswell-Formel" (die im engeren Sinne keine Formel sondern lediglich ein (Merk-)Satz ist, der für eine analytische Untersuchung des Kommunikationsprozesses umfassende Fragen aufwirft) muss diese auch kritisch betrachtet werden. Dynamische Prozesse der Interaktion, wie sie wesentlich für die Quartiärmedien wie Social Media sind, oder auch Feedbackprozesse bleiben mit dem Satz von Lasswell weitgehend unberücksichtigt. Dies ist unter anderem auch darauf zurückzuführen, dass digitale Medien bei der Formulierung der „Lasswell-Formel" noch nicht existierten. Darüber hinaus wird bei Lasswell von einem linearen, einseitig-kausalen Prozess ausgegangen, der eine Einordnung in die fünf Kategorien (wer, was,

---

[31] z.B. Primärmedium: persönliches Gespräch mit Pressesprecher des Theaters; Sekundärmedium: Spielplanflyer; Tertiärmedium: Radiospot; Quartiärmedium: Theaterblog.

[32] Diese Formel findet sich auch verkürzt („Wer sagt was wie zu wem?") bei Bruhn (vgl. Bruhn 2004, S. 210), der sich hierbei auf das „Paradigma eines Kommunikationssystems" von Meffert (vgl. Meffert 2000, S. 685) beruft.

wie, wo, wann) fordert, die nicht immer zwingend schlüssig ist (vgl. auch Burkart 2002, S. 493f.).

Eine geeignetere Darstellung von Kommunikationsprozessen bieten die Modelle des ein- oder mehrstufigen Kommunikationsprozesses, wie im folgenden Kapitel gezeigt werden soll. Diese Modelle bieten im weiteren Verlauf der Arbeit eine wichtige Grundlage, um die Kommunikation innerhalb von Social Media-Anwendungen zu analysieren und Social Media von traditionellen Massenmedien abzugrenzen.

4.2.2 Kommunikationsformen

Zur Untersuchung der Marketingkommunikation wird in der Literatur auf ein Modell der Signalübertragung zurückgegriffen, das von den Nachrichtentechnikern Shanon und Weaver entwickelt wurde (vgl. Shanon/Weaver 1949; zitiert u.a. von: Meffert 2000, S. 687; Pepels 2001, S. 11; Misoch 2006, S. 7; Kotler/Bliemel 2006, S. 884; Homburg/Krohmer 2009, S. 736). Dieses Modell unterteilt den Kommunikationsprozess in die Elemente Sender, Medium und Empfänger und zeigt deren Zusammenwirken bei der Übertragung von Informationen. Abhängig von der Anzahl vermittelnder Akteure zwischen Sender und Empfänger, spricht man von einem einstufigen oder einem mehrstufigen Kommunikationsprozess.

Zu beachten ist, dass die Nachrichtentechniker Shanon und Weaver bei der Entwicklung ihres Modells (1949) ursprünglich von der Übertragung elektrischer Signale ausgingen (vgl. Burkart 2002, S. 426ff.; Theis-Berglmair 2003, S. 30f.). Dies mag erklären, weshalb in dem Modell Termini wie „Codierung", „Decodierung", „Signal", „Übertragung" und „Störquelle" genannt werden. Die Verwendung dieses technischen Kommunikationsmodells im Kontext der Kommunikation zwischen Personen und Institutionen wird teilweise kritisiert (vgl. Theis-Berglmair 2003, S. 35). In der Literatur findet sich jedoch ein Konsens darüber, dass dieses Modell auch auf die Marketingkommunikation übertragbar sei. Es soll allerdings an dieser Stelle bemerkt werden, dass der Prozess der Übermittlung von Informationen zwischen Institutionen und deren Zielgruppen deutlich komplexer ist als der Transfer von elektrischen Signalen. Während bei Shanon und Weaver nicht zwischen Informationen mit Inhalt und sinnfreien Signalen unterschieden wurde, zielt die Marketingkommunikation auf eine bestimmte Interpretation der übermittelten Botschaft durch den Empfänger ab.

Nachfolgend werden die Kommunikationsformen des einstufigen und des mehrstufigen Kommunikationsprozesses erläutert, um ein Grundverständnis für die in Kapitel 5 folgende Darstellung der Kommunikationsprozesse in Social Media-Anwendungen zu geben.

(1) Einstufiger Kommunikationsprozess

Das einstufige Modell des Kommunikationsprozesses beschreibt den Verlauf einer Information von einem Sender über ein Medium zu einem Empfänger. Die Information wird vom Sender durch eine Botschaft codiert. Die Information kann beispielsweise die Ankündigung einer Premiere sein. Die codierte Information könnte in Form eines Fotos und Werbetextes für ein Plakat verdeutlicht werden. Die Botschaft wird anschließend durch ein Medium (hier das Plakat) an den Empfänger übermittelt. Der Empfänger decodiert die Botschaft (d.h. er interpretiert das Plakat) und gibt gegebenenfalls eine Rückmeldung (z.B. durch den Kauf einer Theaterkarte). Dieser Prozess kann durch zahlreiche Störquellen behindert werden wie Beschädigung des Plakates, Hängung in zu weiter Entfernung oder Desinteresse des Empfängers. Abbildung 8 veranschaulicht dieses Modell:

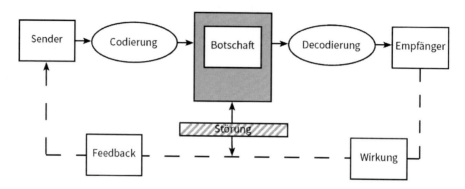

Abbildung 8: Elemente des einstufigen Kommunikationsprozesses (vgl. Kotler/ Bliemel 2006, S. 884, Kloss 2007, S. 12 Bruhn 2010, S. 43).

(2) Zweistufiger und mehrstufiger Kommunikationsprozess

Der zwei- oder mehrstufige Prozess baut auf dem einstufigen Kommunikationsprozess auf und stellt dessen Erweiterung dar: Der Sender erreicht mit seiner Botschaft nicht direkt den Empfänger, sondern zunächst einen Multiplikator, der die Botschaft entschlüsselt und erneut verschlüsselt (z.B. der Journalist eines Feuilletons oder ein Blogger, der die Botschaft liest und anschließend in eigenen Worten weitergibt). Ist dem Prozess ein Multiplikator zwischengeschaltet, spricht man von einem zweistufigen, bei mehreren Multiplikatoren von einem mehrstufigen Kommunikationsprozess. Abbildung 9 auf der folgenden Seite verdeutlicht dieses Modell (ohne das Anzeigen möglicher Störquellen).

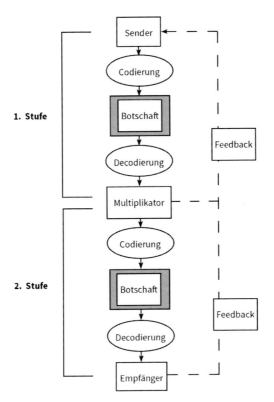

Abbildung 9: Mehrstufiger Kommunikationsprozess (in Anlehnung an Homburg/ Krohmer 2009, S. 735).

Diese Modelle zeigen die Herausforderung der Kommunikationspolitik auf: das Verständnis der Botschaft durch den Empfänger in der Intention des Senders. Die prozessimmanenten Elemente „Verschlüsselung" und „Entschlüsselung" führen dazu, dass „Verständigung als Schnittmenge von Bedeutungsvorräten" (Burkart 2002, S. 60) bezeichnet werden kann. Je mehr Multiplikatoren dem Kommunikationsprozess zwischengeschaltet werden, desto komplexer wird der Prozess und desto unwahrscheinlicher wird die Übermittlung der Information im Sinne des Senders. Mehr Multiplikatoren führen einerseits zu einer größeren Reichweite und damit einer stärkeren Verbreitung der Botschaft. Die höchste Anzahl an Multiplikatoren findet sich bei der Social Media-Kommunikation: Hier kann jeder Empfänger auch als Multiplikator einer Botschaft fungieren. Andererseits gehen mit mehr Multiplikatoren und der damit verbundenen größeren Reichweiten in der Regel auch höhere „Streuverluste" (vgl. Bruhn 2004, S. 218) einher, da auch Personen angesprochen werden, die nicht zur Zielgruppe der Botschaft zählen.

Nachfolgend sollen Grundzüge der Wirkungsweise von Kommunikation dargestellt werden, um die Herausforderung der „gelingenden" Kommunikation zwischen Theatern und deren Besuchern zu verdeutlichen. Ein Verständnis der Wirkungsweise von Kommunikation ist notwendig für den effektiven Einsatz der Kommunikationsinstrumente wie Werbung oder Social Media. Nachfolgend werden Erkenntnisse zur Wirkungsweise anhand von verhaltenswissenschaftlichen sowie neurowissenschaftlichen Ansätzen erläutert.

4.3   Wirkungsweisen von Kommunikation

4.3.1   Verhaltenswissenschaftliche Ansätze

Die Medienwirkungsforschung ist ein junger Teilbereich der Kommunikationswissenschaften, die 1966 noch als „wissenschaftliche Baustelle" (Noelle-Neumann 1966, S. 355) bezeichnet wurde. Auch heute ist die Wissenschaftlichkeit der Medienwirkungsforschung nicht unumstritten. Bongard kritisiert in seiner Dissertation zur Werbewirkungsforschung (ein Teilgebiet der Medienwirkungsforschung) die „strikte Ausrichtung der Werbewirkungsforschung auf die praktische Verwertbarkeit ihrer Ergebnisse", die seiner Ansicht nach „zu einer Forschungspraxis [führt], deren Erkenntnisinteresse höchst eingeschränkt ist und demnach in einer Vielzahl der Fälle das Prädikat der Wissenschaftlichkeit nicht verdient" (Bongard 2002, S. 3). Mit diesem Anspruch der Verwertbarkeit sind auch die simplen Heuristiken zur Erklärung von Medienwirkung zu verstehen. Die Kritik an der mangelnden Wissenschaftlichkeit der Medienwirkungsforschung ist nicht neu (vgl. u.a. Haase 1989; Merten 1999, S. 341) und auch aus der Praxis werden Zweifel an der Aussagekraft von Wirkungserklärungen geäußert (vgl. Jung/von Matt 2007, S. 12). Auch kann an dieser Stelle keine abschließende Erklärung der Wirkungsweisen von Kommunikation gegeben werden. Es sollen jedoch zentrale Ansätze zur Erklärung von Kommunikationswirkung vorgestellt werden, um ein besseres Verständnis kommunikativer Handlungen zwischen Theatern und deren Besuchern zu erlangen.

Verhaltenswissenschaftliche Ansätze werden am häufigsten verwendet, um die Wirkung der Kommunikationspolitik zu erklären. Diese Ansätze stützen sich auf verschiedene Reiz-Reaktions-Schemata, bei denen von einem Reiz (Stimuli durch die Kommunikationsbotschaft) und einer davon ausgelösten Reaktion (z.B. Kauf einer Theaterkarte) ausgegangen wird (vgl. Bruhn 2010, S. 47ff.). Die Idee des Reiz-Reaktions-Prozesses entstand parallel mit der Entwicklung der Massenmedien zu Beginn des 20. Jahrhunderts, während insgesamt noch eine vereinfachte Vorstellung der Beeinflussungsmöglichkeiten der Menschen vorherrschte[33] (vgl. Burkart 2002, S. 192; Bongard 2002, S. 171; Roth 2003, S. 26).

Reiz-Reaktions-Schemata basieren auf einem behaviouristischen Ansatz und lassen nur Aussagen zu, die sich auf äußerlich beobachtbare Verhaltensweisen beziehen. Da psychische und neurobiologische Prozesse unberücksichtigt bleiben, gelten Reiz-Reaktions-Schemata inzwischen als überholt und wurden durch intervenierende Variablen (nicht beobachtbare psychische und (neuro-) biologische Einflüsse) ergänzt. Aus dem Prozess-Modell [Reiz (Stimulus) → Reaktion] wurde damit das Modell [Stimulus → Organismus → Reaktion]. Dieses S-O-R-Modell ist aus der Perspektive des Empfängers einer Botschaft formuliert. Es beschreibt die Botschaft als Stimulus, der den Empfänger erreicht. Der Stimulus wird vom Empfänger auf unterschiedliche Weise interpretiert und verarbeitet. Der Verarbeitung folgt eine Reaktion. Die Reaktion kann eine Aktion sein – beispielsweise der Besuch einer Theatervorstellung –oder auch das Unterlassen einer Aktion (kein Theaterbesuch), wenn die Botschaft beispielsweise als uninteressant interpretiert wurde. Beobachtbar sind bei diesem Modell der Stimulus (die Kommunikationsbotschaft) und die Reaktion des Empfängers. Die Entschlüsselung des Stimulus, die sich aus psychologischen bzw. neurobiologischen Prozessen ergibt, ist jedoch nicht beobachtbar; sie findet im Gehirn des Konsumenten, der sogenannten „Black Box", statt. Dies schränkt die Aussagekraft dieses Modells ein.

Um diesen Vorgang zu verdeutlichen, zeigt Tabelle 12 das S-O-R-Modell anhand seiner Variablen Stimulus, Organismus und Reaktion. Dargestellt wird das Modell am Beispiel des Stimulus „Theaterplakat".

	Beobachtbar	Blackbox Nicht beobachtbar, hypothetisches Konstrukt	Beobachtbar
Variable	S (Stimulus) (unabhängige Variable) Input Kommunikations- instrumente	O (Organismus) (intervenierende Variable) psychologische und neurologische Vorgänge im Rezipienten	R (Reaktion) (abhängige Variable) Output Verhalten
Beispiel	Theaterplakat	Wahrnehmung Motivation Lernprozess Nachdenken Besuchsabsicht	Ticketkauf Theaterbesuch Weiterempfehlung Kritik

Tabelle 12: S-O-R-Modell (vgl. auch Kloss 2007, S. 80; Rosenstiel/Neumann 2002, S. 77; Burkart 2002, S. 194; Ellinghaus 2000, S. 14, Bruhn 2010, S. 49).

---

[33] In seiner 1928 publizieren Schrift „Propaganda" vergleicht Edward Bernays die Möglichkeit, die Psyche der Massen zu steuern mit der Temposteuerung eines Autos durch das Gaspedal (Bernays 2007, S. 49).

Eng mit der Idee des Stimulus-Organismus-Reaktions-Modells verbunden sind die vielzähligen Stufenmodelle zur Wirkungsweise von Kommunikationsmaßnahmen (vgl. Ellinghaus 2000, S. 13; Pepels 2001, S. 26f.; Schweiger/Schrattenecker 2005, S. 171; Fuchs/Unter 2007, S. 499ff.; Bruhn 2010, S. 52)[34]. Die einzelnen Modelle unterscheiden sich vor allem durch unterschiedliche Stufen, mit denen die Wirkung von Kommunikation erfolgen soll. D.h. mit der Zunahme an unterschiedlichen Stufen variieren die Komplexitätsgrade der Modelle. Gemeinsam haben die Erklärungsansätze, dass immer von einem linearen Ablauf der Wirkungsweise von Kommunikationsmaßnahmen ausgegangen wird.

Das bekannteste und älteste dieser Modelle ist die AIDA-Formel von Elmo St. Lewis, die 1898 formuliert wurde und bis heute in der Literatur zu finden ist (vgl. beispielsweise Kotler/Bliemel 2006, S. 891; Colbert 2007, S. 232; Fuchs/Unger 2007; Homburg/Krohmer 2009, S. 739; Kroeber-Riel et. al. 2009, S. 633; Bruhn 2010, S. 173f.).[35] Die Annahme der AIDA-Regel und der hierauf aufbauenden Stufenmodelle ist, dass die Reaktion des Konsumenten (Kauf) als Folge in einer hierarchisch geordneten Wirkungs- und Reaktionskette eintritt. Hierbei wird der Prozess zwischen Wahrnehmung einer Kommunikationsmaßnahme und Kauf in einzelne Stufen unterteilt. Die AIDA-Regel und auch die anderen Stufenmodelle stehen damit in enger Tradition zur Lasswell-Formel. Die AIDA-Formel wurde ursprünglich als Leitfaden für Verkaufsgespräche entwickelt.

Kommunikationspolitische Maßnahmen können zwar nach den genannten Stufen wirken, einen Garanten gibt es dafür jedoch nicht. Ob eine Wirkung erfolgt, kann zudem immer erst im Nachgang einer Maßnahme festgestellt werden. Der gewichtigste Kritikpunkt an den Überlegungen der S-O-R-Modelle bleibt aber der lineare Charakter sowie dass (trotz zunehmender Komplexität der Beschreibung der Kommunikationswirkung)[36] nicht alle möglichen Einflussfaktoren berücksichtigt werden (vgl. Bongard

---

[34] Eigene Wirkungsmodelle wurden u.a. vorgelegt von Lewis (1898); Strong (1938); Rowse/Fish (1945); Hill (1950); Lisowsky (1951); Goldmann (1953); Maecker (1953); Sundhoff (1954); Gutenberg (1955); Koch (1958); Machill (1960); Lavidge/Steiner (1961); Colley (1961); Meyer (1963); Jaspert (1963); Behrens (1963); Gutenberg (1965); Seyffert (1966); Fischerkoesen (1967); Kotler (1967); McGuire 1969; Claycamp/Liddy (1969); Howard/Sheth (1969); Montgomery/Urban (1969); Robertson (1971); Junk (1973); Ehrenberg (1974); Aaker/Myers (1975); Bidlingmaier (1975); de Lozier (1976); Steffenhagen (1978); Kroeber-Riel (1980); Pepels (1997 sowie 2001) sowie Fehse (2009).

[35] Die AIDA-Formel ist seit Langem umstritten: Pepels bemerkt bereits 1997, dass das AIDA-Modell heute nicht mehr tragbar sei, da die Abläufe der Informationsverarbeitung zu verkürzt dargestellt werden und eine allgemeingültige Erklärung von Kommunikationswirkung daher nicht gegeben werden kann (vgl. Pepels 1997, S. 72).

[36] Komplexere Modelle sind beispielsweise das Elaboration Likelihood–Modell (vgl. Petty/Cacioppo 1981) oder das Howard-Sheth Modell (vgl. Howard/Sheth 1969).

2002, S. 255). Deutlich wird diese Problematik bei der Betrachtung der Kommunikation in Social Networks wie Facebook: Dort wird ein Reiz (z.B. die publizierte Information eines Theaters) oftmals durch Kommentare oder Weiterleitungen anderer Nutzer verändert und kann Teil eines Dialogs verschiedener User sein. Eine Reaktion erfolgt ggf. erst längere Zeit nach dem Empfang und der Verarbeitung der Informationen. Welcher Reiz schließlich zu der Entscheidung führte, eine Vorstellung zu besuchen oder nicht zu besuchen, kann nicht präzise bestimmt werden. Das zeigt, dass diese Modelle nur eine sehr oberflächliche Beschreibung von Wirkungsprozessen der Kommunikation geben können. Damit bleibt die Frage unbeantwortet, welche Einflussfaktoren und Prozesse konkret zu einer bestimmten Reaktion durch den Empfänger einer Botschaft führen. Detaillierten Kenntnisse über die Wirkungsweise von Kommunikationsmaßnahmen bilden jedoch die Grundlage für die Gestaltung effektiver Botschaften. Eine differenziertere Betrachtung dieser Einflussfaktoren und Prozesse bietet die neurowissenschaftlich unterstützte Forschung der Marketingkommunikation.

4.3.2 Neurowissenschaftliche Ansätze

In den letzten Jahren haben sich die Neurowissenschaften deutlich entwickelt (vgl. u.a. Roth 2003; Spitzer 2006). Dies ist nicht zuletzt auf die verbesserten Möglichkeiten bildgebender Verfahren zurück zu führen. Diese Verfahren erlauben einen Einblick in die Vorgänge des Gehirns und damit in die „Black Box" der Empfänger von Kommunikationsmaßnahmen. Während die oben beschriebenen Modelle der Werbewirkungsforschung nur die Stimuli (z.B. Gestaltung einer Werbebotschaft) variieren und anschließend die Reaktion beobachten, erhoffen sich Verhaltensforscher durch die neurowissenschaftlichen Fortschritte weiterführende Erkenntnisse, die auch eine direkte Kausalität zwischen Stimuli und Reaktion aufzeigen (vgl. u.a. Zimmermann 2006, S. 6). D.h. die Komplexität und Abläufe des Organismus (im S-O-R Modell als intervenierende Variable vorgestellt) stehen bei neueren Forschungsansätzen im Fokus. Durch die Untersuchung neuronaler Vorgänge versprechen sich Forscher neue Erkenntnisse, beispielsweise über den Einfluss von Emotionen auf Kaufentscheidungen (vgl. Weinberg/Salzmann 2004, S. 47; Fehse 2009, S. 101ff., 226). Dennoch wird der Nutzen für die Marketingforschung auch kritisch gesehen. Dies wird u.a. damit begründet, dass durch neurowissenschaftliche Untersuchungen zwar grundlegende Erkenntnisse gewonnen werden können, z.B. dass unterbewusste Prozesse eine bedeutendere Rolle bei Kaufentscheidungen einnehmen als lange Zeit angenommen (vgl. u.a. Scheier/Held 2008, S. 23ff. sowie zur Bedeutung des Unterbewusstseins bei Entscheidungen Roth 2003, S. 196ff.; Spitzer 2006). Damit lassen sich jedoch Fragestellungen der Marketingpraxis, insbesondere Gestaltungfragen bei der Ansprache der Zielgruppen, noch nicht vollständig beantworten (vgl. Scheier/Held 2006, S. 21). Diese Fragen gewinnen indes durch die Verbreitung von neuen Medien wie Social Media zunehmend an Bedeutung, da diese Medien eine höhere Komplexität aufweisen als beispielsweise Plakate, Anzeigen oder Zeitungsartikel. Diese Komplexität lässt sich überwiegend auf die Vielzahl von Akteuren zurückführen, die an einem Kommunikationsprozess beteiligt sind. Wie oben erwähnt und in Kapitel 5 ausführlich gezeigt wird, können Botschaften, die von einem Theater ausgesendet werden, nachträglich von Empfängern kommentiert und damit ggf. verändert werden. Diese weiteren Akteure und deren mögliches Eingreifen in einen Kommunikationsprozess zu berücksichtigen, macht die Gestaltung von Botschaften im Rahmen von Social Media-Anwendungen zu einer anspruchsvollen Aufgabe, deren Bearbeitung durch Kenntnisse der neurowissenschaftlichen Forschung unterstützt werden können.

Seit einiger Zeit finden sich unter den Begriffen „Neuromarketing" oder „Consumer Neuroscience" in der Literatur Beiträge, in denen die Nutzung neurowissenschaftlicher Grundlagenforschung und Methoden auf die Marketingforschung übertragen wird (vgl. u.a. Zaltman 2000; Ahlert/Kenning 2004; Scheier/Held 2006; Fehse 2009; Raab et al. 2009; Kenning 2010). Zu beobachten ist, dass im Rahmen des Neuromarketing verstärkt Fragestellungen der Kommunikationswirkung, der Markenwirkung und des Konsumentenverhaltens behandelt werden (vgl. u.a. Zimmermann 2006; Kenning et al. 2007). Im Zusammenhang der Kommunikationspolitik von Theatern und insbesondere des Einsatzes von Social Media sind vor allem Erkenntnisse zur Kommunikationswirkung von Interesse, auf die nachfolgend eingegangen werden soll.

Die Neuromarketing-Forschung beruht wesentlich auf zwei Voraussetzungen: Zum einen bieten neue technische Entwicklungen die Möglichkeit, Aktivitäten im Gehirn der Probanden darzustellen. Große Beachtung findet in diesem Zusammenhang die funktionelle Magnetresonanztomographie (fMRT)[37]. Diese Methode erlaubt, vereinfacht gesagt, durch den Einsatz von Magnetfeldern unterschiedliche Sauerstoffsättigungen im Blut zu messen. Eine Veränderung der Sauerstoffsättigung in einem bestimmten Hirnareal lässt wiederum auf neuronale Aktivitäten in diesem Areal schließen.

Die zweite Voraussetzung ist das Wissen über die Bedeutung verschiedener Hirnareale. Diese basieren auf einer Kartographie des Gehirns, die verschiedenen Bereichen bestimmte Funktionen zuweist (vgl. Kenning et al. 2007, S. 56). Ein Beispiel für eine solche Strukturierung des Gehirns sind die sogenannten Brodmann-Areale, die 52

---

[37] Andere Methoden, die in der Neuromarketing-Forschung eingesetzt werden, sind beispielsweise die Magnetenzephalographie (MEG), die funktionelle transkranielle Doppler-Sonographie (FTCD) oder die Positronen-Emissions-Tomographie (PET) (vgl. Berlit/Grams 2010). Eine detaillierte Beschreibung dieser Methoden würde jedoch zu weit vom Kernthema der vorliegenden Arbeit wegführen.

verschiedene Areale umfassen, denen spezifische kortikale Funktionen zugewiesen werden (vgl. Reichert 2000, S. 12; Roth 2003; Trepel 2004 S. 192f.).

Angesichts des komplexen Aufbaus des menschlichen Gehirns mit rund 100 Milliarden Nervenzellen und rund 10^{15} Verbindungen, muss die Erwartung, die neuronalen Aktivitäten und Funktionen gänzlich zu verstehen, sehr relativ gesehen werden. Es ist unwahrscheinlich, dass die Neuroforschung in naher Zukunft eine vollumfängliche Erklärung des menschlichen Gehirns liefern kann. Ebenso wenig werden alle Fragen zu Wirkungsweisen der Marketingkommunikation in absehbarer Zeit beantwortet sein. Bisher zeigen Ergebnisse der Neuroforschung vor allem, dass Prozesse, die zwischen Stimuli und Response ablaufen, äußerst komplex sind. In der Literatur finden sich Versuche, auf Basis von neurowissenschaftlichen Erkenntnissen, vereinfachte Heuristiken zu erstellen, die das menschliche Gehirn und dessen Beeinflussung darstellen (z.B. Häusel 2008, S. 61ff.). Angesichts des stark verzweigten Aufbaus des Gehirns und multikausaler neuronaler Abläufe muss die Aussagekraft entsprechender Heuristiken jedoch relativiert werden.

Abgesehen von diesen kritischen Anmerkungen existieren inzwischen Forschungsergebnisse, die auch für die Gestaltung der Kommunikationspolitik von Theatern von Relevanz sind und nachfolgend zusammengefasst werden. Die Erkenntnisse bestätigen oftmals Beobachtungen aus der behavioristischen Forschung, ermöglichen nun aber eine bessere Erklärung (vgl. u.a. Raab et al. 2009, S. 8), wie nachfolgend gezeigt wird.

Bedeutung von Emotionen

Durchschnittlich ist ein Mensch rund 11 Millionen Sinneseindrücken pro Sekunde ausgesetzt, von denen er nur 40 Eindrücke bewusst verarbeitet (vgl. Scheier/Held 2007, S. 47f.). Dies verdeutlicht die Relevanz unbewusster Eindrücke sowie die Bedeutung unbewusster kognitiver Steuerungen. Damit relativiert dieses Wissen auch die Vorstellung des überwiegend rational denkenden und handelnden Konsumenten (vgl. auch Raab et al. 2009, S. 15ff.). In der Konsumentenforschung führt diese Erkenntnis zu einem Trend der Erforschung unbewussten Verhaltens (vgl. Kroeber-Riel et al. 2009, S. 21).

Verbunden mit der verringerten Relevanz rationaler Entscheidungen rücken Emotionen als beeinflussender Faktor von Kommunikationswirkung in das Interesse der Forschung (vgl. Raab et al. 2009, S. 202ff.; Kroeber-Riel et al. 2009, S. 99ff.). Die hohe Bedeutung von Emotionen im Zusammenhang mit Werbewirkung und Markenerfolg konnte inzwischen durch Studien bestätigt werden (vgl. Ambler et al. 2000; Plassmann 2006; Kenning et al. 2007, S. 58). Dieser Ansatz ist für Theater insofern interessant, als die von ihm angebotene Leistung Aspekte wie Freude, Spaß und Genuss sowie durchaus auch Trauer, Ärger bis hin zu Gefühlen starker Ablehnung beinhalten kann, die Theaterleistung also mithin ein besonders emotionales Angebot darstellt. Theater können die Wirkung ihrer kommunikationspolitischen Maßnahmen verbessern, wenn durch die verwendeten Botschaften Emotionen durch die Betrachter antizipiert werden können. Dies kann beispielsweise erfolgen, indem Bilder einer aktuellen Inszenierung durch Social Media-Kanälen veröffentlicht werden und Besucher ihre emotionalen Erlebnisse in Form von Kommentaren publik machen. Auch kontroverse Diskussionen und Aussagen von Besuchern, die eine Theateraufführung subjektiv unterschiedlich wahrgenommen haben, können das Interesse potenzieller Besucher wecken, die selbst erleben möchten, *wie* eine bestimmte Inszenierung auf sie wirkt.

Multisensorische Ansprache

Der Einsatz vielfältiger sensorischer Stimuli wie beispielsweise die Kombination aus visuellen und auditiven Botschaften führen dazu, dass Informationen besser gespeichert werden können, als wenn bei ihrer Vermittlung nur wenige Sinne angesprochen werden (vgl. Birbaumer/Schmidt 2003, S. 578). Daraus folgt, dass Theater in ihrer Kommunikationspolitik idealerweise mehrere Sinne (z.B. Riechen, Schmecken, Fühlen und Sehen) ansprechen. Dies kann beispielsweise bei realen Erlebnissen wie der Einblick in das Theater am Tag der offenen Tür realisiert werden. Klassische Kommunikationsinstrumente wie Plakate, Flyer, Anzeigen, Zeitungsberichte, Einladungsschreiben oder Radioankündigungen sprechen in der Regel nur einen Sinn (hier Sehen bzw. Hören) an. Neue Möglichkeiten bieten sich durch Social Media-Anwendungen, die in der Regel mehrere Gestaltungsformen ermöglichen und neben visuellen und auditiven sowie der Kombination aus beidem zudem interaktive Elemente vereinen.

Bedeutung des Storytelling

Die Lernforschung zeigt, dass nicht isolierte Fakten im Gehirn gespeichert werden, sondern Informationen besser verarbeitet werden können, wenn sie in Kontexte wie Geschichten eingebunden sind (vgl. z.B. Spitzer 2006, S. 36; Schirp 2008, S. 114ff.). Daraus folgt, dass Kommunikationsbotschaften von den Empfängern besser gespeichert werden, wenn die Informationen durch Geschichten codiert und vermittelt werden. Ein Vorteil ergibt sich für Theater, da das Erzählen von Geschichten zu den Kernleistungen zählt und vielseitige Möglichkeiten bestehen, die behandelten Themen (Theaterstücke) durch Storytelling in die Kommunikationsaktivitäten zu integrieren. Diese Form der Aufbereitung von Informationen spielt insbesondere für Kommunikationsmaßnahmen eine Rolle, die in kurzen Intervallen Botschaften aussenden. Beispiele für derartige Maßnahmen sind die Social Media-Anwendungen Blogs und Micro-blogs, wie im fünften Kapitel noch ausführlicher gezeigt wird.

Nachdem in Kapitel 4.3 grundlegende Aspekte der Wirkungsweise von Kommunikation dargestellt wurden, erfolgt in Kapitel 4.4 die Darstellung des Managementprozesses der Kommunikationspolitik, der zur Planung und Durchführung der Kommunikation von Theatern dient.

4.4 Managementprozess der Kommunikationspolitik

4.4.1 Analyse

Der Managementprozess der Kommunikationspolitik gleicht in seiner formalen Auf-teilung dem Marketingmanagement-Prozess der Theater. Er setzt sich zusammen aus den Elementen Analyse, Zielsetzung, Strategie, operative Maßnahme und Controlling. Während im Theatermarketing-Prozess zu Beginn die allgemeine Situation des Theaters eruiert wird, dient die Analyse im Managementprozess der Theater-Kom-munikationspolitik der Erhebung aller Daten, die für die Planung und Durchführung kommunikativer Maßnahmen des Theaters relevant sind. Zahlreiche Daten der Mar-keting-Analyse (z.B. Untersuchung der Zielgruppen und Wettbewerber) sind auch für die Planung der Kommunikationspolitik von Bedeutung, was die Notwendigkeit einer Einbettung der Kommunikationspolitik in ein systematisches Theatermarketing-Mana-gement verdeutlicht.

Ziel der Analysephase ist die Beschreibung und Bewertung des internen sowie externen Ist-Zustands eines Theaters hinsichtlich kommunikationsbezogener Sachverhalte (vgl. Bruhn 2010, S. 135). Die Informationen über den aktuellen Ist-Zustand eines Theaters dienen im weiteren Verlauf der Kommunikationspolitik, einen Soll-Zustand zu definieren und konkrete Maßnahmen zu planen. Entscheidungsrelevante Infor-mationen, die während der Analysephase zu erheben sind, betreffen beispielsweise gegenwärtige eigene Kommunikationsaktivitäten sowie die Aktivitäten der Wettbewer-ber, die Zielgruppen des Theaters, die verfügbaren Ressourcen oder auch mögliche Kommunikationstrends.

So ist zu analysieren, welche Social Media-Instrumente mit welchem Erfolg derzeit genutzt werden und wie deren Einsatz mit anderen Kommunikationsaktivitäten ko-ordiniert werden kann. Weiter gilt es zu eruieren, wie die Zielgruppen des Theaters Social Media nutzen. Auch die Social Media-Aktivitäten der Wettbewerber sollten unter-sucht werden, um das eigene Verhalten überprüfen zu können und ggf. Ideen für weitere Maßnahmen zu finden. Von besonderer Relevanz ist die Entscheidung über ver-fügbare Ressourcen zum Einsatz von Social Media, da dieser in der Regel mit einem hohen personellen Aufwand verbunden ist. Mögliche Kommunikationstrends frühzeitig zu erkennen ist ebenfalls eine wichtige Aufgabe der Analyse, da im Zusammenhang mit Social Media immer wieder neue Dienste auf dem Markt angeboten werden und auch die Verbreitung und technische Entwicklung von Smartphones das Mediennutzngs-verhalten ändern.

Die nachfolgende Tabelle 13 zeigt Beispiele von Fragestellungen, die durch die Analyse-phasen zu klären sind.

Entscheidungsrelevante Fragestellungen	
Fragestellung	**Beispiel**
Zu vermittelnde Botschaft	Hintergrundbericht einer Theaterprobe
Zu Verfügung stehende Ressourcen -finanzielle -personelle -sachliche	Budget für die Stelle eines Social Media-Verantwortlichen Kenntnisse über den Umgang mit neuen Medien Technische Ausstattung (z.B. Smartphones, Equipment zur Produktion von Kurzvideos)
Bisherige Kommunikationsaktivitäten	Genutzte Social Media-Anwendungen, Gestaltung von Botschaften
Bestehende Kooperationen	Kontakte zu Bloggern (Multiplikatoren)
Kommunikationsaktivitäten der Wettbewerber	Social Media-Anwendungen, die von der Kernkonkurrenz genutzt werden
Zielgruppendefinition	Bildung von Zielgruppensegmenten (ggf. auch Nicht-Besucher), Überprüfung wer über Social Media erreicht werden kann
Kommunikationsverhalten der Zielgruppen	Nutzungsverhalten von Facebook jüngerer Theaterzielgruppen
Kommunikationsmöglichkeiten	Social Media-Anwendungen, die für die operative Planung zur Verfügung stehen (z.B. Facebook, Google+, YouTube, Vimeo, Twitter etc.)
Kommunikationstrends	Smartphone-Applikationen, Augmented Reality, QR-Codes

Tabelle 13: Entscheidungsrelevante Fragestellungen der Analysephase in der Kommuni-kationspolitik am Beispiel von Social Media.

Die hier aufgezeigten Aspekte liefern Antworten auf zentrale Fragen, die im Rahmen der weiteren Planung kommunikationspolitischer Maßnahmen zu klären sind. So kann beispielsweise entschieden werden, welche Maßnahmen gegenüber welchen Zielgruppensegmenten sinnvoll erscheinen und welche Wettbewerbsvorteile sich aus dem Verhalten anderer Kulturanbieter ableiten lassen. Auch lässt sich bestimmen, welche vergangenen Maßnahmen erfolgreich waren und welches Budget in mögliche Kommunikationstrends investiert werden soll.

Da kommunikative Aktivitäten immer auch durch die finanziellen Möglichkeiten begrenzt sind, stehen Theater, die Social Media in ihre Kommunikationspolitik integrieren möchten, vor der Aufgabe, eine detaillierte Analyse hinsichtlich der Kosten- und Nutzenverhältnissen durchzuführen. Während zu klassischen Maßnahmen wie dem Versenden eines monatlichen Spielplans oder Plakatwerbung durch den kontinuierlichen und jahrelangen Einsatz bei vielen Theatern Erfahrungswerte vorliegen, sind diese für den Einsatz von Social Media noch verhältnismäßig gering vorhanden. Dies betrifft nicht nur die im vorangegangenen Kapitel beschriebene Wirkungsweise von Social Media-Maßnahmen, sondern auch Fragen zur Zielgruppe bzw. Empfängerstruktur und zum Social Media-Verhalten anderer Wettbewerber. Empirische Daten, die erste Antworten auf diese Fragen geben, werden anhand der durchgeführten Studien in Kapitel 6 vorgestellt und besprochen.

Die Untersuchung des Kommunikationsverhaltens der Wettbewerber gibt Theatern die Möglichkeit, die eigenen kommunikativen Aktivitäten einzuschätzen und sich gegenüber anderen Kultur- und Freizeitanbietern zu positionieren. Zu beachten ist, dass sich Theater nicht nur im Wettbewerb mit anderen Theatern, sondern letztlich mit dem gesamten Freizeitmarkt befinden. Abhängig von der inhaltlichen Nähe zur eigenen Leistung lassen sich verschiedene Formen von Konkurrenten wie Kern-, Sparten-, Kultur- und Freizeitkonkurrenz unterscheiden (vgl. Hausmann 2005, S. 31f.; Klein 2011, S. 172ff.). Diese weite Definition von Konkurrenz wird damit begründet, dass alle Konkurrenten auf die gleichen Ressourcen (insbesondere Zeit und Geld) der Theaterbesucher abzielen. In Bezug auf die Kommunikationspolitik ist der Konkurrenzbegriff noch einmal zu erweitern: Theater stehen mit ihren Kommunikationsmaßnahmen nicht nur mit den oben erwähnten Akteuren in Wettbewerb. Letztlich konkurrieren sie auch mit allen anderen Marktakteuren, die Botschaften gegenüber den Theaterzielgruppen aussenden, um die Aufmerksamkeit dieser Zielgruppen. Daher wird nachfolgend in Abbildung 10 auf der folgenden Seite das Modell der Konkurrenzsituation um eine weitere Ebene – die „Kommunikationskonkurrenz" – erweitert.

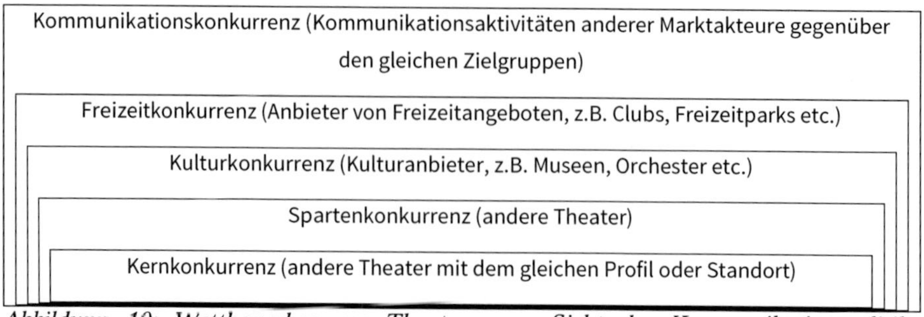

Kommunikationskonkurrenz (Kommunikationsaktivitäten anderer Marktakteure gegenüber den gleichen Zielgruppen)
Freizeitkonkurrenz (Anbieter von Freizeitangeboten, z.B. Clubs, Freizeitparks etc.)
Kulturkonkurrenz (Kulturanbieter, z.B. Museen, Orchester etc.)
Spartenkonkurrenz (andere Theater)
Kernkonkurrenz (andere Theater mit dem gleichen Profil oder Standort)

Abbildung 10: Wettbewerber von Theatern aus Sicht der Kommunikationspolitik (erweiterte Darstellung in Anlehnung an Hausmann 2005, S. 31 und Klein 2011, S. 170ff.).

Eine Auswertung des Kommunikationsverhaltens bzw. der kommunikativen Aktivtäten anderer Wettbewerber dient den Theatern zudem dazu, die eigenen Aktivitäten anhand festgelegter Parameter zu analysieren und durch die Auswertung von gelungenen Maßnahmen und Aktionen anderer Akteure, Ideen für den eigenen Einsatz von Social Media zu erhalten. Die systematische Durchführung eines derartigen Vergleichs wird durch das sogenannte Benchmarking beschrieben (vgl. Hausmann 2001; 2005, S. 33ff. sowie 2011c).

Verbunden mit der Frage nach dem effektiven Einsatz von Social Media ist im Rahmen der Analyse zudem die Frage, wie sich bestimmte Social Media-Anwendungen entwickeln werden. Die Entwicklungen der Sozialen Netzwerke MySpace und dem deutschsprachigen StudiVZ hat gezeigt, dass Social Media-Anwendungen über einen kurzen Zeitraum zahlreiche Mitglieder gewinnen, diese jedoch auch schnell wieder verlieren können. Weitere zukunftsgerichtete Fragen betreffen die zukünftige Bedeutung, die traditionelle Medien wie die Plakatwerbung haben werden. Ebenfalls gilt zu überdenken, wie sich die journalistische Arbeit durch die Verbreitung des Internets und die Entstehung zahlreicher privater Blogs verändern wird. Auch die neuen Möglichkeiten des mobilen Zugangs zum Internet durch Smartphones wird das Mediennutzungsverhalten der Theaterzielgruppen verändern. Die Entwicklung von Social Media-Angeboten muss beobachtet werden, begleitet von der Fragestellung, welche Tendenzen sich abzeichnen und welche Konsequenzen dies für die Kommunikationspolitik der Theater haben kann. Für zukunftsgerichtete Fragestellungen zur Entwicklung einzelner Social Media-Anwendungen, neuer Technologien und Trends ist für Theater im Zusammenhang mit der Veränderung der Kommunikationspolitik das Analyseinstrument der Szenariotechnik von Relevanz, um unterschiedliche mögliche Entwicklungen zu prognistizieren (vgl. Müller/Müller-Stewens 2009, S. 26; Homburg/Krohmer 2009, S. 458).

Im Ergebnis liefert die Analyse einen Einblick in die aktuelle Situation der Kommunikationspolitik eines Theaters und zeigt dessen Potenziale sowie Herausforderungen beim Einsatz von Social Media auf. Damit bildet das Analyseergebnis die Grundlage für die sich anschließenden Schritte – insbesondere für die Zielsetzung.

4.4.2 Zielsetzung

Ziele erfüllen im Rahmen der Kommunikationspolitik unterschiedliche Funktionen: Als *Entscheidungs- und Steuerungsfunktionen* geben sie eine konkrete Richtung vor, an der sämtliche Entscheidungen der Kommunikationspolitik auszurichten sind. Sie erfüllen zudem eine *Koordinationsfunktion*, da alle Mitwirkenden an einem Kommunikationsprozess (z.B. Intendanz, Marketingabteilung, Kassenpersonal) ihr Verhalten daran ausrichten müssen. Ziele haben eine *Motivations- und Legitimationsfunktion*, da diejenigen, die an der Umsetzung beteiligt sind, über eine klare Aufgabenstellung informiert werden, auf die sie sich berufen können. Abschließend ist die *Kontrollfunktion* zu betonen, da nur durch eine präzise Zielformulierung das Erfüllen der Ziele und damit der Erfolg der Kommunikationspolitik überprüft werden kann (vgl. Bruhn 2010, S. 179f.).

Ziele der Kommunikationspolitik lassen sich hinsichtlich der beabsichtigten Effekte in kognitive, affektive oder auch konative Ziele unterteilen (vgl. Bruhn 2010, S. 184f.):

Kognitive Ziele: Diese Ziele beziehen sich auf die Verarbeitung von Informationen durch die Zielgruppen. Grundsätzlich soll eine bestimmte Information den Empfänger erreichen und von ihm verarbeitet und gemerkt werden. Beispielsweise soll die Information, dass in der kommenden Spielzeit ein bestimmtes Stück Premiere hat, von Interessierten wahrgenommen und gespeichert werden.

Affektive Ziele: Neben der sachlichen Information, sollen durch Kommunikationsmaßnahmen auch emotionale Reize übermittelt werden. Affektive Ziele beschreiben die Absicht, ein bestimmtes Gefühl oder Image wie beispielsweise Sympathie bei den Empfängern zu erzeugen.

Konative Ziele: Kommunikationsmaßnahmen sollen in ihrer Konsequenz die Zielgruppen zu einem bestimmten Verhalten motivieren. Konative Ziele bezeichnen die Handlungen wie Ticketkauf oder Verbreitung von Informationen, die von den Empfängern einer Kommunikationsmaßnahme erwartet werden.

Kognitive Ziele berücksichtigen überwiegend die Vermittlung von Sucheigenschaften der Theaterleistung (z.B. Name des Stückes, Ort und Preis der Vorstellung). Dem entgegen behandeln affektive Ziele verstärkt Informationen, die eine mangelnde Bewertung der Theaterleistung vorab kompensieren, z.B. durch eine emotionale Bindung an das Theater.

Neben den drei gezeigten Arten von Zielen, sind zudem quantitative und qualitative Ziele der Kommunikationspolitik zu unterscheiden (vgl. Bruhn 2010, S. 182). Quantitative Ziele lassen sich im Gegensatz zu qualitativen Zielen mit geringerem Aufwand im Rahmen des Controlling messen. Eine Beschränkung auf quantitative Ziele würde jedoch zu kurz greifen und das Potenzial kommunikationspolitischer Maßnahmen unterschätzen.

Tabelle 14 gibt beispielhaft eine Übersicht über mögliche Ziele im Theater, unterteilt in kognitive, affektive und konative Ziele sowie sortiert nach qualitativen und quantitativen Zielen.

	quantitative Ziele	qualitative Ziele
kognitive Ziele	Wahrnehmung der Information über Spielplanangebot (z.B. Werbekontakte)	Intensive Verarbeitung und Speicherung der Informationen zum Spielplan der kommenden Spielzeit (z.B. hoher Recall-Wert)[38]
affektive Ziele	Anzahl an standardisierten Sympathiebekundungen durch den „Gefällt-mir"-Button bei Facebook (sogenannte „Likes")	Erzeugung eines innovativen und modernen Images für das Theater
konative Ziele	Ticketkauf	Weiterempfehlung eines Programms (z.B. durch Nutzung der Share-Funktion eines Social Networks)

Tabelle 14: Systematisierung der Kommunikationsziele von Theatern.

Nach der Festlegung der kommunikationspolitischen Ziele werden in einem nächsten Schritt Strategien definiert, die zur Zielerreichung dienen.

---

[38] Bei einem Recall-Test wird die Erinnerung an eine Kommunikationsbotschaft gemessen. Dies kann gestützt (durch Vorlage des Kommunikationsmediums, z.B. Werbeanzeige) oder ungestützt erfolgen. Recall-Tests sind in der Praxis sehr verbreitet und dennoch umstritten, da die Erinnerung nur begrenzt Aussagekraft über die Verarbeitung der Information hat (vgl. Fuchs/Unger 2007, S. 600f.).

4.4.3 Strategie

Die Strategien dienen als Bindeglied zwischen den Zielen und den operativen Maßnahmen der Kommunikationspolitik. Strategien stellen grundsätzlich Pläne dar, die zeigen, wie gesetzte Ziele durch bestimmte Handlungen erreicht werden können (vgl. Bentele 2006a, S. 274). Sie sind Entscheidungen hinsichtlich des kommunikativen Verhaltens eines Theaters unter Berücksichtigung der Kommunikationsziele, der Kommunikationsobjekte (z.B. ein bestimmtes Theaterstück) und der Kommunikationsinstrumente (vgl. Bruhn 2010, S. 241).

Unter Berücksichtigung der oben genannten Überlegungen zur Wettbewerbsanalyse sind für Theater, die Social Media einsetzen, Strategien für den Umgang mit Konkurrenz von Interesse. Diesen bieten sich vier Verhaltensoptionen: Kooperation, Konflikt, Ausweichung und Anpassung (vgl. Hausmann 2005, S. 95; Meffert/Bruhn 2009, S. 175; Klein 2011, S. 268). Da sich Social Media, wie in Kapitel 5 gezeigt, u.a. durch einen hohen Grad an Vernetzung der Nutzer und Anwendungen auszeichnet, bieten sich für Social Media-Kommunikationsmaßnahmen (anders als bei Maßnahmen wie Werbung oder Direktmarketing) kooperative Herangehensweisen an, beispielsweise durch die Vernetzung bei verschiedenen Social Media-Diensten, um sich gegenseitig zu informieren und die jeweiligen Partner durch die Weiterleitung von Informationen für Multiplikatoren zu nutzen. Z.B. können Theater an spielfreien Tagen auf Angebote anderer Kulturanbieter verweisen.

In der Literatur zur Kommunikationspolitik finden sich zahlreiche weitere strategische Optionen, die für die Kommunikationspolitik im Theater von Bedeutung sind. So ist zu entscheiden, welche Informationen im Rahmen einer Maßnahme übermittelt werden sollen (Datum, Ort, Preis, Mitwirkende etc.). Da im Gegensatz zu Kommunikationsinstrumenten, die ohne Feedbackkanal Informationen vermitteln (z.B. Anzeigen), Social Media-Maßnahmen oft auf den Aufbau von Beziehungen abzielen, sind für diesen Bereich strategische Überlegungen zur Gestaltung von Kundenbeziehungen von Bedeutung (vgl. Kundenstrategie von Günter/Hausmann 2012, S. 38). Die Beziehungsstrategien können unterteilt werden in die Schritte (1) Zielgruppenauswahl, (2) Zielgruppenerschließung, (3) Kontaktanbahnung und (4) Beziehungspflege. Damit werden hier die von Bruhn vorgeschlagenen Strategien der „Zielgruppenerschließung", der „Kontaktanbahnung" und der „Beziehungspflege" (vgl. Bruhn 2010, S. 246) in einem Strategiebündel vereint.

Kommunikative Maßnahmen beeinflussen immer auch das Image des Senders, so dass vor den operativen Maßnahmen strategische Entscheidungen zur Markenpolitik der Theater getroffen werden müssen. Im Rahmen der Markenstrategie werden konkrete Markenattribute definiert, die über die Kommunikationsinstrumente gegenüber Dritten vermittelt werden. Auch der Aufbau einer Corporate Identity, insbesondere mit den Teilbereichen Corporate Design, Corporate Behaviour und Corporate Communication regeln eine einheitliche Form der Kommunikationspolitik und führen zu einer Festigung der Theatermarke (zur Markenbildung im Theater vgl. ausführlich Schwerdtfeger 2004; zur Markenbildung allgemein Esch 2010 sowie für Kulturbetriebe Hausmann 2006b; Günter/Hausmann 2012, S. 44). Als neue Form der Kommunikation kann der Einsatz von Social Media beispielsweise bei einem Theaterimage die Attribute „innovativ" und „modern" stärken.

Für konkrete Kommunikationsinstrumente stellt Bruhn ein Modell von insgesamt sechs Elementen vor, das strategische Entscheidungen in Bezug auf die sich anschließende operative Umsetzung beinhaltet und nachfolgend in Abbildung 11 am Beispiel des Einsatzes von Social Media in Theatern dargestellt wird (vgl. Bruhn 2010, S. 234).

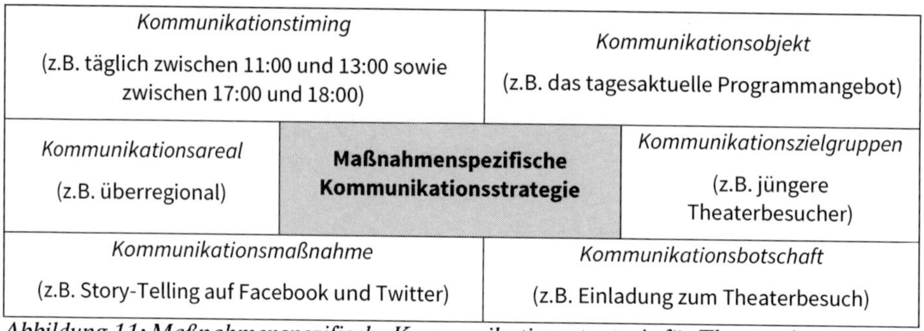

Kommunikationstiming (z.B. täglich zwischen 11:00 und 13:00 sowie zwischen 17:00 und 18:00)	*Kommunikationsobjekt* (z.B. das tagesaktuelle Programmangebot)	
Kommunikationsareal (z.B. überregional)	**Maßnahmenspezifische Kommunikationsstrategie**	*Kommunikationszielgruppen* (z.B. jüngere Theaterbesucher)
Kommunikationsmaßnahme (z.B. Story-Telling auf Facebook und Twitter)	*Kommunikationsbotschaft* (z.B. Einladung zum Theaterbesuch)	

Abbildung 11: Maßnahmenspezifische Kommunikationsstrategie für Theater (in Anlehnung an Bruhn 2010, S. 243).

Den strategischen Entscheidungen folgt auf operativer Ebene die Gestaltung und der Einsatz konkreter Kommunikationsinstrumente und -maßnahmen (sogenannter „Kommunikations-Mix"), die im folgenden Kapitel dargestellt werden.

4.4.4 Kommunikations-Mix
Systematisierung der Kommunikationsinstrumente

In der Literatur zur Kommunikationspolitik sind unterschiedliche Kriterien verbreitet, unter denen einzelne Instrumente, teilweise auch nur einzelne Maßnahmen, zusammengefasst werden. Grundsätzlich ist festzustellen, dass eine klare Abgrenzung in den meisten Fällen schwierig ist. Der Versuch, Kommunikationsinstrumente mit allen jeweiligen Maßnahmen anhand eines Kriteriums zu unterscheiden, gelingt auf Basis der vorgeschlagenen Modelle nicht. Beispielsweise lässt sich die Werbung als klassisches und traditionelles Instrument einordnen. Durch jüngere Maßnahmen wie Online-werbung gibt es aber auch Überschneidungen in den Bereichen „neue Medien" oder „neue Instrumente".

Die häufigsten Bezeichnungen, die zur Unterscheidung einzelner Kommunikations-instrumente eingesetzt werden, sind in Tabelle 15 zusammengestellt. Darüber hinaus wird ein Verweis zu Autoren gegeben, die diese Bezeichnungen verwenden. Ein einheitlicher Umgang dieser Einordnung ist in der Literatur nicht festzustellen.

Bezeichnung	Beschreibung und Beispiel
Direkte Kommunikation (vgl. Bruhn 2010)	Unmittelbarer Austausch zwischen Sender und Empfänger (z.B. Telefon der Theaterkasse)
Indirekte Kommunikation (vgl. Bruhn 2010)	Botschaft wird über einen Multiplikator (z.B. Theaterkritiker) vermittelt
Persönliche Kommunikation (vgl. Meffert 2000; Steffenhagen 2008)	Persönlicher Kontakt mit dem Empfänger (z.B. an der Theaterkasse, Garderobe oder beim Verkauf gastronomischer Angebote)
Unpersönliche Kommunikation (vgl. Meffert 2000; Steffenhagen 2008)	Informationsübermittlung ohne persönlichen Kontakt (z.B. durch Einladungsbrief oder Plakat)
Massenkommunikation (vgl. Meffert 2000; Kloss 2007; Bruhn 2010)	Botschaft wird durch Massenmedium (z.B. Zeitung, Radio) verbreitet
Individualkommunikation (vgl. Meffert 2000; Kloss 2007; Bruhn 2010)	Botschaft wird individuell an Zielgruppen gesendet (z.B. durch persönliches Zusenden des Programmheftes, Newsletter)
Einseitige Kommunikation (vgl. Steffenhagen 2008; Bruhn 2010)	Empfänger hat keine Möglichkeit auf Rückkopplung (Antwort) (z.B. Plakat)
Zweiseitige Kommunikation (vgl. Steffenhagen 2008; Bruhn 2010)	Sender bietet Rückkopplung an (Dialog) (z.B. Kartentelefon)
Traditionelle Instrumente (vgl. Fuchs/Unger 2007; Günter/Hausmann 2012; Klein 2011; Pepels 2001)	Instrumente und Maßnahmen, die eine längere Historie in ihrer Verwendung haben (z.B. Anzeigen in Zeitungen)
Neue Instrumente (vgl. Pepels 2001; Fuchs/Unger 2007; Günter/Hausmann 2012; Klein 2011)	Instrumente und Maßnahmen, die erst seit wenigen Jahren Verwendung finden (z.B. Internetkommunikation, Social Media)
Below the line (vgl. Kloss 2007)	„Line" bezeichnet die Wahrnehmungsschwelle, d.h. es handelt sich um Maßnahmen, die überwiegend unbewusst wahrgenommen und verarbeitet werden (vgl. Kloss 2007, S. 5). Ein Beispiel für below the line-Instrumente ist Imagewerbung
Above the line (vgl. Kloss 2007)	Maßnahmen, die überwiegend bewusst wahrgenommen und verarbeitet werden (z.B. Werbung, Verkaufsförderung)

Tabelle 15: Kriterien zur Unterscheidung von Kommunikationsinstrumenten.

Die einzelnen Kommunikationsinstrumente werden nachfolgend skizziert, um die Möglichkeiten des Signalings für Theater aufzuzeigen und Social Media von anderen

Instrumenten der Kommunikationspolitik daran anschließend abzugrenzen sowie als neues Instrument in den Kommunikations-Mix der Theater zu integrieren.

Werbung

Werbung (auch Mediawerbung) bezeichnet den Transport und die Verbreitung werblicher Botschaften über die Belegung von Werbeträgern (Medium) mit Werbemitteln (vgl. Bruhn 2010, S. 373). Im Vordergrund stehen ökonomische Ziele (vgl. Kloss 2007, S. 6) wie die Steigerung des Kartenabsatzes an der Abendkasse oder das Gewinnen neuer Abonnenten. Bruhn definiert Werbung als Form der unpersönlichen, mehrstufigen, indirekten und vielfach einseitigen Kommunikation, die sich öffentlich und ausschließlich über technische Verbreitungsmittel an ein disperses Publikum richtet (vgl. Bruhn 2010, S. 373). Beispiele für Werbemaßnahmen sind u.a. Plakate, Anzeigen sowie Fernseh- oder Radio-Spots.

Öffentlichkeitsarbeit (Public Relations)

Öffentlichkeitsarbeit (auch Public Relations) kann als Interaktionsprozess zwischen dem Theater und der allgemeinen Öffentlichkeit verstanden werden. Hierunter sind sämtliche Aktivitäten zu verstehen, die zur Gestaltung von Beziehungen mit ausgewählten Zielgruppen dienen, um Verständnis sowie Vertrauen zu erlangen und damit gleichzeitig kommunikative Ziele des Theaters zu verfolgen (vgl. auch Mandel 2009, S. 7ff.; Bruhn 2010, S. 417)[39]. Öffentlichkeitsarbeit ist langfristig angelegt und unterstützt damit übergeordnete Ziele des Theaters (vgl. Fuchs/Unger 2007, S. 237). Sie hat eine Stabilisierungsfunktion, die sich klar von kurzfristigen Instrumenten wie z.B. Werbung abgrenzt (vgl. Hausmann 2005, S. 119). Auch zielen Maßnahmen der Öffentlichkeitsarbeit in erster Linie nicht auf eine Steigerung des Absatzes (ökonomische Ziele), sondern auf die Gestaltung und Pflege von relevanten Beziehungen (psychologische Ziele) (vgl. Kloss 2007, S. 157; Bruhn 2009, S. 398).

Persönliche Kommunikation

Die persönliche Kommunikation (auch „persönlicher Verkauf") hat durch den direkten Austausch zwischen Mitarbeitern des Theaters und den Theaterbesuchern einen hohen

---

[39] Pepels zählt zu „modernen Formen der Öffentlichkeitsarbeit auch Placement, Sponsoring und Licensing (Pepels 2005, S. 146f.). Diese Aspekte sind jedoch im Rahmen des Theatermarketings nicht von Bedeutung.

Stellenwert. Diese Form der Kommunikation steht häufig in Verbindung mit der Distribution (Theaterkasse) oder bestimmten Leistungen des Theaters wie Serviceleistungen (z.B. Catering, Theatershop, Platzanweisung). Die persönliche Kommunikation bietet die Möglichkeit, flexibel auf die Bedürfnisse der Besucher zu reagieren und eine direkte Rückmeldung der Besucher zu erhalten (vgl. Günter/Hausmann 2012, S. 79). Der Bedarf an individueller Beratung durch Theatermitarbeiter zeigt sich in der Praxis, da durch die oben erwähnten Unsicherheiten hinsichtlich der Theaterleistung oftmals spezifische Fragen beispielsweise beim Kartenkauf auftreten. Durch den persönlichen Kontakt können neben Suchinformationen (z.B. Anzahl der Pausen, Länge der Aufführung) auch Informationen abgefragt werden, die mit klassischen Kommunikationsmitteln (z.B. Werbung) aufgrund fehlender Dialogmöglichkeiten nicht übermittelt werden können.

Eventmarketing

Eventmarketing bezeichnet den Einsatz erlebnisorientierter Veranstaltungen (Events) als Medium für die Vermittlung von Kommunikationsbotschaften (vgl. Bruhn 2010, S. 463). Beispiele für Events sind Theaternächte, Premierenfeiern oder auch ein Tag der offenen Tür. Im Vordergrund des Eventmarketing steht ein emotionales Erlebnis, das besonders und einmalig ist. Ein Event ermöglicht ein authentisches und oft exklusives Vor-Ort-Erlebnis, das zur Aktivierung der Besucher dienen soll. Die Besonderheit an einem Event als Medium ist dabei ein multisensitives Erlebnis der Teilnehmenden, wie es in der Regel durch kein anderes Kommunikationsinstrument möglich ist (vgl. Holzbaur et al. 2005; Bruhn 2010, S. 463).

Verkaufsförderung

Das Instrument Verkaufsförderung (auch Sales-Promotion oder Promotion) bezeichnet zeitlich begrenzte Maßnahmen mit Aktionscharakter, die bei Händlern sowie Besuchern den Absatz befördern sollen (vgl. Homburg/Krohmer 2009, S. 792; Günter/Hausmann 2009, S.78; Bruhn 2010, S. 384). Ein Theater verfolgt mit Maßnahmen der Verkaufsförderung das Ziel, aktuelle oder potenzielle Besucher zu erreichen und Anreize für einen Besuch im Theater oder Theatershop zu schaffen. Neben den Besuchern sind auch Händler (z.B. Tourismusunternehmen, Ticketvertriebe) Zielgruppen der Verkaufsförderung, um eine verstärkte Weiterempfehlung der Theaterleistung gegenüber Dritten zu unterstützen.

Messen

Der Auftritt und die Beteiligung bei Messen stellen für Theater kommunikations-politische Möglichkeiten dar, die in der Praxis jedoch überwiegend dem Austausch mit Geschäftspartnern dienen. So präsentieren sich vereinzelt Theater auf Tourismus-messen (z.B. Internationale Tourismus Börse Berlin), um mit Reiseveranstaltern Ko-operationen zu verhandeln und kulturtouristische Angebote zu entwickeln. Die Ver-mittlung von Botschaften zwischen Theatern und Theaterbesuchern findet in der Praxis auf Messen selten statt. Da diese Arbeit jedoch insbesondere den Austausch zwischen Theatern und deren Besuchern untersuchen möchte, wird das Kommunikations-instrument Messeauftritt an dieser Stelle nicht weiter vertieft.

Direktmarketing

Ziel des Direktmarketings ist der Dialog einzelner Adressaten durch direkte Kom-munikationsmaßnahmen. Neben Maßnahmen direkter Kommunikation (z.B. Zu-sendung des Monatsspielplans) werden dem Direktmarketing zudem Aktionen zuge-ordnet, die durch Response-Möglichkeiten eine direkte Kommunikation initiieren sollen wie z.B. Anzeigen mit Antwortkarten (vgl. Holland 2001, S. 13f.; Holland 2004, S. 7ff.; Pepels 2005, S. 179ff.; Homburg/Krohmer 2009, S. 787). Direktmarketing definiert damit sämtliche Kommunikationsmaßnahmen, die durch direkte Ansprache einen Dialog mit einzelnen, individuellen Adressaten herstellen oder diesen durch indirekte Maßnahmen initiieren (vgl. Bruhn 2010, S. 404). Dieses Kommunikationsinstrument gewinnt an Bedeutung, da der Einsatz klassischer Werbung mit hohen Streuverlusten verbunden ist und die Adressaten individuell sowie differenziert angesprochen werden können (vgl. Holland 2001, S. 16; Fuchs/Unger 2007, S. 266).

Guerilla-Kommunikation

Guerilla-Kommunikation bezeichnet unkonventionelle, kreative und zeitlich begrenzte Kommunikationsmaßnahmen. In vielen Fällen wird die automatische Verbreitung der Botschaft durch eine große Medienresonanz oder die Weiterleitung durch die Em-pfänger beabsichtigt (vgl. Levinson 1984; Levinson 2006; Himpe 2006, S. 12; Schulte 2007).

Im Rahmen der Guerilla-Kommunikation sind insbesondere folgende Bereiche zu unter-scheiden: „Guerilla Sensation" bzw. „Ambient Stunt" (überraschende Aktionen an Orten, die das Potenzial für eine große öffentliche (direkte oder mediale) Wahrnehmung haben), „Ambush-Marketing" (die Nutzung einer fremd initiierten Öffentlichkeit für die

Platzierung der eigenen Botschaft) sowie „Ambient Media" (Medienformate, die im direkten Lebens- und Arbeitsumfeld (Ambiente) einer anvisierten Zielgruppe platziert werden) (vgl. Schulte 2007; Günter/Hausmann 2012, S. 83; Pöllmann 2010).

Mobile Marketing

Mobile Marketing bezeichnet die Nutzung mobiler Endgeräte der Zielgruppen (insbesondere Smartphones) für den Empfang von Botschaften (vgl. Werner 2003, S. 197ff.; Günter/Hausmann 2012, S. 82f.). Neben dem Versenden von Texten und Bildern als Kurznachrichten (SMS bzw. MMS) gewinnen durch die technische Entwicklung der letzten Jahre internetfähige Endgeräte an Bedeutung, die mit spezifischen Applikationen (Software) ausgestattet werden können (vgl. Pöllmann 2011). Der Einsatz von Applikationen, sogenannten „Apps", ist derzeit im Theater wenig vertreten, birgt aber das Potenzial zukünftig verschiedene Informationen wie Spielplan, Anfahrtsbeschreibung, Theater-Blog, Video-Vorschau u.a. zu bündeln.

Während das Versenden von Kurznachrichten als Maßnahme des Mobile Marketing nach dem „Push-Prinzip" erfolgt, ist die Information über Theaterangebote via Apps als „Pull-Prinzip" zu definieren (vgl. auch Günter/Hausmann 2012, S. 82f.). D.h. dass im Gegensatz zum Empfang von SMS oder MMS-Botschaften die Nutzer von Theater-Apps selbst aktiv auf die Suche nach Informationen gehen (und diese nicht ungefragt erhalten).

Mobile Marketing, insbesondere der Einsatz von Apps, weist eine inhaltliche Nähe zu Maßnahmen der Social Media-Kommunikation auf, da Apps eine Verbindung zu Social Media-Angeboten wie Blogs, Video-Kanälen (auf YouTube oder Vimeo) oder zu Sozialen Netzwerken herstellen kann. Gegenwärtig können Apps als Softwarelösung bezeichnet werden, die eine optimierte Darstellung von Social Media-Angeboten auf Smartphones oder Tablet-Computern ermöglicht. Sie sind daher als Vermittlungssoftware, jedoch nicht als Social Media-Anwendungen selbst zu definieren. Insofern ist das Mobile Marketing von Social Media abzugrenzen.

Onlinekommunikation

Unter dem Begriff „Online-Kommunikation" werden digitale und onlinebasierte Kommunikationsmaßnahmen zusammengefasst, die der Gestaltung der Kommunikationspolitik dienen. Durch die kontinuierliche Entwicklung der technischen Möglichkeiten variieren die Maßnahmen, die der Online-Kommunikation zugeordnet werden. Auch hat sich in der Literatur zur Online-Kommunikation derzeit noch keine einheitliche

Systematik etabliert. Vielmehr finden sich unterschiedlichste Betrachtungsweisen zur Online-Kommunikation wie beispielsweise aus interdisziplinärer Perspektive (vgl. Schweiger/Beck 2010) mit dem Schwerpunkt Medien- und Kommunikationsmodelle (vgl. Misoch 2006), aus psychologischer Perspektive (vgl. Kielholz 2008) oder aus praxisorientierter Marketing-Sicht (vgl. Chaffey et al. 2001; Conrady et al. 2002; Frosch-Wilke/Raith 2002; Schwarz 2008; Kilian/Langner 2010; Frank 2011a).

Ein Vergleich der Literatur zur Online-Kommunikation (teilweise im Kontext von Online-Marketing) verdeutlicht eine Reihe von Maßnahmen, die regelmäßig der Online-Kommunikation zugeordnet werden. Zu diesen Maßnahmen zählen:

- Das Einrichten einer eigenen Webpräsenz (Homepage).
- Die Werbung durch Online-Banner.
- Der Einsatz von Affiliate-Marketing. Affiliate-Marketing beschreibt Anreizsysteme (in der Regel durch das Prinzip einer Vermittlungsprovision) zum Vertrieb oder zur Verkaufsförderung über Dritte. Beispielsweise könnte ein privater Kultur-Blog eine Verlinkung zum Online-Ticketkauf eines Theaters anbieten. Für jeden Kartenverkauf, der über die Weiterleitung des Blogs zustande kommt, würde der Blog-Betreiber eine Provision vom Theater erhalten. Affiliate-Marketing wird auch unter dem Begriff „Partnerprogramme" in der Literatur beschrieben (vgl. Dyck 2002; Stolpmann 2002).
- Der Versand von E-Mails und Newslettern.
- Die Optimierung des eigenen Webauftritts, um von Suchmaschinen gefunden zu werden sowie das Schalten von Werbung anhand von Schlüsselbegriffen bei Suchmaschinen.
- Die Gestaltung onlinebasierter Presse- und Öffentlichkeitsarbeit, beispielsweise durch das Einstellen von Pressemeldungen in offenen Presseportalen (vgl. Schwarz 2008, S. 199).
- Das Ausnutzen viraler Effekte bei der Verbreitung von Botschaften.
- Der Einsatz von Social Media-Anwendungen als Kommunikations-Instrumente.

Tabelle 16 auf der folgenden Seite gibt einen Überblick der Erwähnung dieser Kommunikations-Maßnahmen anhand ausgewählter Literatur. Zu beobachten ist, dass Social Media in der Literatur vor 2004 keine Erwähnung findet. Dies kann damit erklärt werden, dass die meisten relevanten Social Media-Anwendungen erst ab etwa 2004 dem Markt zugänglich gemacht wurden (vgl. Kapitel 5). Vorläufer der Social Media-Anwendungen wie beispielsweise Newsgroups werden allerdings in der Literatur vor 2004 bereits teilweise genannt (vgl. z.B. Chaffey et al. 2001, S.226).

Maßnahmen der Online- Kommunikation / Autor (Jahr)	Chaffey et al. (2001)	Frosch-Wilke/ Raith (2002)	Conrady et al. (2002)	Werner (2003)	Kielholz (2008)	Schwarz (2008)	Kilian/ Langner (2010)	Frank 2011a
Homepage	X	X	X	X	X	X	X	X
Online-Werbung (Banner)	X	X	X	X	X	X	X	X
Affiliate-Marketing		X	X		X	X	X	X
E-Mails	X	X	X	X	X	X	X	X
Newsletter	X[40]	X	X	X	X	X	X	X
Suchmaschinen-werbung	X		X	X		X	X	X
Suchmaschinen-optimierung	X	X	X	X		X	X	X
Online-PR	X	X	X	X	X	X	X	
Virales Marketing		X			X	X	X	
Social Media					X	X	X	X

Tabelle 16: Übersicht von Maßnahmen in der Literatur zur Online-Kommunikation.

Wird der Kommunikations-Mix ganzheitlich, d.h. mit allen verfügbaren Instrumenten betrachtet, wie es in der vorliegenden Arbeit der Fall ist, so zeigt sich, dass die hier vorgestellte Darstellung der Online-Kommunikation nur bedingt zielführend ist. Zwar weisen alle Maßnahmen die Eigenschaft auf, dass sie onlinebasiert sind. Dennoch lassen sich einige Maßnahmen sinnvoller anderen Kommunikationsinstrumenten zuordnen: Online-Werbung wurde bereits der Werbung zugeordnet und lässt sich als digitale Form von Anzeigen begreifen. Auch das Schalten von Werbung bei Suchmaschinen kann als Maßnahme des Instruments Werbung angesehen werden. E-Mails und Newsletter lassen sich dem Direktmarketing subsumieren. Online-PR wird im Rahmen der Presse- und Öffentlichkeitsarbeit eingesetzt. Affiliate-Marketing stellt eine Vertriebsmaßnahme dar und ist daher nicht als Kommunikationsmaßnahme einzuordnen. Sinnvoller er-

---

[40] Chaffey et al. unterscheiden allerdings nicht zwischen dem Begriff Newsletter und E-Mail sondern sprechen von persönlichen und unpersönlichen E-Mails.

scheint die Einordnung des Affiliate-Marketing im Kontext der Distributionspolitik. Auch das Virale Marketing beschreibt, wie in Kapitel 5 noch gezeigt wird, keine Kommunikationsmaßnahme, sondern ein Kommunikationsmodell, da, um virale Effekte zu erzielen, erst bestimmte Maßnahmen eingesetzt werden müssen. Social Media kann grundsätzlich der Online-Kommunikation zugeordnet werden. Eine einheitliche Zuordnung hat sich in der Literatur bisher noch nicht durchgesetzt: Während beispielsweise Klein „Internet- und Social Media Marketing" in seinen Ausführungen zum Kommunikationspolitik zusammenfasst (vgl. Klein 2011, S. 425ff.), grenzen Günter und Hausmann die Onlinekommunikation von Social Media ab (vgl. Günter/Hausmann 2012, S. 81f.).

Aufgrund der Vielseitigkeit und Komplexität der Social Media-Kommunikation empfiehlt sich im Kontext der vorliegenden Arbeit die Einordnung von Social Media als eigenständiges Kommunikationsinstrument und wird daher auch als eigenes Kapitel nachfolgend erläutert. Somit bleibt festzuhalten, dass im Zusammehang dieser Arbeit unter Online-Kommunikation in erster Linie der Einsatz einer eigenen Homepage sowie Maßnahmen der Suchmaschinenoptimierung verstanden werden sollen.

Nach der Darstellung der einzelnen Kommunikationsinstrumente, die Theatern zur Gestaltung ihrer Kommunikationspolitik zur Verfügung stehen, soll mit dem Controlling abschließend das letzte Element des Managementprozesses der Kommunikationspolitik behandelt werden und die in Kapitel 4 vorgestellten Bestandteile der Kommunikationspolitik grafisch zusammengefast werden. Bei dem Einsatz von Socia Media ist die Durchführung eines Controllings von Bedeutung, um diese Aktivitäten als ganzheitlich organisierten Prozess anzulegen, der sich von kurzfristigen und impulsiven Einzelaktionen abgrenzt. Diese Relevanz wird betont unter der Berücksichtigung, dass der Einsatz von Social Media oftmals mit dem langfristigen Aufbau von Beziehungen zu den Empfängern (z.B. durch Facebook oder Twitter) einher geht.

4.4.5 Controlling

Der Prozess des Kommunikationsmanagement endet mit der Evaluation der getätigten Maßnahmen und einem Abgleich der Kommunikationsergebnisse mit der vorab definierten Zielsetzung. Überprüft wird einerseits die Effektivität der Kommunikationsmaßnahmen, d.h. inwiefern die Ziele erreicht wurden. Andererseits wird die Effizienz der eingesetzten Mittel eruiert, was angesichts der begrenzten Ressourcen der Theater und den Streuverlusten von Kommunikationsmaßnahmen große Bedeutung hat (vgl. zu Erfolgskontrolle auch Bruhn 2010, S. 548).

Für die Überprüfung der Resultate der Kommunikationspolitik können die gleichen Instrumente eingesetzt werden, die für die Datenerhebung im Rahmen der Analyse dienten. Darüber hinaus lässt sich durch Beobachtungen und Befragungen gezielt die Wirkung einzelner Maßnahmen eruieren. Wird Kommunikationspolitik als langfristiger Prozess verstanden, wie es sich beim Einsatz von Social Media-Maßnahmen anbietet, unterstützen die Ergebnisse des Controllings die Analysephase, anhand der sich wiederum Ziele und Strategien für weitere Maßnahmen ableiten lassen.

Die nachfolgende Grafik fasst den in Kapitel 4.4 erläuterten Managementprozess der Kommunikationspolitik von Theatern zusammen.

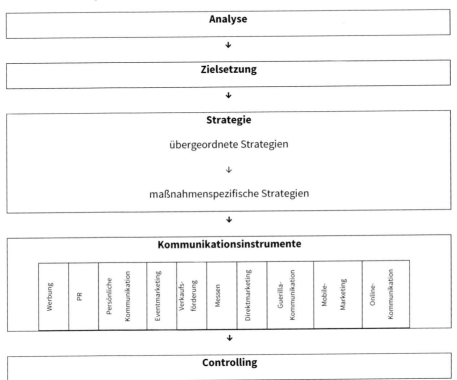

Abbildung 12: Managementprozess der Theaterkommunikation.

Nach der Darstellung der Kommunikationspolitik von Theatern soll im folgenden Kapitel Social Media als ein weiteres, neues Kommunikationsinstrument und dessen Einsatzmöglichkeiten vorgestellt werden.

5 Social Media als Kommunikationsinstrument

5.1 Definition und Charakteristika von Social Media

5.1.1 Entwicklung von Social Media im Kontext des Internet

Mit dem Advanced Research Project Agency Network (kurz ARPANET) wurde 1969 der Grundstein für das heutige Internet gelegt (vgl. Hafner/Lyon 1997, S. 14ff.; Zerdick et al. 2001, S. 151)[41]. Die Basis für die weltweite Verbreitung wurde jedoch erst Jahre später durch eine Idee von Tim Berners-Lee geschaffen. Er machte 1989 seinem Arbeitgeber, einem europäischen Forschungszentrum für Teilchenphysik (CERN) gegenüber den Vorschlag, ein globales Informationssystem für Forschungsgruppen zu entwickeln (vgl. Grob/vom Brocke 2006, S. 5; Schiele et al. 2008, S. 4f.). Dieses als „World Wide Web"[42] bekannte Informationssystem entwickelte sich Anfang der 1990er Jahre zunächst durch die Verwendung von Universitäten und schließlich auch durch die private Nutzung weltweit (Schiele et al. 2008, S. 5). Die rasante Verbreitung des Internet, das zahlreiche neue Unternehmen hervorrief, wurde ab Mitte der 1990er Jahre aus ökonomischer Perspektive als „New Economy" bezeichnet. Im Frühjahr 2000 zeigten sich deutlich Grenzen dieses Wachstums, als erkannt wurde, dass viele neue Unternehmen aufgrund erfolgloser Konzepte Insolvenz anmelden mussten (vgl. Grob/vom Brocke 2006, S. 5f.).

Einen neuen Aufschwung erfuhr das Internet Anfang der 2000er Jahre, in denen neue Angebote entstanden. Bedingt wurde dies durch:

- die Nutzung von Webtechnologien, die eine Interaktion der Internetnutzer vereinfachten,
- die Entwicklung von Breitband-Verbindungen, was einerseits zu einer größeren Abdeckung von Haushalten mit Internetzugang führte und andererseits eine schnellere Datenübertragungsrate ermöglichte sowie durch
- die Reduktion der Internetkosten für die Endverbraucher (vgl. Kilian et al. 2008, S. 9; Münker 2010, S. 37; Hettler 2010, S. 2f.).

Während der ersten 10 Jahre des Internet ab den frühen 1990er waren die meisten Nutzer „Konsumenten" der Angebote, die von verhältnismäßig wenigen Publizierenden zur Verfügung gestellt wurden. Zu Beginn des neuen Jahrtausends wurde das eigene Kreieren und Zurverfügungstellen von Inhalten zunehmend beliebter. Neue Online-Dienste wie Chatrooms und Online-Fachforen vereinfachten die aktive Gestaltung und Veröffentlichung neuer Inhalte. Zudem wurde die Vernetzung zwischen den Akteuren

---

[41] Hierbei handelte es sich um ein Projekt des US-Verteidigungsministeriums zur Optimierung von Rechenleistungen durch ein dezentrales Netzwerk.

[42] World Wide Web war der Name des ersten Webbrowser (vgl. Schiele et al. 2008, S. 5).

erleichtert. Heute existiert ein differenziertes mediales Angebot von Online-Diensten, die das Publizieren von Inhalten und die Vernetzung der Teilnehmer ermöglichen.

Die nachfolgende Tabelle 17 gibt exemplarisch eine Übersicht über etablierte Angebote unter Verweis auf deren Gründungsdaten:

Plattform/Anbieter	Gründungsjahr
Wikipedia	2001
MySpace	2003
XING	2003
Flickr	2004
Facebook	2004
YouTube	2005
StudiVZ	2005
Twitter	2006
Wer-kennt-wen	2006
Google+	2011

Tabelle 17: Exemplarische Übersicht etablierter Social Media-Dienste.

Die Verbreitung des Internet geht einher mit der Weiterentwicklung von Software und Hardware. Zu beobachten ist in diesem Zusammenhang, dass Hardware-Komponenten bei steigender technischer Leistung kleiner werden: Innerhalb von rund 30 Jahren hat sich die Anzahl der Transistoren auf einem Chip um den Faktor 3.260 erhöht (vgl. Zerdick et al. 2001, S. 151)[43]. Dies ermöglichte die Entwicklung internetfähiger Laptops, Table-PCs und Smartphones, wodurch die Internetnutzung mobil ermöglicht wurde. Erleichtert wird die Social Media-Nutzung, da die meisten Social Media-Angebote auch Smartphone- bzw. Table-PC-Applikationen bieten. Da diese internetfähigen mobilen Endgeräte derzeit starke Verbreitung finden und damit auch Social Media-Angebote zukünftig standortunabhängig genutzt werden können, kann allgemein von einer Steigerung der Social Media-Nutzung ausgegangen werden.

Bevor im weiteren Verlauf der Arbeit konkrete Möglichkeiten der Nutzung von Social Media aufgezeigt und systematisiert werden, soll zunächst eine begriffliche Abgrenzung erfolgen, die ein einheitliches Verständis von Social Media erlaubt.

---

[43] Während der Mikroprozessor 4004 von Intel im Jahr 1971 noch 2.300 Transistoren enthielt waren es 1999 bei dem neu eingeführten Pentium III Prozessor (ebenfalls von Intel) bereits 7,5 Millionen Transistoren (vgl. Zerdick et al. 2001, S. 151).

5.1.2 Begriffsabgrenzung von Social Media

Die neuen onlinebasierten Dienste, die den Nutzern mehr Möglichkeiten der Gestaltung und Vernetzung geben, werden nicht trennscharf unter Schlagworten wie „Web 2.0" oder „Social Media" subsumiert.

Bisher existiert weder eine allgemein anerkannte Definition noch eine einheitliche Verwendung eines Begriffs, der die neuen Onlineangebote zusammenfasst. Ziel dieses Kapitels ist es daher, basierend auf der Auswertung aktueller Literatur, eine Definition für Social Media vorzulegen, die für den weiteren Verlauf der Arbeit Verwendung finden soll. Denn einige bestehende Definitionen sind nur bedingt hilfreich wie beispielsweise die knappe Aussage von Safko: "Social Media is the media we use to be social" (Safko 2010, S. 3)[44].

Grundsätzlich ist zu beobachten, dass unterschiedliche Begriffe verwendet werden, um die jüngeren Entwicklungen der Onlineangebote zusammenzufassen. Neben den oben erwähnten Begriffen Social Media und Web 2.0 sind dies zudem z.B. die Begriffe Social Web (vgl. Zerfaß et al. 2008a und b; Weber 2009; Ebersbach/Glaser/Heigl 2010; Amersdorffer et al. 2010; Schindler/Liller 2011; Peters 2011) oder Social Technologies (vgl. Li/Bernoff 2009 und 2011; Kolosoky 2011). Im Rahmen dieser Arbeit soll eine Konzentration auf die beiden meistverwendeten Begriffe „Web 2.0" und „Social Media" erfolgen.

Tabelle 18 auf der folgenden Seite gibt einen Überblick über diese Begriffe und die Autoren, die diese Termini verwenden. Anhand der einzelnen Umschreibungen dieser Begriffe lässt sich ein unterschiedliches Verständnis der einzelnen Autoren erkennen, was nachfolgend anhand der Darstellung und Diskussion der verschiedenen Definitionen verdeutlicht werden soll. Die Bezeichnung Web 2.0 und Social Media wird von Autoren bisweilen auch parallel genutzt (vgl. Cooke/Buckley 2008; Scheurer/Spiller 2010; Bruhn 2010, S. 472ff.; Hettler 2010; Blanchard 2012). Dies erschwert nicht nur die Rezeption einzelner Publikationen zu Web 2.0 bzw. Social Media sondern auch deren Vergleich. Darüber hinaus unterstreicht es den Bedarf einer klaren Abgrenzung der Begriffe und deren einheitliches Verständnis.

---

[44] Anzumerken ist, dass Safko (2010) es nicht bei dieser Aussage belässt, sondern der Frage nach dem Wesen von Social Media ein ganzes Kapitel widmet (S. 3-21). Eine etwas konkretere Definition von Safko wird nachfolgend zitiert.

Begriff	Autoren
Web 2.0	O´Reilly 2005; Alby 2008; Hass et al. 2008; Bauer et al. 2008; Rudolph et al. 2008; Sonnenburg 2009; Holzapfel/Holzapfel 2009; Alpar/Blaschke 2008b; Murugesan 2007; Cooke/Buckley 2008; Münker 2010
Social Media	Evans 2008; Agichtein et al. 2008; Fini et al. 2008; Gilbert/Karahalios 2009; Hünnekens 2010; Zarella 2010; Weinberg 2010[45]; Bernet 2010; Hilker 2010; Pfeiffer/Koch 2010; Safko 2010; Kreutzer/Hinz 2010; Correa et al. 2010; Hettler 2010; Kaplan/Haenlein 2010; Grabs/Bannour 2011; Shirky 2011; Chen et al. 2011; Janner et al. 2011; Stuber 2011; Blanchard 2012; Günter/Hausmann 2012, S. 82 sowie S. 91ff.

Tabelle 18: Verwendung von Begriffen zur Umschreibung interaktiver Onlineangebote in der Literatur.

Für ein besseres Verständnis der Begriffe Web 2.0 und Social Media zeigen die folgenden zwei Tabellen (vgl. Tabellen 19 und 20) eine Auswahl von Definitionen und Umschreibungen beider Termini. In der ersten Tabelle werden Definitionen und Ansätze von Definitionen für den Begriff Web 2.0 zitiert. Die zweite Tabelle verdeutlicht das in der Literatur veröffentlichte Verständnis von Social Media. Die Tabellen verweisen auf die Autoren und sind nach ihren Veröffentlichungsdaten gegliedert. Im Anschluss an die Übersicht erfolgt deren Zusammenfassung und Diskussion. Darauf aufbauend wird die Entscheidung zum Begriff Social Media verdeutlicht.

---

[45] In der amerikanischen Originalausgabe spricht Weinberg jedoch von „Social Web" und nicht von „Social Media" (vgl. Weinberg 2009). Bei einem Vergleich der beiden Veröffentlichungen zeigt sich, dass die amerikanische Ausgabe stärker auf die Veränderung des Internetnutzungsverhaltens abzielte. Die 2010 in Deutschland erschienene Publikation legte den Fokus stärker auf den Einsatz einzelne Anwendungen wie Facebook, Twitter und YouTube. Es kann vermutet werden, dass 2009 ein stärkerer Bedarf nach grundlegenden Erklärungen zu neuen Social Media-Möglichkeiten vorhanden war, während bereits 2010 für den deutschsprachigen Markt eine anwendungsorientierte Perspektive erfolgversprechend (für den Absatz der Publikation) erschien. Dies erklärt die unterschiedliche Verwendung der Begriffe Social Web für die übergeordnete Sicht auf die neuen Verhaltensweisen und den später genutzten Begriff Social Media für die Betrachtung einzelner Anwendungen.

Definitionen von Web 2.0		
Autor	**Jahr**	**Definition**
O´Reilly	2005	„Like many important concepts, Web 2.0 doesn't have a hard boundary, but rather, a gravitational core. You can visualize Web 2.0 as a set of principles and practices that tie together a veritable solar system of sites that demonstrate some or all of those principles, at a varying distance from that core."
Alpar et al.	2007	„Der Begriff Web 2.0 kennzeichnet Anwendungen und Dienste, die das World Wide Web als technische Plattform nutzen, auf der die Programme und die benutzergenerierten Inhalte zur Verfügung gestellt werden. Die gemeinsame Nutzung der Inhalte und gegenseitige Bezüge begründen Beziehungen zwischen den Benutzern."
Goodchild	2007	„[...] the new Web 2.0 is a bi-directional collaboration in which users are able to interact with and provide information to central sites, and to see that information collated and made available to others" (S. 27).
Murugesan	2007	„Web 2.0 is both a usage and a technology paradigm. It´s a collection of technologies, business strategies, and social trends" (S. 34).
Kilian et al. 2008	2008	„Das Web 2.0 umfasst Internet-Anwendungen und -Plattformen, die die Nutzer aktiv in die Wertschöpfung integrieren – sei es durch eigene Inhalte, Kommentare, Tags oder auch nur durch ihre virtuelle Präsenz. Wesentliche Merkmale der Wertschöpfung sind somit Interaktivität, Dezentralität und Dynamik." (S. 7)
Rudolph et al.	2008	„Mit Web 2.0 ist [...] die Partizipation des Konsumenten an der Inhaltserstellung selbst gemeint, dies kann Medien, Produkte, Dienstleistungen oder neue Formen der Interaktion betreffen, die noch unter keinem Begriff zu fassen sind."
Cooke/ Buckley	2008	„The key characteristics of Web 2.0 is that it lets people collaborate and share information online" (S. 277).
Münker	2010	„Unter „Web 2.0" versteht man den Trend, Internetauftritte so zu gestalten, dass ihre Erscheinungsweise in einem wesentlichen Sinn durch die Partizipation ihrer Nutzer (mit-) bestimmt wird" (S. 31).
Kaplan/ Haenlein	2010	„Web 2.0 [...] utilizes the World Wide Web [...] as a platform whereby content and applications are no longer created and published by individuals, but instead are continuously modified by all users in a participatory and collaborative fashion. [...] Social Media is a group on Internet-based applications that build on the ideological and technological foundations of Web 2.0, and that allow the creation and exchange of User Generated Content" (S. 61).

Tabelle 19: Definitionen von Web 2.0.

Die hier gezeigten Definitionen und Umschreibungen des Begriffs Web 2.0 verdeutlichen ein heterogenes Verständnis des Begriffs. Während O´Reilly von einem Konzept ohne klare Abgrenzung spricht (vgl. O´Reilly 2005), verstehen Kilian et al. Web 2.0 als Sammelbegriff für bestimmte Internetanwendungen (vgl. Kilian et al. 2008, S. 7). Münker wiederum spricht von einem Trend zur spezifischen Gestaltung von Internetauftritten (vgl. Münker 2010, S. 31). Murugesans Verständnis von Web 2.0 ist deutlich weiter gefasst: Er bezeichnet Web 2.0 als Paradigma und subsumiert unter dem Begriff gleichermaßen Technologien, Geschäftsstrategien als auch – wie Münker – Trends. Ein derart weites Begriffsverständnis ist jedoch weder für theoretische noch für praktische Auseinandersetzungen mit Web 2.0 sinnvoll, da es keine präzise Antwort auf die Frage liefern kann, was mit Web 2.0 gemeint ist.

Innerhalb der vorgestellten Definitionen stimmen die meisten Autoren darin überein, dass es sich bei Web 2.0 um Möglichkeiten der Interaktion von Nutzern im Internet handelt, bei denen die Nutzer miteinander kommunizieren und eigenständig Inhalte generieren können (vgl. Alpar et al. 2007; Goodchild 2007, S. 27; Kilian et al. 2008, S. 7; Rudolph et al. 2008; Cooke/Buckley 2008, S. 277; Münker 2010, S. 31; Kaplan/Haenlein 2010, S. 61).

Nach der Betrachtung des Begriffs Web 2.0 soll nun der Begriff Social Media untersucht und diskutiert werden. Es folgt zunächst die tabellarische Auflistung ausgewählter Definitionen und Erklärungen von Social Media. Anschließend werden diese Definitionen diskutiert.

Definitionen von Social Media		
Autor	**Jahr**	**Definition**
Evans	2008	„Social Media involves a natural, genuine conversation between people about something of mutual interest, a conversation built on the thoughts and experiences of the participants. It is about sharing and arriving a collective point, often for the purpose of making a better or more-informed choice" (S. 31).
Hünnekens	2010	„Social Media bedeutet „Kommunikation teilen" und das wollen immer mehr „Ich-Sender (kein " sic!) – also Menschen, die nicht nur passiv konsumieren, sondern auch aktiv mitreden wollen" (S. 41).
Weinberg	2010	„Der Begriff *Social Media* (soziale Medien) steht für den Austausch von Informationen, Erfahrungen und Sichtweisen mithilfe von Community-Websites [...]" (S. 1).

Fortsetzung der Tabelle auf der folgenden Seite.

Definitionen von Social Media		
Autor	**Jahr**	**Definition**
Weinberg	2010	„Der Begriff *Social Media* (soziale Medien) steht für den Austausch von Informationen, Erfahrungen und Sichtweisen mithilfe von Community-Websites [...]" (S. 1).
Safko	2010	„Social Media is a set of highly effective tools for customer service, business-to-business (B2B), and internal communication" (S. 8).
Correa et al.	2010	Social Media is „the particular consumption of digital media or Internet that has little to do with traditional informational media use. Rather, it provides a mechanism for the audience to connect, communicate, and interact with each other and their mutual friends through instant messaging or social networking sites" (S. 247f.).
Hettler	2010	Social Media sind „persönlich erstellte, auf Interaktion abzielende Beiträge, die in Form von Text, Bildern, Video oder Audio über Onlinemedien für einen ausgewählten Adressatenkreis einer virtuellen Gemeinschaft oder für die Allgemeinheit veröffentlicht werden, sowie zugrunde liegende und unterstützende Dienste und Werkzeuge des Web 2.0" (S. 14).
Blanchard	2012	„Social Media [...] bestehen aus einer Reihe von leicht zu bedienenden Plattformen und Technologien, die es Menschen gestatten, mit anderen Menschen zu sprechen" (S. 26).

Tabelle 20: Definitionen von Social Media.

Diese Übersicht zeigt auch für den Begriff Social Media eine unterschiedliche Auffassung der Autoren. Während Evans und Hünnekens allgemein von einer Art der Kommunikation sprechen (vgl. Evans 2008, S. 31; Hünnekens 2010, S. 41), verstehen Weinberg und Hettler darunter die Kommunikation mithilfe bestimmter Onlineangebote (vgl. Weinberg 2010, S. 1; Hettler 2010, S. 14). Safko und Blanchard hingegen sehen Social Media als Sammelbegriff für Anwendungen zu einer onlinebasierten Kommunikation zwischen den Internetnutzern (vgl. Safko 2010, S. 8; Blanchard 2012, S. 26). Die gezeigten Umschreibungen des Begriffs Social Media geben eine sehr grobe Idee, was unter Social Media zu verstehen ist. Sie eigenen sich jedoch nicht als klare Definition und deutliche Abgrenzung, da sie Social Media entweder sehr allgemein skizzieren oder auf zu wenige Ausprägungen einschränken: Beispielsweise lassen sich unter die Definitionen von Evans, Hünnekens, Safko und Blanchard auch Kommunikationsmittel subsumieren, die nicht zu Social Media zählen, da eine Einschränkung auf onlinebasierte Dienste in der Definition fehlt. Konkreter sind unter diesem Aspekt die Ansätze von

Weinberg und Hettler, die jedoch Social Media mit Hilfe weiterer zu definierender Begriffe (Community-Websites bei Weinberg; Web 2.0 bei Hettler) beschreiben. Gleiches kann bei der Definition von Correa et al. festgestellt werden, da nicht klar abgegrenzt ist, was unter „social networking sites" (vgl. Correa et al. 2010, S. 248) zu verstehen ist. Zudem schränkt deren Definition die Möglichkeiten der Social Media-Kommunikation stark ein. Nach Correa et al. bedeutet Social Media die Kommunikation mittels „instant messaging" oder „social networking sites" (vgl. Correa et al. 2010, S. 247f.). Weblogs zählen jedoch ebenfalls zu Social Media, lassen sich jedoch weder dem „instant messaging" noch „social networking sites" zuordnen. Somit bleibt für den Begriff Social Media weiterhin der Bedarf einer präziseren Abgrenzung.

Die vergleichende Betrachtung der beiden Begriffe Web 2.0 und Social Media zeigt anhand der Veröffentlichungsdaten, einen Trend weg vom Begriff Web 2.0 hin zum Begriff Social Media. Dieser Trend lässt sich auch anhand einer Schlagwortanalyse durch Google bestätigen. So ist zu erkennen, dass etwa seit 2010 häufiger nach dem Begriff Social Media als nach dem Begriff Web 2.0 gesucht wird, wie Abbildung 13 zeigt. Eine mögliche Erklärung für diese Verschiebung kann anhand des Vergleichs der beiden Begriffe gefunden werden: Während die Bezeichnung Web 2.0 über Jahre sehr populär war und zahlreiche Variationen hervorgerufen hat (z.B. „Freundschaft 2.0" für die Facebook-Kultur oder Kulturfinanzierung 2.0 für den Einsatz von Crowdfunding), scheint sich Social Media besser als Sammelbegriff der neuen Onlinemedien zu eignen.

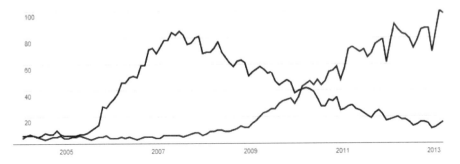

Abbildung 13: Vergleich der Schlagwörter Web 2.0 (rot) und Social Media (blau) (Quelle: Google Trends 2013).

Der Begriff Web 2.0 impliziert das Verständnis von einer neuen „Software-Version" des Internets, wie es der Zusatz „2.0" vermuten lässt. Dies ist jedoch nicht der Fall. Vielmehr wurden bestehende Technologien erst im Zuge der neuen Angebote entdeckt oder anders eingesetzt (vgl. Kilian et al. 2008, S. 8.).[46] Im Vordergrund der veränderten

---

[46] Tim Berners-Lee hatte mehrfach darauf hingewiesen, dass sein Konzept des World Wide Web von Beginn an die Interaktion verschiedener Nutzer berücksichtigte (vgl. Berners-Lee 1999).

Medienkultur stehen neue Anbieter von Kommunikationsplattformen und eine Veränderung des Mediennutzungsverhaltens. Dieses neue Nutzungsverhalten beschreibt die Bereitschaft und Motivation der Internetnutzer, sich online zu vernetzen und in einem bisher unbekannten Ausmaß online zu kommunizieren sowie dort Inhalte zu veröffentlichen. Damit handelt es sich also weniger um ein technisches sondern vielmehr um ein soziales Phänomen, das durch den Einsatz neuer Medien deutlich wird. Aus diesem Grund scheint der Begriff Social Media gegenüber dem technischen Web 2.0 geeigneter.

Für ein einheitliches Begriffsverständniss soll im folgenden Kapitel, basierend auf der Zusammenfassung wesentlicher Charaktersitika von Social Media, eine eigene Definition vorgestellt werden.

5.1.3 Charakteristika von Social Media

Für die Analyse allgemeingültiger Charakteristika, die Social Media auszeichnen, wurden unter Auswertung relevanter Literatur (vgl. u.a. Bienert 2007; Alpar/Blasche 2008b; Howe 2008; Kilian/Hass/Walsh 2008; Bruhn 2010; Hettler 2010; Hopf 2010) eigenständig sechs Merkmale definiert, die im Folgenden in der Reihenfolge ihrer Bedeutung für die Definition von Social Media erläutert werden:

(1) Onlinebasiert

Social Media-Anwendungen zeichnen sich dadurch aus, dass sie digital sind und nur online zugänglich. Das bedeutet, dass es sich um virtuelle Medien handelt, die nur über eine technische Schnittstelle (Interface), wie beispielsweise einen Computer erreichbar, sind. Die digitale Grundlage der Daten ermöglicht das Speichern und Weiterleiten von Informationen mit geringem Aufwand und binnen kürzester Zeit.

(2) Interaktiv und partizipativ

Social Media stehen für die Entwicklung des Internet von einer starren Informationsquelle zu einem interaktiven Medium (vgl. Kilian et al. 2008, S. 4). Dementsprechend ist auch vom „Mitmachmedium" (vgl. Levine et al. 2002) die Rede. Social Media-Anwendungen sind als Plattformen zu verstehen, die durch die Partizipation von Nutzern mit Inhalten gestaltet werden (vgl. Rudolph et al. 2008, S. 184; Bernecker 2009, S. 196; Evans 2008, S. 35; Stanoevska-Slabeva 2008, S. 14). Die Interaktion der Nutzer führt zu einer Weiterentwicklung und Verbreitung der Inhalte (vgl. Chan-Olmsted 2011, S.3; Goodchild 2007, S. 27; Bruhn 2010, S. 473). Social Media definieren sich über diesen Inhalt, der verbreitet und bewertet wird (vgl. Evans 2008, S. 37). Die aktive Teilnahme der Nutzer ist sinnkonstituierend für Social Media, da ohne Teilnahme von mindestens zwei Akteuren kein Dialog und kein Austausch von Informationen möglich ist (vgl. Cooke/Buckley 2008, S. 274; Hettler 2010, S. 75f.; Winter 2011). Daher zeichnet sich Social Media durch den sogenannten User Generated Content (UGC) aus (vgl. Cooke/Buckley 2008, S. 273; Alpar/Blaschke 2008b, S. 4; Stanoevska-Slabeva 2008, S. 15; Mangold/Faulds 2009, S. 357). Mit der Produktion von Inhalten durch die Nutzer geht ein Verschwimmen der Grenzen zwischen professionell erstellten Inhalten und Beiträgen, die von Amateuren eingestellt werden, einher. Beispielsweise finden sich in Social Media-Anwendungen neben professionellen Pressefotos von einer Premiere auch Amateurfotos, die mit Mobiltelefon-Kameras aufgenommen wurden. Ebenso können Rezensionen von Feuilleton-Redakteuren neben eigenen verfassten Berichten von Theater-Fans im Internet abgerufen werden.

(3) Vernetzt

Social Media zeichnen sich durch einen hohen Grad der Vernetzung ihrer Nutzer aus. Mit der Verbindung der einzelnen Akteure erfolgt in der Regel auch eine Vernetzung der Inhalte. Einige Dienste bieten eine Darstellung dieser inhaltlichen Verbindungen: Beispielsweise bündelt Facebook Informationen, die von mehreren Nutzern veröffentlicht wurden, wenn es sich um die gleiche Nachricht handelt. Der Dienst Twitter ermöglicht seinen Nutzern, durch Verschlagwortung (sogenannte „Hashtags") einzelne Nachrichten einem inhaltlichen Kontext zuzuordnen. Somit kann die thematische Vernetzung von Kurznachrichten (sogenannte „Tweets") recherchiert und erfasst werden.

Die technischen Möglichkeiten, einzelne Nutzer zu vernetzen, stellen einen wichtigen Teil der Funktionen von Social Media-Anwendungen dar. So bieten die meisten Anwendungen die Option, durch Abonnements oder Aufnahme in virtuelle Kontakt- bzw. Freundeskreise eine Verbindung mit anderen Usern einzugehen.

Die Verbindungen der Akteure führen immer wieder zu Inhalten, die gemeinsam von mehreren Nutzern geschaffen wurden. Beispielhaft seien hier Wikis genannt (vgl. 5.2.4). In diesem Zusammenhang des Mitwirkens einer breiten Masse an einem Projekt wird auch von „Crowdsourcing" (Howe 2008), „kollektiver Intelligenz" (Hettler 2010, S. 6), „Kollektivprojekten" (Rudolph et al. 2008, S. 185) oder „Collaborative Content" sowie von einer „Demokratisierung des Internet gesprochen" (vgl. z.B. Bienert 2007).

Durch die vernetzten Beziehungen der einzelnen User und die benutzerfreundliche Möglichkeit, Nachrichten weiterzuleiten werden Empfänger zu Multiplikatoren von Informationen. Dies führt zu einer rasanten Verbreitung von Informationen innerhalb von Social Media-Anwendungen. Durch technische Schnittstellen (sogenannten „Mashups"; vgl. Murugesan 2007, S. 36) wird zudem eine Verbreitung über einzelne Anwendungen hinaus ermöglicht. Beispielsweise lassen sich YouTube-Videos in Facebook-Posts einbinden und dadurch auch innerhalb von Facebook publizieren.

Aus der vernetzten und dialogischen Kommunikationsweise von Social Media-Anwendungen folgt neben der Weiterleitung der Inhalte auch, dass veröffentlichte Informationen oftmals bewertet und kommentiert werden. Dies kann für Theater den Vorteil haben, dass eigene Inhalte positiv beurteilt und an eine große Gruppe Interessierter weitergeleitet werden. Es besteht jedoch auch das Risiko, dass Inhalte negativ bewertet werden oder Kritik geäußert wird und auch diese Nachrichten sich verbreiten. In beiden Fällen können sich die Theater teilweise an den Kommentaren beteiligen und darauf reagieren. Eine vollständige Kontrolle über die Entwicklung der Kommunikation in Social Media-Anwendungen ist hingegen nicht möglich (vgl. Hettler 2010, S. 76; Bruhn 2010, S. 473).

(4) Aktuell und speichernd

Da die Nutzer von Social Media-Diensten ihre Informationen direkt auf den verschiedenen Plattformen online stellen und das Publizieren von Inhalten nicht durch Filtersysteme (z.B. eine Redaktion) verzögert wird, finden laufend Aktualisierungen statt. Diese Aktualisierungen können in Echtzeit von anderen Nutzern eingesehen werden. Dadurch weisen Social Media eine gegenüber anderen Medien (z.B. Printmedien wie die Tageszeitung) hohe Aktualität auf. Die veröffentlichten Inhalte werden zudem archiviert (sofern sie nicht von den Nutzern gelöscht werden) und sind langfristig einsehbar. Beispielsweise lassen sich durch die Facebook-Funktion „Timeline" sämtliche veröffentlichten Beiträge in umgekehrter chronologischer Reihenfolge einsehen (ebenso bei den meisten Blogs). Somit verbinden Social Media die Eigenschaften von Archivierung und hoher Aktualität (vgl. Hopf 2010, S. 53).

(5) Dezentral und nicht geografisch eingeschränkt

Da es sich bei Social Media-Anwendungen um digitale Dienste handelt, die online verfügbar sind, lassen sich diese Dienste weltweit nutzen. Die einzige Standortvoraussetzung ist ein Internetzugang. Diese Zugänge werden langfristig durch den Ausbau der Telekommunikationsnetze und die zunehmende Verbreitung mobiler Endgeräte wie Smartphones vereinfacht. Dies macht Social Media zu einem dezentralen Medium, das in der Regel keinen regionalen Einschränkungen unterliegt (vgl. Kilian et al. 2008, S.

6f.; Hopf 2010, S. 53). Regionale Einschränkungen liegen nur in Ausnahmen vor wie beispielsweise bei Inhalten, die aufgrund von Verwertungsrechten nur in bestimmten Ländern verfügbar sind (z.B. manche Videoclips bei YouTube) oder ggf. durch Sprachbarrieren.

(6) Multimedial

Social Media-Anwendungen ermöglichen den Austausch von multimedialen Informationen. Neben reinen Text-Beiträgen können auch Audio-, Video- und Bilddateien sowie Links zu anderen Webinhalten veröffentlicht werden (vgl. Bruhn 2010, S. 474). Zu berücksichtigen ist, dass sich einzelne Dienste auf bestimmte Medienformate beschränken. So werden beispielsweise über YouTube nur Filme ausgetauscht und über Flickr nur Bilddateien. Andere Dienste wie Soziale Netzwerke ermöglichen einen Austausch mehrerer Medienformate.

Abbildung 14 fasst die hier aufgezeigten Charakteristika von Social Media zusammen.

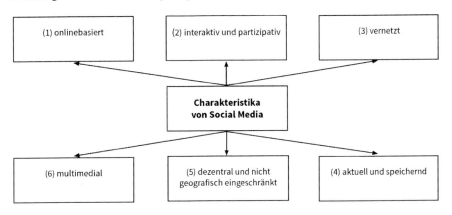

Abbildung 14: Charakteristika von Social Media.

Die Darstellung dieser wesentlichen Charakteristika ermöglicht ein erstes Verständnis dafür, was unter Social Media verstanden werden soll. Die Merkmale bieten die Grundlage für eine begriffliche Abgrenzung:

> **Definition *Social Media*:**
>
> **Social Media umfassen Online-Anwendungen, die sich durch die Interaktion und Partizipation der Nutzer auszeichnen und durch diese inhaltlich gestaltet werden; d.h. sie stellen Plattformen dar, die eine vernetzte, multimediale und ortsunabhängige Kommunikation zwischen den Nutzern ermöglichen.**

Nachdem in 5.1 Social Media definiert und die wesentlichen Merkmale dargestellt wurden, sollen in einem weiteren Schritt verschiedene Social Media-Anwendungen vorgestellt und strukturiert sowie anhand von Beispielen für die Nutzung von Theatern verdeutlicht werden.

5.2   Social Media-Anwendungen

5.2.1   Online Communitys und Social Networks

Online Communitys und Social Networks sind onlinebasierte Plattformen, die es den Nutzern ermöglichen, ein Profil einzurichten und mit anderen Mitgliedern des Netzwerks zu kommunizieren. Neben der Kommunikation durch textbasierte Nachrichten wie E-Mails oder Chats bieten viele Online Communitys ihren Nutzern auch den Austausch von Fotos, Videos und Audiodateien an (vgl. Weinberg 2010, S. 168f.; Hettler 2010, S. 54f.; Ebersbach et al. 2011, S. 95ff.).

Online Communitys und Social Networks zeichnen sich dadurch aus, dass für die Mitglieder eine Registrierung notwendig ist und ein individuelles Profil angelegt werden muss.[47] Bei der Gestaltung des eigenen Profils müssen sich die Nutzer in der Regel an vorgegebene Schablonen halten, in die Informationen und Bilder eingegeben werden können (vgl. Hettler 2010, S. 56). Die Mitglieder beschränken sich oftmals nicht nur auf natürliche Personen. Auch Institutionen wie Theater können mit einem eigenen Profil in Social Networks vertreten sein und sich vernetzen. Langfristig entwickelt sich bei den meisten Teilnehmern ein wachsender Kreis von Kontakten, die online verwaltet und teilweise strukturiert werden können. Über die Qualität und die Intensität der Beziehung sagen Kontakte allerdings meistens wenig aus. Diese reichen von fast unbekannten, zufälligen Bekanntschaften bis hin zu Partnern und Familienmitgliedern.

Der Beitritt in ein Social Network dient der Vernetzung, d.h. des Aufbaus und der Pflege von Beziehungen zu anderen Personen durch Kommunikation. Die onlinebasierten Netzwerke sind von Vorteil, da die Kommunikation zwischen den Teilnehmern durch E-Mail, Chat und allgemeine Statusmeldungen einfach zu handhaben ist. Zudem lassen sich in den Netzwerken meist die Verbindungen der einzelnen Teilnehmer zueinander einsehen. Trotz der Vorteile sind Anbieter von Social Networks immer wieder Kritik ausgesetzt (vgl. Ebersbach et al. 2011, S. 114f.): So wird den Betreibern der Plattformen

---

[47] Für eine praxisorientierte Beschreibung der Anbieter Facebook, MySpace, Xing, die VZ-Netzwerke sowie LinkedIn vgl. Weinberg 2010, S.268ff. Zu beachten ist, dass das Netzwerk „Schüler-VZ" Ende 2012 in ldpool.de umbenannt werden soll.

oftmals ein unverantwortlicher Umgang mit gespeicherten Nutzerdaten vorgeworfen. Darüber hinaus wird die vermeintliche Realität der Networks durch zahlreiche falsche Identitäten (z.B. Profilanmeldung unter falschem Namen) verzerrt. Weiter zeigt die Belästigung von Mitgliedern durch „Stalking" und „Mobbing", dass mit der Verlagerung von Beziehungen auf eine virtuelle Ebene auch die negativen Aspekte adaptiert werden.

Das weltweit größte Social Network ist mit über 900 Millionen aktiven Mitgliedern Facebook (Stand März 2012)[48]. Das Netzwerk ist weltweit vertreten, nur rund 20% der Nutzer wohnen in den U.S.A. oder Canada. Über die Hälfte der User nutzt Facebook täglich und es wird für immer mehr Mitglieder zunehmend zum ständigen Begleiter: Über 250 Millionen Mitglieder greifen inzwischen auch unterwegs durch den Gebrauch von Mobiltelefonen auf das Netzwerk zu (vgl. Facebook Statistics 2012). Seit 2011 versucht Google mit dem neuen Dienst Google+ ein Angebot zu etablieren, das gegenüber dem Marktführer Facebook wettbewerbsfähig sein soll.

In Deutschland werden die Communitys der VZ-Gruppe (StudiVZ, MeinVZ sowie SchülerVZ) sowie die Social Networks wer-kennt-wen, Xing, Stayfriends und Lokalisten angeboten. Im Zusammenhang mit der zunehmenden Verbreitung von Facebook in Deutschland ist bei den genannten deutschen Social Networks eine rückläufige Tendenz zu erkennen. Im Mai 2012 veröffentlichte die IVW - Informationsgemeinschaft zur Feststellung der Verbreitung von Werbeträgern e.V. Zahlen, die die Entwicklung der Besuche der Networks (sogenannte „Visits") zeigen (vgl. Statista 2012a sowie 2012b). Die Entwicklung der Social Networks wird in Abbildung 15 auf der folgenden Seite aufgezeigt und verdeutlicht einen starken Rückgang bei den Besuchen der VZ-Netzwerke von -78,4% innerhalb eines Jahres. Auch das Netzwerk wer-kennt-wen verlor in diesem Zeitraum über die Hälfte der Zugriffe (-54,3%). Einen geringeren Rückgang verzeichnet das Netzwerk Xing mit -7 Prozent. Deutlicher hat wiederum das Angebot Lokalisten eine Reduktion der Visits zu verzeichnen, das knapp 60 Prozent (-58,2%) an Besuchen verloren hat.

---

[48] Zu beachten ist, dass die Zahlen von Facebook herausgegeben werden und nicht durch unabhängige Dritte erhoben bzw. überprüft wurden (vgl. Facebook Statistics 2012).

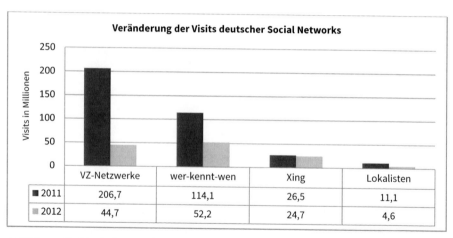

Veränderung der Visits deutscher Social Networks				
	VZ-Netzwerke	wer-kennt-wen	Xing	Lokalisten
■ 2011	206,7	114,1	26,5	11,1
▨ 2012	44,7	52,2	24,7	4,6

Abbildung 15: Veränderung der Visits deutscher Social Networks (eigene Darstellung in Anlehnung an Statista 2012a).

Der Vergleich dieser Zahlen zeigt, dass der Anbieter Xing eine deutlich geringere Reduktion der Visits aufweist als die anderen Social Networks. Eine mögliche Erklärung kann darin gesehen werden, dass Xing – wie auch der Dienst LinkedIn – zu den beruflichen Social Networks zählt und daher überwiegend für berufliche Kontakte verwendet wird. Die anderen Dienste sind den „privaten" Netzwerken zuzuordnen und stehen damit in direktem Wettbewerb zu Facebook. Durch die zahlreichen Wechsel der User von den verschiedenen privaten Netzwerken zum international ausgerichteten Anbieter Facebook, sinken die Visit-Zahlen der anderen Netzwerke.

Auch die Theater haben größtenteils Social Networks als Kommunikationsmedium entdeckt, wie in Kapitel 6.1 anhand der emprischen Ergebnisse detailiert gezeigt wird. Beispielsweise erreicht das Deutsche Schauspielhaus Hamburg über Facebook mehr als 9.000 Fans (Stand März 2013) und bietet neben allgemeinen Informationen wie Kontaktdaten die Möglichkeit, Fotos zu betrachten, den genauen Standort auf einer Stadtkarte anzuzeigen sowie den Newsletter des Theaters zu bestellen, wie die nachfolgende Abbildung (siehe nächste Seite) zeigt. Diese Informationen sind auch ohne Anmeldung bei Facebook einsehbar.

Abbildung 16: Facebook-Präsenz des Deutschen Schauspielhaus, Quelle: www.facebook.com/Schauspielhaus (03.03.2013).

Die Fan-Zahlen der deutschen Theater sind allerdings im internationalen Vergleich zu relativeren: Das National Theatre London kommt auf rund 36.000 Likes, das Sidney Opera House verzeichnet knapp 216.000 Likes und die Metropolitan Opera in New York gefällt über 218.000 Facebook-Usern (Stand März 2013).

Neben dem Dienst Facebook werden weitere Social Networks genutzt: Das Theater Dortmund ist auf Studi VZ vertreten. Das Profil wurde allerdings seit 2008 nicht mehr aktualisiert. Auch Google+ wird vereinzelt von Theatern wie beispielsweise der Bayerischen Staatsoper zur Präsentation eigener Aktivitäten genutzt.

Die Theater verwenden die Social Networks zum Aufbau einer User-Community, die kontinuierlich über Aktivitäten und Angebote der Theater informiert werden kann. Zudem erhalten die Theater wertvolle Informationen durch die Teilnehmer eines Netzwerks, beispielsweise durch Kommentare und Bewertungen. Auch andere Einsatzmöglichkeiten sind denkbar und werden von Zeit zu Zeit erprobt: So zeigte das Thalia Theater Hamburg 2012 ein Beispiel für die Einbindung des Publikums, indem es auf Facebook über Teile des neuen Spielplans abstimmen ließ und damit die Besucher in den Gestaltungsprozess der Kernleistungen des Theaters integrierte. Diese Aktion verlief zwar nicht ohne Kritik, verdeutlichte aber eine mögliche Variante der immer wieder geforderten Zuschauerpartizipation.

5.2.2 Weblogs, Microblogs und Podcasts

Weblogs bzw. in der Kurzform Blogs entstanden Mitte der 1990er Jahre und lassen sich als öffentliche Tagebücher bezeichnen, die überwiegend von Privatpersonen publiziert werden. Neben privaten Beiträgen werden Weblogs inzwischen auch von Institutionen und Unternehmen als Kommunikationsinstrument eingesetzt („Corporate Blogging"). Weblogs setzen sich aus einzelnen Beiträgen der Publizierenden, sogenannten „Bloggern", zusammen, die in umgekehrter Chronologie veröffentlicht werden. Der aktuellste Beitrag wird jeweils an erster Stelle angezeigt (vgl. Janner 2009, S. 16f.; Hettler 2010, S. 43ff.; Kreutzer/Hinz 2010, S. 12f.; Frank 2011a; Ebersbach et al. 2011, S. 61ff.).

Inzwischen existieren weltweit mehrere Millionen Weblogs zu unterschiedlichsten Themen. Die Gesamtheit der Weblogs wird auch „Blogosphäre" genannt. Durch gegenseitige Verweise wie Link-Nennungen, Zitate und Empfehlungen findet eine Vernetzung innerhalb der Blogosphäre statt. Eine zusätzliche Form der Vernetzung entsteht durch die oft angebotene Möglichkeit, Weblog-Beiträge zu kommentieren. Das Feedback von Lesern und anderen Bloggern reicht von knappen Bewertungen bis zu längeren Beiträgen, die mitunter den Umfang des eigentlichen Beitrags übersteigen können.

Sofern durch einen Weblog hauptsächlich Audio- oder Videodateien veröffentlicht werden, spricht man von einem Podcast. Dieser Kunstbegriff setzt sich aus der Artikelbezeichnung des populären MP3-Players iPod und dem englischen Broadcasting (Senden, Übertragen) zusammen (vgl. Hettler 2010, S. 51). Ein Weblog mit Audio-Dateien wird als Audio-Podcast bezeichnet. Werden überwiegend Videos publiziert, ist von einem Video-Podcast die Rede. Die Nutzung von Podcasts ist im Vergleich zu Weblogs, die Texte anbieten, gering. Bei dem Abruf von Audio- und Videodateien greifen die User jeweils nur zu 4% auf Podcasts zurück. Stärker werden Online-Radiosendungen und Videoportale genutzt (vgl. ARD/ZDF 2011h). Vereinzelt werden Podcasts auch von Theatern genutzt, wie beispielsweise der Podcast der Hamburger Theaternacht 2009 zeigt[49].

Mikroblogs stellen eine spezielle Variante von Weblogs dar, die sich dadurch auszeichnen, dass keine längeren Beiträge, sondern ausschließlich Kurznachrichten (i.d.R. mit einer maximalen Länge von 140 Zeichen) veröffentlicht werden. Der bekannteste Anbieter von Microblogs ist das 2006 gegründete Portal Twitter. Weitere Anbieter sind Yammer, Identi.ca oder Bleeper. Das Prinzip der Microblogs findet sich jedoch auch bei anderen Social Media-Anwendungen wie beispielsweise der Pinnwand bei StudiVZ oder der „Wall" bei Facebook.

---

[49] http://www.podcast.de/podcast/14213/Der_Podcast_der_Hamburger_Theaternacht_2009

Weblogs und Microblogs lassen sich anhand unterschiedlicher Kriterien unterscheiden. Wichtige Unterscheidungsmerkmale sind insbesondere die publizierten Inhalte (z.B. privates Tagebuch, fachspezifische Beiträge, Gesellschaftsmagazin), die veröffentlichten Medien (z.B. Texte, Fotos, Videos, Audiobeiträge) und die Betreiber eines Weblogs (z.B. Privatperson, Verein, öffentliche Institution, Unternehmen) (vgl. Ebersbach et al. 2011, S. 65f.). Die nachfolgende Tabelle 21 fasst die Merkmale zusammen.

Weblogs und Microblogs		
Inhalt	**Medium**	**Betreiber**
• Tagebuch • Fachbeiträge • Allgemeine Themen	• Text • Foto • Video (Video-Cast) • Audio (Podcast)	• Privatperson • Öffentlich-rechtliche Institution • Privatrechtliche Institution

Tabelle 21: Unterteilung von Weblogs und Microblogs.

Theater nutzen Weblogs und Microblogs ebenfalls im Rahmen ihrer Kommunikationspolitik. Beispielsweise unterhält das Nationaltheater Weimar einen eigenen Blog unter www.nationaltheaterblog.de und das Theater Heilbronn pflegt einen Blog unter www.blog.theater-heilbronn.de. Das Berliner Maxim Gorki Theater twittert als *@gorkitheater* und erreicht damit 1.474 Follower (Stand 03.03.2013)[50]. Das Theater nutzt den Dienst nicht nur für Ankündigungen zu Veranstaltungen (z.B. das Sommerfest zur Spielzeitpause im Juli 2012), sondern auch für die Suche nach Mitarbeitern für Produktionen. Auch für Crowdsourcing-Projekte, bei denen die allgemeine Bevölkerung als Zulieferer für ein Vorhaben addressiert wird, nutzt das Maxim Gorki Theater den Mirco-Blog: So wurde beispielsweise am 03.03.2013 ein Tweet veröffentlicht, in dem Interessierte dazu aufgerufen wurden, Texte einzusenden, die von dem Theater im Rahmen des Programms „Soundtrack to Utopia" vertont werden.

Anhand der Twitter-Nutzung des Maxim Gorki Theaters wird zudem die Verbindung verschiedener Kommunikationskanäle deutlich. Während die Einladung zum Sommerfest mit der Facebook-Seite des Theaters verknüpft ist, wurde bei der Mitarbeitersuche versucht, durch die Veröffentlichung einer E-Mail-Adresse einen individuellen Kontakt herzustellen.

Zu beachten ist, dass insbesondere die Twitter-Nutzung in Großbritannien und den USA deutlich ausgeprägter als in Deutschland ist, wie beispielsweise an den Follower-

---

[50] https://twitter.com/gorkitheater

zahlen gesehen werden kann. So verzeichnet The Chicago Theatre rund 10.000 Follower und das Royal Oper House in London erziehlt eine Reichweite von knapp 64.000 Followern (Stand März 2013).

Wie auch bei den Social Networks bedarf die Nutzung von Blogs durch Institutionen allerdings eines sensiblen Umgangs bei der Auswahl von Inhalten und Formulierungen. Zahlreiche Fälle von Weblog-Kampagnen durch gemeinnützige Institutionen und kommerzielle Unternehmen haben in der Vergangenheit immer wieder zu starker Kritik durch die User geführt (vgl. auch Scoble/Israel 2006).

5.2.3 Mediaplattformen

Mediaplattformen dienen dem Veröffentlichen und Austauschen von Media-Dateien wie Fotos, Videos oder Audiodateien. Mediaplattformen weisen Parallelen zu Social Networks und Weblogs auf, da oftmals das Anlegen eines persönlichen Profils erforderlich und eine Vernetzung zwischen den Teilnehmern (z.B. durch Abonnement eines „Kanals" bei einer Video-Plattform) möglich ist. Darüber hinaus kann das regelmäßige Veröffentlichen von Medien auf einer Plattform unter Umständen als „Bloggen" bezeichnet werden. So wird etwa die Video-Plattform YouTube von zahlreichen Usern als Grundlage für eigene Video-Weblogs genutzt. Im Gegensatz zu Social Networks werden die Medien in der Regel der allgemeinen Öffentlichkeit zur Verfügung gestellt. Unterschiede zu Weblogs ergeben sich, da oftmals Medien ohne inhaltliches Konzept verbreitet werden, d.h. es entstehen immer wieder ungeordnete Sammlungen von Fotos und Videos ohne thematische Grundlage.

Unter dem Begriff Social Bookmarking werden Online-Dienste zusammengefasst, die es dem Nutzer erlauben, Links zu speichern. Die gespeicherten Links können anschließend kategorisiert und mit Schlagwörtern versehen werden. Durch die Kategorisierung und Bezeichnung der Links können diese von anderen Nutzern gesucht und aufgerufen werden. Bekannte Social Bookmarking-Dienste sind Delicious oder Mister Wong (vgl. u.a. Stanoevska-Slabeva 2008, S. 10; Kreutzer/Hinz 2010, S. 22f.).

Für Theater ist es von Interesse, wenn die eigenen Online-Angebote (z.B. die Theater-Website oder ein Theater-Blog) von vielen Usern bei Social Bookmarking-Diensten gespeichert sind. Das Speichern von Links wird von den Usern in der Regel als Empfehlung verstanden und steigert die Wahrscheinlichkeit, dass die Seite besucht wird.

Eine Herausforderung stellt die Ordnung und Kategorisierung der veröffentlichten Inhalte dar. Dies ist notwendig, damit bestimmte Inhalte durch die Besucher von Mediaplattformen durch integrierte Suchmaschinen gefunden werden können. Die Ordnung der Inhalte erfolgt auf zwei Wegen: Einerseits werden die Inhalte durch die Personen kategorisiert, die sie veröffentlichen. Dies kann durch eine möglichst exakte Beschreibung der Inhalte (z.B. Fotos eines Theaterfoyers) erfolgen oder auch durch das Einsortieren anhand vorgegebener Kategorien (z.B. Zuordnung in die Kategorie „Kunst und Kultur"). Darüber hinaus können Schlagworte angegeben werden (sogenanntes „Tagging"), bei deren Eingabe in die Suchmaschine der eingestellte Inhalt (in diesem Fall das Foto) erscheinen soll. Zudem ist es teilweise möglich, dass auch die Nutzer von Mediaplattformen bei der Kategorisierung helfen, indem sie weitere Schlagworte hinzufügen (vgl. Ebersbach 2011, S. 121).

Mediaplattformen können anhand der veröffentlichten Medien unterteilt werden. So lassen sich Foto-, Video- Audio- und Dokumente-Plattformen unterscheiden, wie anhand folgender Tabelle unter Nennung von Beispielanbietern gezeigt wird.

Mediaplattformen			
	Audio-plattformen	**Fotoplattformen**	**Video-plattformen**	**Dokumenten-plattform**
Beispiele für Anbieter	Soundcloud.com Audiofarm.org Lopsta.com	Flickr.com Picasa.google.com Photocase.com	YouTube.com Vimeo.com Clipfish.de	Mister-wong.de Delicious.de

Tabelle 22: Kategorisierungen von Mediaplattformen.

Theater nutzen Mediaplattformen insbesondere, um visuelle Einblicke in ihr Leistungsangebot zu geben. So können Mitglieder des Ensembles, Ausschnitte von Bühnenbildern oder auch Einsichten in die Architektur eines Hauses anhand von Fotos gezeigt werden. Über Videos können sich Interessierte bereits vor dem Besuch einer Aufführung einen Eindruck von der Inszenierung verschaffen und ein Beispiel für die Leistung bestimmter Schauspieler erhalten. Beispiele für die Nutzung von Mediaplattformen zeigen das Berliner Theater an der Parkaue: Das Theater hat seit 2010 auf YouTube einen eigenen Kanal[51]. Das Theater Osnabrück wiederum hat einen Fotostream bei Flickr und veröffentlicht dort eigene Bilder.[52]

---

[51]Vgl. http://www.youtube.com/user/TheateranderParkaue (Abfrage 07.03.2012)

[52]Vgl. http://www.flickr.com/photos/theaterosna/ (Abfrage 07.03.2012)

5.2.4 Wikis

Das Wort „Wiki" leitet sich von dem hawaiianischen „wikiwiki" („schnell") ab und bezeichnet einen Zusammenschluss von Webseiten, die mit nur geringem Aufwand von jedermann erstellt und bearbeitet werden können. Unter der Beteiligung von verschiedenen Autoren entstehen durch Wikis Sammlungen von (Unter-)Seiten zu einem bestimmten Zweck bzw. zu einem bestimmten Thema, die durch Links und Schlagworte miteinander verbunden sind. Die Stärke von Wikis zeigt sich insbesondere in der Möglichkeit, gemeinsam an einem Dokument zu arbeiten und damit die Kompetenz und Ressourcen verschiedener Personen zu bündeln.

Das Prinzip der Wikis entspricht der ursprünglichen Idee Tim Berners-Lee, durch das Internet ein Netzwerk von Personen zu schaffen, die Webseiten erstellen und editieren können. Das erste Wiki entstand 1995 durch Ward Cunningham. Inzwischen ist die 2001 gegründete Online-Enzyklopädie Wikipedia das weltweit größte und bekannteste Wiki: Allein in der deutschen Version werden über eine Million Artikel angeboten. Wikipedia ist in rund 260 Sprachen verfügbar und verändert das Informationsverhalten von zahlreichen Menschen weltweit (vgl. Murugesan 2007, S. 35f.; Stanoevska-Slabeva 2008, S. 6f; Hettler 2010, S. 41f.; Ebersbach et al. 2011, S. 41f.; Wikipedia 2011).

Für die Kommunikationspolitik von Theatern lassen sich Wikis nur bedingt einsetzen. Die Einrichtung eines eigenen Wikis zu theaterspezifischen Themen ist zwar denkbar, bisher jedoch nicht erfolgt. Die meisten öffentlich-rechtlichen Theater in Deutschland sind allerdings auf Wikipedia mit einem Eintrag vertreten. Dort finden sich teilweise ausführlichere Informationen als auf den Webseiten der Theater selbst. Durch Verweise im Rahmen von anderen Kommunikationsmaßnahmen von Theatern (z.B. Link auf der Homepage) können die Wikipedia-Informationen die Kommunikationspolitik von Theatern unterstützen. Zu bedenken ist allerdings, dass die Informationen auf Wikipedia jederzeit durch Dritte – auch entgegen der eigenen Interessen des Theaters – geändert werden können.

Onlineveranstaltungskalender und Empfehlungsplattformen

Eine besondere Form der Wikis stellen Onlineveranstaltungskalender und Empfehlungsplattformen dar, die zudem für die Kommunikationspolitik von Theatern eine besondere Relevanz aufweisen, weshalb sie an dieser Stelle gesondert betrachtet werden sollen.

Onlineveranstaltungskalender sind Internetprotale, auf welchen Veranstaltungsankündigungen und -einladungen veröffentlicht werden können. Die meisten Angebote ermöglichen zwar prinzipiell jedem die Veröffentlichung von Informationen. Einen Unterschied zu den oben beschriebenen Grundsätzen der Wikis ergibt sich jedoch daraus, dass teilweise die Ankündigungen von Administratoren freigegeben werden müssen und einmal eingestellte Inhalte nicht von jeder beliebigen Person geändert werden können.

Onlineveranstaltungskalender können in der Kommunikationspolitik eingesetzt werden, indem durch sie auf Angebote der Theater verwiesen wird und beispielsweise Aufführungsdaten der Spielpläne damit auf einem weiteren Kanal publik gemacht werden. Die Kalender bieten für Theater den Vorteil, dass Zielgruppen erreicht werden, die ggf. nicht nach einem bestimmten Theaterangebot recherchieren, sondern sich grundsätzlich über Veranstaltungen an einem bestimmten Datum interessieren und sonst nicht erreicht werden.

Empfehlungsplattformen (auch „Bewertungsportale") sind onlinebasierte Portale auf welchen Kunden von Dienstleistungen (z.B. Restaurants, Reiseanbieter, Kulturveranstalter) Profile über Dienstleister anlegen und diese bewerten. Entsprechende Empfehlungsplattformen existieren auch für die Bewertung von Produkten, hierauf soll an dieser Stelle jedoch nicht weiter eingegangen werden. Empfehlungsplattformen dienen einerseits Nachfragern, sich vorab eine Meinung von anderen Kunden über eine Leistung einzuholen. Andererseits erhalten Dienstleister eine Rückmeldung über die eigene Leistung.

Entscheidend für die Nutzer von Empfehlungsplattformen sind die Profile von Dienstleistern wie beispielsweise Theater. Die Profile informieren i.d.R. über Rahmendaten wie Fotos, Öffnungszeiten, Kontaktdaten und verorten die Institution auf einem Stadtplan. Darüber hinaus werden Bewertungen in Form von Kommentaren und Ranking-Systemen (z.B. Verteilung von Punkten) abgegeben. Kritisch zu sehen ist jedoch, dass die Kommentare meist anonym abgegeben werden und somit nicht ersichtlich ist, ob lobende Kommentare ggf. von einem Theater selbst eingestellt wurden oder viele kritische Kommentare auf (nur) einen frustrierten Theaterbesucher zurückzuführen sind.

Beispiele für Empfehlungsplattformen sind die Anbieter Qype.com, Yelp.com oder Tupalo.com, wobei der 2006 gegründete Dienst Qype mit monatlich über 20 Millionen Besuchern durch seine hohen Zugriffszahlen in Deutschland besonders etabliert ist (vgl. Qype 2012). Abbildung 17 zeigt auf der folgenden Seite beispielhaft das Profil eines Theaters auf der Plattform Qype.

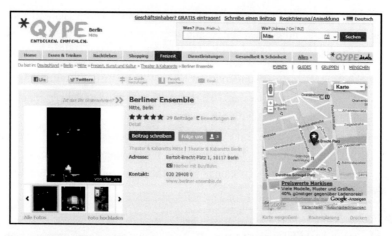

Abbildung 17: Profil des Berliner Ensemble auf der Empfehlungsplattform Qype. Quelle: www.qype.com/place/62384-Berliner-Ensemble-Berlin (Stand: 09.07.2012)

Besucher der Plattform erfahren hier, wo genau sich das Theater Berliner Ensemble be-findet, werden auf die Website des Theaters verwiesen und erhalten zudem Informa-tionen zur Barrierefreiheit, Kindereignung, Parksituation und die Möglichkeit, auf Englisch Anfragen an das Theater zu stellen. Darüber hinaus gibt es 29 Bewertungen, die insgesamt zu einem sehr guten Ergebnis (5 Sterne) kommen. Anhand der Abbildung wird deutlich, dass es im Vergleich zur bereits gezeigten Abbildung des Facebook-Profils des Deutschen Schauspielhaus Hamburg Parallelen im Angebot der hier veröffentlich-ten Informationen gibt. So bieten beide Profile den Zugang zu weiteren Fotos, Infor-mationen zu den Kontaktdaten und eine Verortung der Theater auf dem Stadtplan an. Dies führt zu einer Reduktion der Alleinstellungsmerkmale einzelner Social Media-An-wendungen. Zudem kann es die Nachfrage bestimmter Anwendungen gefährden, wenn Wettbewerber die relevanten Informationen ebenfalls anbieten.

5.2.5 Virtuelle Welten

Virtuelle Welten stellen eine dreidimensional gestaltete Plattform dar, innerhalb derer die User online agieren können. Die User entwickeln hierfür eigene Figuren, sogenannte Avatare, die sie in den virtuellen Welten repräsentieren. Als Avatare können die User die virtuellen Welten aktiv gestalten und mit anderen Avataren (anderen Usern) in Kontakt treten. Zu unterscheiden sind zwei Formen von virtuellen Welten: Zum einen virtuelle soziale Welten, deren Ziel die digitale Simulation des realen Lebens ist. In diesen virtuellen Welten können die Nutzer alltägliche Handlungen wie Spazierengehen, Museumsbesuche oder berufliche Tätigkeiten durch ihre Avatare ausführen (vgl.

Kaplan/Haenlein 2010, S. 64; O´Connell/ Groom 2010, S. 2ff.; Dannenberg et al. 2010, S. 3ff.). Das bekannteste Beispiel für virtuelle Welten ist das 2003 veröffentlichte Angebot „Second Life" (vgl. www.secondlife.com).

Eine andere Form virtueller Welten sind virtuelle Game Welten. Diese leiten sich aus dem Prinzip von Computerspielen ab. Auch in virtuellen Game Welten werden die User durch selbst gestaltete Avatare vertreten, die durch die User gesteuert werden. Im Unterschied zu Computerspielen, in denen die Spieler gegen programmierte Gegner agieren, haben die Spieler in virtuellen Game Welten die Möglichkeit mit- bzw. gegen-einander zu spielen (vgl. Dannenberg et al. 2010, S. 3ff.). Eine der erfolgreichsten virtuellen Game Welten ist World of Warcraft (vgl. www.eu.battle.net). World of Warcraft wurde 2004 veröffentlicht und zählt nach eigenen Angaben derzeit über 10 Millionen Spieler (Stand Februar 2012). Das Spiel unterteilt sich in verschiedene Spiel-stufen, in denen Aufgaben zu lösen sind, die von der Kooperation mit anderen Spielen bis hin zum Kampf gegen virtuelle Gegner reichen.

Für die Kommunikationspolitik von Theatern spielen virtuelle Welten derzeit keine nennenswerte Rolle. Grundsätzlich besteht die Möglichkeit für Theater, ein Angebot in virtuellen sozialen Welten zu schaffen und dort beispielsweise die Nutzer als Schau-spieler oder Publikum zu gewinnen. 2009 verdeutlichte der Regisseur Simeon Blaesi die Möglichkeit, Theater in einer viruellen Welt zu zeigen, indem er auf Second Life eine Szene aus Arthur Schnitzlers „Reigen" in einem „Avatar Theater" zeigte (vgl. Bühne Überlingen 2013). Zwar haben auch andere Kulturbetriebe wie die Staatliche Kunst-sammlung Dresden oder Musiker wie der Pianist Lang Lang Second Life als potenzielle Plattform genutzt, um sich darzustellen. Ein Angebot von Theaterleistungen ist jedoch die Ausnahme.

Kategorisierung der Social Media-Anwendungen

Zusammenfassend sollen nachfolgend die oben vorgestellten Social Media-Anwen-dungen unter Angabe von Beispielen unterteilt werden, wie in Tabelle 23 auf der folgenden Seite zu sehen ist.

Kategorisierung von Social Media-Anwendungen					
Social Media-Anwen-dungen	**Social Networks**	**Weblogs**	**Mediaplattformen**	**Wikis**	**Virtuelle Welten**
Ausprä-gungen	Private Netzwerke Berufliche Netzwerke	Aus-führliche Weblogs Microblogs	Audio-Plattformen Videoplattformen Fotoplattformen Dokumentenplatt-formen Linkplattformen	Enzyklopädien Bewertungs-portale Online-veranstal-tungskalender	Virtuelle Soziale Welten Virtuelle Gaming Welten
Beispiele	Facebook.com StudiVZ.de	Twitter.de	YouTube.com Flickr.com Soundcould.com	Wikipedia.de Qype.de	Secondlife.com World of Warcraft

Tabelle 23: Kategorisierung von Social Media-Anwendungen.

Die in 5.2 gezeigten Anwendungen geben eine Übersicht der zahlreichen Nutzungs-möglichkeiten und Angebote von Social Media. Für ein genaueres Verständnis dieser Anwendungen, deren Nutzung und den sich daraus ergebenen Potenzialen für die Kommunikationspolitik von Theatern, sollen im folgenden Kapitel die Kommunikations-formen in Social Media betrachtet und dadurch die in Kapitel 4 vorgestellten Formen der Kommunikation vertieft werden.

5.3 Kommunikationsformen in Social Media

5.3.1 Einstufige, mehrstufige und virale Kommunikation

Ein Theater kann als Sender eine Botschaft durch Social Media veröffentlichen, indem beispielsweise ein Blogeintrag publiziert oder ein Video auf einer Media-Sharing-Platt-form hochgeladen wird. Einerseits können Empfänger, die diese Botschaften rezipieren, direkt erreicht werden. Andererseits können die Empfänger Botschaften an Dritte weiterleiten und damit als Multiplikatoren fungieren. Im Falle einer Weiterleitung ist zu unterscheiden, ob die Botschaft mit einem Link zur Quelle (z.B. Link zu einem ver-öffentlichten Video) versendet wird oder ob ein Multiplikator ausschließlich eine eigene Version der Botschaft weitergibt.

Werden die Empfänger einer Botschaft direkt erreicht, wie beispielsweise die Follower eines Theater-Twitteraccounts oder die Facebook-Fans eines Theaters, so kann, entsprechend der in Kapitel 4.2 gezeigten Ausführungen, von einstufiger Kommunikation gesprochen werden.

Wenn hingegen die Informationen durch die Weiterleitung anderer User ihre Empfänger erreichen, liegt ein Fall von mehrstufiger Kommunikation vor. Da Empfänger einer weitergeleiteten Botschaft erneut als Multiplikatoren agieren können, wird das Potenzial einer exponentiellen Verbreitung der Botschaft ersichtlich. Diese Form der starken Informationsdiffusion wird auch als viraler Effekt bei der Verbreitung von Nachrichten und Botschaften bezeichnet (vgl. Bruhn 2010, S. 475; Hausmann 2012a). Abbildung 18 zeigt ein mehrstufiges virales Kommunikationsmodell am Beispiel von zwei Vermittlungsstufen, die beliebig weitergedacht werden können. Zu beachten ist, dass durch den Einsatz digitaler Medien teilweise nur eine geringe Codierung der Botschaft stattfindet, da die Botschaft durch einen Link zur ursprünglichen Quelle weitergeleitet werden kann. Eine Codierung findet oftmals statt, indem der vermittelte Link durch einen eigenen Kommentar in einen bestimmten (ggf. neuen) Kontext gesetzt wird.

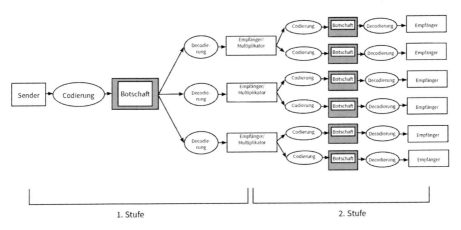

Abbildung 18: Mehrstufiges virales Kommunikationsmodell (in Anlehnung an Kotler/ Bliemel 2006, S. 884 sowie S. 906).

Die Möglichkeit eines mehrstufigen Kommunikationsprozesses wurde oben bereits beschrieben. Der Unterschied zu einem mehrstufigen Kommunikationsprozess im Kontext von Social Media ist, dass Empfänger und Sender oft die gleichen Akteure sind. Dieser Unterschied soll an einem Beispiel verdeutlicht werden: Bei einem klassischen mehrstufigen Prozess könnte das Theater als Sender eine Pressemitteilung an eine Presseagentur schicken (z.B. dpa). Die Agentur sendet die ggf. veränderte Nachricht über einen Verteiler an Journalisten und Zeitungen. Diese veröffentlichen schließlich die Nachricht in ihren Medien und machen sie der eigentlichen Zielgruppe zugänglich, wie nachfolgender Prozess zeigt:

Theater (C) → (D) Presseagentur (C) → (D) Zeitungen (C) → (D) Empfänger/Zielgruppen[53]

Die Multiplikatoren sind zwar auch Teil der Zielgruppe, werden aber primär aufgrund ihrer Funktion als Vermittlungsinstanzen einer Botschaft informiert. Anders verhält es sich beim Social Media-Kommunikationsprozess. Hier erreicht die Nachricht Empfänger, die aus eigener Motivation zum Sender werden und die Nachricht erneut an das eigene Netzwerk von Freunden und Bekannten weiterleiten. Damit wird die traditionelle Sender-Empfänger-Struktur aufgehoben (vgl. Kilian et al. 2008, S. 9f.).

Ein Ziel der Theaterkommunikation unter Einsatz von Social Media ist es, möglichst viele Empfänger als Multiplikatoren für eine Information zu motivieren. Die Verbreitung einer Information über soziale Beziehungen ist unter dem Begriff „Mundwerbung" oder auch „Mund-zu-Mund-Propaganda" als Phänomen innerhalb der Marketingkommunikation bekannt (vgl. Günter/Hausmann 2012, S. 85f.; Kloss 2007, S. 76). Während die Möglichkeit einer beförderten Motivation der Empfänger zur Weiterempfehlung bei der klassischen „Mundwerbung" stark eingeschränkt war, wird dies durch die technischen Kommunikationsbedingungen von Social Media-Angeboten vereinfacht. Der strategische Einsatz der Informationsverbreitung durch den Einsatz von Onlinemedien wird aufgrund der potenziellen viralen Effekte auch als „Viral Marketing" bezeichnet (vgl. Grunder 2003, Helm 2000a). In Kapitel 4 wurde bereits erwähnt, dass es sich bei dem Begriff „Virales Marketing" nicht um ein Kommunikationsinstrument handelt. Stattdessen soll hierunter das gezielte Nutzen der Bereitschaft von Personen verstanden werden, über persönliche Erfahrungen zu berichten und Empfehlungen auszusprechen. Diese Bereitschaft wird durch den Einsatz verschiedener Kommunikationsmaßnahmen stimuliert.

Viral Marketing-Aktivitäten lassen sich nach dem Ausmaß der Integration der Multiplikatoren in gering- oder starkintegrative Maßnahmen unterteilen (vgl. Helm 2000b; Bauer/Haber/Albrecht/Laband 2008, S. 270). Bei geringintegrativen Maßnahmen verhält sich der Multiplikator passiv. Dies ist beispielsweise bei automatisch generierten Botschaften in E-Mail-Abbindern der Fall (z.B. erscheint beim Versenden von E-Mails über das iPhone am Ende der Nachricht die Information „von meinem iPhone gesendet" und verweist damit auf die Produktnutzung des Smartphones durch den Sender). Bei starkintegrativen Maßnahmen werden die Empfänger einer Information aktiv und leiten diese gezielt an bestimmte Personen weiter. Im Rahmen der Kommunikation innerhalb von Social Media kann grundsätzlich von einem aktiven Verhalten der User bei der Weiterleitung von Informationen ausgegangen werden. Es lassen sich jedoch verschiedene Ausprägungen der Aktivität unterscheiden: Zahlreiche Socia Media-

---

[53] (C) = Codierung, (D) = Decodierung

Anwendungen bieten ihren Nutzern die Möglichkeit, Informationen durch das Aktivieren von Vermittlungsfunktionen gegenüber eigenen Netzwerken weiterzuleiten. Beispielsweise kann mittels der Share-Funktion bei Facebook eine empfangene Meldung (z.B. von einem Theater) auf der eigenen Wall veröffentlicht und damit gegenüber dem eigenen Facebook-Freundeskreis weitergeleitet werden. Die gleiche Funktion bietet das Social Network Google+. Auch der Microblog Twitter ermöglicht durch die „Retweet"-Funktion das Weiterleiten von Tweets an alle Personen, die dem eigenen Account folgen. Diese Vermittlungsfunktionen bestehen zudem zwischen den verschiedenen Social Media-Anwendungen. So können beispielsweise Twitter-Nachrichten auch auf Facebook veröffentlicht werden. Auch das Profil eines Theaters auf der Empfehlungsplattform Qype kann mit geringem Aufwand auf der privaten Facebook-Wall eines Users erwähnt und damit gegenüber anderen Personen bekannt gemacht werden. Im Falle von Facebook und Google+ können die User zudem die Zielgruppen manuell einschränken, gegenüber denen eine Nachricht weitergeleitet werden soll.

Einen stärkeren Grad der Integration weisen dem gegenüber Aktivitäten auf, bei denen die User Nachrichten im Rahmen der Weiterleitung kommentieren oder die Information neu aufbereiten. Denkbar ist die Weiterleitung der Ankündigung einer bestimmten Inszenierung, verbunden mit einer persönlichen Empfehlung als zusätzlichen Kommentar. Eine neue Aufbereitung von Informationen findet insbesondere dann oftmals statt, wenn ein längerer Text (z.B. auf einem Blog veröffentlicht) über ein Microblog weitergeleitet werden soll. Hierbei wird die Nachricht in der Regel auf einen Kernsatz reduziert und zusammen mit einem selbstgenerierten Kurzlink[54], der zur ursprünglichen Quelle verweist, weitergeleitet.

Anhand dieser Ausführungen lassen sich drei starkintegrative Formen der Weiterleitung von Botschaften durch die User unterscheiden:

1. User leiten Nachrichten durch Vermittlungsfunktionen (Share-Funktionen) ohne weitere Einschränkungen weiter.
2. User leiten Nachrichten durch Vermittlungsfunktionen gegenüber manuell bestimmten Zielgruppen weiter.
3. User leiten Nachrichten durch deren Modifikation und Übermittlung mithilfe ausgewählter Kanäle (z.B. Microblog) weiter.

Für eine erfolgreiche aktive Integration der User in das Viral Marketing ist es für Theater von großer Bedeutung, Inhalte anzubieten, die attraktiv für eine Weiterleitung sind. Dies kann bei besonders neuen Nachrichten der Fall sein, aber auch bei humorvollen

---

[54] Kurzlinks sind verkürzte und damit für Microblogs optimierte Links, die mithilfe von Anbietern, wie bit.ly, goo.gl oder tiny.cc generiert werden können.

oder schockierenden Inhalten sowie bei Botschaften, durch die der Multiplikator sich einen Zugewinn an Reputation verspricht. Beispielsweise veröffentlichte die Bayerische Staatsoper am 1. April 2012 als humorvollen Aprilscherz die Einführung eines „Zwischenbuh-Verbots". Die Meldung erzielte auf Facebook 85 Kommentare und wurde 77 Mal weitergeleitet. Für großes Aufsehen sorgte am 5. Juni 2012 eine Meldung des Deutschen Schauspielhaus Hamburg, das auf Facebook bekannt gab, dass seiner „Lieblingsbuchhandlung" aufgrund einer drastischen Mieterhöhung die Schließung bevorsteht. Die Meldung wurde 58 Mal kommentiert und 206 Mal von den Facebook-Usern weitergeleitet. Neben der Motivation, Inhalte weiterzuleiten, stellt sich die Frage, wie Theaterbesucher dazu motiviert werden können, eigene Empfehlungen durch Social Media-Kanäle zu publizieren.

Hausmann definiert für virale Empfehlungen im Theaterbereich verschiedene Voraussetzungen, die sie in nachfragerbezogene und anbieterbezogene Determinanten unterteilt (vgl. Hausmann 2012a, S. 26ff.). Nach Hausmann sind für Nachfrager drei Determinanten von Bedeutung, die dazu führen, dass Empfehlungen abgegeben werden. Diese sind (1) Zufriedenheit mit dem Theater bzw. mit dessen Leistungen; (2) die Bereitschaft des Besuchers, sich kognitiv und emotional mit dem Theater auseinander zu setzen (sogenanntes „Involvement") sowie (3) der wahrgenommene Nutzen, der durch eine Empfehlung entsteht (vgl. ebd., S. 26f.). Für das Theater als Anbieter von Informationen ergeben sich folgende Determinanten, die das Weiterempfehlungsverhalten beeinflussen:

(1) die Bereitstellung von Inhalten wie beispielsweise Fotos, Videos oder exklusive Informationen; (2) die Stimulierung von Interaktion, beispielsweise indem Fragen gestellt werden und (3) die Nutzung von technischen Möglichkeiten, die Weiterempfehlungen vereinfachen wie z.B. die Share-Funktion auf Facebook oder die Retweet-Funktion auf Twitter (vgl. Hausmann 2012a, S. 28f.).

Die virale Verbreitung von Kommunikationsbotschaften durch Social Media-User ist für Theater von Vorteil: Die Verbreitung verursacht keine Kosten und die vermittelten Botschaften weisen bei den Empfängern eine höhere Glaubwürdigkeit auf, da die Sender der Nachricht Teil des sozialen Bekanntenkreises sind (vgl. Kroeber-Riel et al. 2009, S. 543). Die Weitergabe durch soziale Gruppen reduziert die Streuverluste, da die Nachrichten bevorzugt gegenüber potenziell Interessierten weitergegeben werden. Durch die hohe Glaubwürdigkeit des Senders steigt die Wahrscheinlichkeit der Informationsverarbeitung durch den Empfänger (vgl. auch Kaas 1973, S. 54ff.; Rogers 2003, S. 18f.; Bauer/Martin/ Albrecht 2008, S. 60). Es kann davon ausgegangen werden, dass die vielzitierte Informationsüberlastung grundsätzlich die Empfänglichkeit für (selektierte) Informationen durch Freunde und Bekannte fördert.

Virale Kommunikationseffekte sind jedoch auch kritisch zu betrachten. Grundsätzlich ist festzuhalten, dass zwar die Verbreitung einer Botschaft kostenlos ist. Der Einsatz des viralen Marketing erfordert dennoch Ressourcen, beispielsweise bei der Kreation einer Botschaft oder der Pflege eines Social Media-Accounts. Die virale Verbreitung einer Botschaft erfolgt nach der Initiierung durch das Theater selbstständig. Damit verliert das Theater als Sender die Möglichkeit, den Kommunikationsprozess und den Inhalt der vermittelten Botschaft zu kontrollieren. Vor diesem Hintergrund ist zu betonen, dass eine Kampagne auch negativ durch die Zielgruppen interpretiert werden kann und die epidemische Verbreitung von Informationen und (subjektiven) Meinungen auch das Weiterleiten von Kritik implizieren kann. So entfachte die Gestaltung eines Plakates vom Schlosspark Theater Berlin im Januar 2012 eine Debatte über Rassismus auf deren Facebook-Fanpage, über die anschließend auch traditionelle Medien wie DIE ZEIT oder die Süddeutsche Zeitung berichteten (vgl. u.a. Schlosspark Theater Berlin 2012; ZEIT online 2012).

5.3.2 Modell der Social Media-Kommunikation

Nach der Betrachtung der einstufigen, mehrstufigen und insbesondere der viralen Kommunikation bei Social Media-Anwendungen aus Perspektive der Theater, soll die Betrachtung der Kommunikationsformen in diesem Kapitel durch eine Untersuchung der Kommunikation innerhalb der Social Media-Anwendungen ergänzt werden.

Social Media-Kommunikation wird häufig im Zusammenhang mit der Entwicklung einer komplexer werdenden Kommunikation beschrieben: Formen der interpersonellen Kommunikation wurden durch die Entwicklung von Massenmedien wie das Fernsehen oder das Radio ergänzt. Mit den Social Media-Angeboten entsteht eine neue Erweiterung der Verbindungen zwischen sendenden und empfangenden Personen, die als Netzwerkkommunikation bezeichnet werden kann (vgl. Hettler 2010, S. 16f.; ähnlich auch Clement/ Schreiber 2010, S. 177ff. sowie Blanchard 2012, S. 31ff.).

Während bei der interpersonellen Kommunikation (auch 1:1 oder one-to-one Kommunikation) zwei Akteure direkt miteinander in Verbindung stehen, ist bei der Massenkommunikation ein Sender mit vielen Empfängern verbunden (daher auch 1:n oder one-to-many-Kommunikation). Dem schließt sich die Netzwerkkommunikation (auch unter dem Begriff Gruppenkommunikation, vgl. Misoch 2006, S. 43) an, bei der mehrere Akteure miteinander in Verbindung stehen. Die Netzwerkkommunikation wird daher auch als n:n-Kommunikation oder many-to-many-Kommunikation bezeichnet (vgl. Misoch 2006, S. 21f.; Hettler 2010, S. 18ff.). Insgesamt entwickelt sich die Komplexität der Kommunikationsmodelle von 1:1 bis n:n-Kommunikation aufgrund der Zunahme möglicher Verbindungen zwischen den Sendern und Empfängern, was Social Media im Vergleich zu 1:1-Medien oder traditionellen Massenmedien zu sehr komplexen Medien macht, wie im weiteren Verlauf verdeutlicht wird. Die nachfolgende Tabelle 24 zeigt diese drei besprochenen Kommunikationsmodelle.

Kommunikationsmodelle		
Interpersonelle Kommunikation	**Massenkommunikation**	**Netzwerkkommunikation**
1:1	1:n	n:n
one-to-one	one-to-many	many-to-many
Beispiel: Telefon, Brief	Beispiel: Radio, Fernsehen	Beispiel: Social Media

Tabelle 24: Kommunikationsmodelle.

Da bei Social Media-Anwendungen viele Akteure miteinander in Dialog stehen (gelegentlich wird auch von einem „Polylog" gesprochen), wird Social Media der Netzwerkkommunikation zugeordnet. Dieser Zuordnung soll im Rahmen der Arbeit gefolgt werden, insbesondere wenn die Kommunikation innerhalb einer Social Media-Anwendung betrachtet wird. Allerdings weist diese Umschreibung eine Unschärfe auf, die deutlich wird, wenn alle Social Media-Anwendungen in die Überlegung miteinbezogen werden: In der Praxis zeigt sich, dass einzelne User in der Regel in mehreren Social Media-Anwendungen (z.B. Social Networks, Media-Sharing-Plattformen, Blogs) aktiv sind. Zudem sind die einzelnen Anwendungen durch sogenannte „Mashups" miteinander verbunden. Beispielsweise kann ein User ein Foto bei einer Media-Sharing-Plattform hochladen und anschließend das Foto mit dem eigenen Blog verknüpfen und dadurch dort ebenfalls veröffentlichen. Die Nutzung verschiedener Social Media-Anwendungen führt daher einerseits zu einer möglichen Vernetzung der eigenen Inhalte. Andererseits führt dies dazu, dass User Akteure in verschiedenen Netzwerken sind. Beispielsweise kann ein User ein Profil bei dem beruflich orientierten Social Network XING haben und ein weiteres Profil in dem privaten Social Network Facebook, mit jeweils unterschiedlichen Verbindungen zu anderen Usern des entsprechenden Netzwerks. Dies zeigt, dass User selbst ein Media-Netzwerk verwalten können (abhängig von der Anzahl der genutzten Social Media-Dienste) und durch ihr Netzwerk an anderen Netzwerken partizipieren.

Mit Blick auf die Beschreibung der Netzwerkkommunikation ist daher zu ergänzen, dass nicht nur Akteure in Netzwerken miteinander kommunizieren, sondern Akteure unter Umständen eigene Netzwerke steuern, die miteinander in Verbindung stehen.

Anhand der oben gezeigten Charakteristika und basierend auf den erläuterten Kommunikationsformen, lässt sich Social Media von anderen Massenmedien abgrenzen. Zu diesem Zweck werden im folgenden Kapitel zunächst Massenmedien definiert und anschließend mit den benannten Charakteristika von Social Media verglichen.

5.3.3 Abgrenzung zu traditionellen Massenmedien

Luhmann definiert als Massenmedien „alle Einrichtungen der Gesellschaft [...], die sich zur Verbreitung von Kommunikation technischer Mittel der Vervielfältigung bedienen" (Luhmann 2010, S. 19). Als Beispiele nennt Luhmann Zeitung, Funk und Film (ebd.; vgl. auch Misoch 2006, S. 21). Das Lexikon der Kommunikations- und Medienwissenschaften definiert Massenmedien als „Medien der öffentlichen Kommunikation" (Beck 2006a, S. 165). Präziser definiert Misoch Massenmedien als jene Medien, „die Informationen an eine heterogene, nicht genau zu bestimmende Gruppe von Menschen zu übermitteln vermögen, wobei der Zugang zu den übermittelten Informationen öffentlich ist" (Misoch 2006, S. 21). Massenmedien ermöglichen durch technische Hilfsmittel Massenkommunikation, wodurch eine große Anzahl von Rezipienten einer Botschaft erreicht wird (vgl. Beck 2006b, S. 161).[55] Massenmedien zeichnen sich also dadurch aus, dass sie technische Möglichkeiten der Vervielfältigung nutzen und einen großen Kreis von Empfängern ansprechen[56]. Dieser Definition folgend, ist Social Media als Massenmedium einzuordnen.

Jedoch unterscheiden sich Social Media von den traditionellen Massenmedien. Unter traditionellen Massenmedien sollen im Folgenden Rundfunk, Fernsehen sowie Tageszeitungen und Magazine verstanden werden. Unterschiede ergeben sich bezüglich der

---

[55] Für eine kritische Diskussion zum Begriff der Massenkommunikation vgl. Merten 1999, S. 109ff. sowie S. 132ff.

[56] Der Begriff „Masse" ist relativ zu sehen, wenn man bedenkt, dass beispielsweise die Metropolitan Opera, New York durch ihr Facebook-Profil mit über 150.000 Fans (Stand: Februar 2012) mehr Personen erreicht als einige regionale Tageszeitungen wie z.B. die Kreiszeitung Böblingen: Gesamtauflage 81.695 (Mediadaten 2012) oder die Märkische Oderzeitung: verbreitete Auflage 85.983 (Mediadaten 2012).

(1) Kommunikationsmodelle, der (2) Art der Kommunikation, sowie der (3) Zugänglichkeit, wie nachfolgend dargestellt:

(1) Kommunikationsmodelle

Grundsätzlich liegt den klassischen Massenmedien ein monologisches Kommunikationsmodell zugrunde. D.h. die Übermittlung von Informationen verläuft nur vom Sender zu den Empfängern. Eine Rückkopplung erfolgt nicht. Anders verhält es sich bei Social Media: Die Interaktion und der Dialog zwischen den Akteuren sind wesentliches Merkmal von Social Media-Anwendungen: Viele Sender erreichen viele Empfänger.

(2) Art der Kommunikation

Während die 1:n-Kommunikation der traditionellen Massenmedien unpersönlich erfolgt, kann diese bei Social Media durch mögliche Feedbackkanäle auch persönlich gestaltet sein. Eine weitere Unterscheidung ergibt sich, wenn man Theater als Informationsproduzenten betrachtet: Nutzen Theater klassische Massenmedien für ihre Kommunikationspolitik (z.B. durch das Schalten einer Anzeige), stellt dies ein Prozess der indirekten Kommunikation dar. Nutzt ein Theater hingegen Social Media, kommuniziert es direkt mit den Empfängern, da bei klassischen Massenmedien ein Multiplikator (z.B. eine Zeitung) zwischengeschaltet ist. Bei einem Einsatz von Social Media stehen die Empfänger direkt mit dem Theater in Kontakt (z.B. als Follower oder Fans).

(3) Zugänglichkeit

Wie oben gezeigt, werden klassische Massenmedien auch als öffentliche Medien definiert, da ihre Zugänglichkeit nicht beschränkt ist (vgl. Beck 2006b, S. 161). Jeder Rezipient, der über die nötigen Endgeräte (Radio, Fernseher) verfügt, kann die Medien (ggf. gegen Gebühr) abrufen. Social Media ist in vielen Fällen ebenfalls öffentlich zugänglich. Jedoch existieren zahlreiche Angebote, die nur für eine bestimmte Nutzerschaft zugänglich gemacht werden, beispielsweise durch Gruppenbildungen in sozialen Netzwerken oder Foren, die erst nach Einladung oder bestätigter Anmeldung eingesehen werden können. Zu erwähnen ist, dass diese Einschränkungen bei den Theatern die Ausnahme darstellen, da die meisten Theater ein Interesse daran haben, möglichst viele Personen durch Social Media zu erreichen. Entsprechende Ausnahmen stellen beispielsweise das Staatstheater Cottbus und das Gorki Theater Berlin[57] dar, die beide auf Facebook eine Gruppe unterhalten, für die man erst durch das Theater als „Freund" angenommen werden muss.

Nach dieser Abgrenzung und Darstellung möglicher Kommunikationsformen soll im folgenden Kapitel die Struktur der Nutzer von Online- und Social Media-Angeboten und deren Nutzungsverhalten im Fokus stehen. Bevor in Kapitel 6.3 das Nutzungsverhalten der Theaterbesucher untersucht wird, soll zunächst eine allgemeine Betrachtung der Social Media-Nutzer und deren Verhalten erfolgen, um zu verdeutlichen, welche potenziellen Zielgruppen die Theater über Social Media erreichen können. Darüber hinaus sollen die Informationen helfen, die in Kapitel 6.3 gezeigten Erkenntnisse zum Verhalten der Theaterbesucher besser einzuordnen und interpretieren zu können.

5.4 Nutzer und Nutzung von Social Media – eine Übersicht empirischer Daten

5.4.1 Nutzerstrukturen

Kein Massenmedium hat sich jemals so schnell verbreitet wie das Internet. Dies kann am Beispiel der USA illustriert werden: Während das Radio 38 Jahre und das Fernsehen noch 13 Jahre benötigten, um eine Reichweite von 50 Millionen Nutzern zu entwickeln, nutzten weltweit bereits nach 5 Jahren 50 Millionen Menschen das Internet (vgl. Zerdick et al. 2001, S. 152). Inzwischen stellt das Internet ein globales Netzwerk mit über zwei Milliarden Nutzern (vgl. IWS 2011) dar.

Die Entwicklung der Onlinenutzung in Deutschland lässt sich anhand der ARD/ZDF-Onlinestudien[58] veranschaulichen, durch die seit 1997 jährlich die Onlinenutzung Erwachsener ab 14 Jahren in Deutschland untersucht wird. Die befragte Stichprobengröße schwankt in den einzelnen Jahren deutlich zwischen n=1.800 Befragten im Jahr 2011 und n=15.431 Befragten im ersten Jahr der Befragung 1997. Trotz dieser unterschiedlichen Stichprobengrößen ermöglichen die erhobenen Daten einen repräsentativen Rückschluss auf die deutschlandweite Onlinenutzung. Unter der allgemeinen Bezeichnung „Onlinenutzung" werden sämtliche Onlineaktivitäten wie E-Mail-Schreiben, die Nutzung von Suchmaschinen, Homebanking, Social Media-Aktivitäten oder auch das ziellose Surfen im Internet verstanden (vgl. ARD/ZDF 2011i).

---

[57] Das Gorki Theater Berlin unterhält eine Fanpage, die sofort abonniert werden kann, sowie ein weiteres Profil, für das die Bestätigung durch das Theater erforderlich ist.

[58] Die ARD/ZDF-Onlinestudien Studien werden jährlich in Form von national repräsentativen Stichproben in Kooperation mit dem Medien- und Marketingforschungsinstitut Enigma-GfK durchgeführt und im Internet veröffentlicht (vgl. www.ard-zdf-onlinestudie.de).

Entsprechend der weltweiten Verbreitung des Internet hat auch die Onlinenutzung in Deutschland in den letzten 15 Jahren stark zugenommen: Während 1997 nur 4,7 Millionen Personen online waren, waren es 2011 bereits 51,7 Millionen. Damit sind heute 73,3 Prozent der Deutschen ab 14 Jahren online. Die folgende Abbildung 19 zeigt die prozentuale Entwicklung der Onlinenutzung.

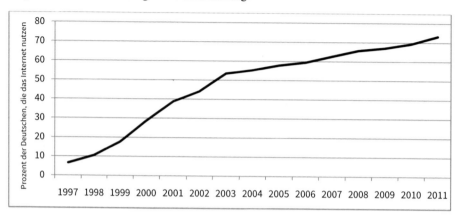

Abbildung 19: Entwicklung der Onlinenutzung zwischen 1997 und 2011. Eigene Darstellung basierend auf Daten der ARD/ZDF-Onlinestudien 1997 - 2011(n=zwischen 1.800 und 15.431), (vgl. ARD/ZDF 2011b).

Bisher ist die Onlinenutzung mit zunehmendem Alter noch schwächer ausgeprägt, wie, basierend auf der Erhebung der ARD/ZDF Onlinestudie 2011, in Abbildung 20 zu sehen ist. Die stärkste Verbreitung kann bei den 14-19-Jährigen festgestellt werden: Im Jahr 2011 nutzten bereits 100% der 14-19-Jährigen das Internet. Aufgrund der hohen Verbreitung des Internet bei jüngeren Zielgruppen wird dieses auch als „Lead Medium" für eine neue junge Generation (vgl. Cooke/Buckley 2008, S. 273) der „Digital Natives"[59] bezeichnet. Auch in der Altersgruppe der 20-29-Jährigen zeigt sich mit 98,2% eine stark verbreitete Verwendung des Internet. Etwas geringer fällt die sie bei den 30-39 Jährigen und bei den 40-49-Jährigen aus, wobei die Nutzung auch in dieser Altersgruppe bei über 90 Prozent liegt. Die Onlinenutzung bei den 50-59-Jährigen ist mit 69,1% deutlich geringer als in den jüngeren Altersgruppen, liegt aber immer noch mit über zwei Drittel bei der Mehrheit dieser Gruppe. Die geringste Verwendung von Onlinemedien weisen die über 60-Jährigen auf: Nur 34,5 Prozent dieser Gruppe sind gelegentlich online. Abbildung 20 zeigt einen deutlichen Rückgang der Internetnutzung bei den Altersgruppen ab 50 Jahren. Dies sind Personen, die bei der Einführung des Internet über 30 Jahre alt waren. Es kann davon ausgegangen werden, dass diese Per-

---

[59] Unter Digital Natives werden Personen verstanden, die mit der Existenz des Internet herangewachsen sind. Personen, die die Erfindung und Entwicklung des Internet erlebt haben, also etwa 1989 bereits ein Bewusstsein zur Mediennutzung hatten, werden auch als „Digital Immigrants" bezeichnet.

sonen zum Zeitpunkt der Verbreitung des Internet bereits ein festes Kommunikations- und Mediennutzungsverhalten entwickelt haben und daher die Nutzung des neuen Mediums Internet schwächer ausgeprägt ist als bei den jüngeren Altersgruppen.

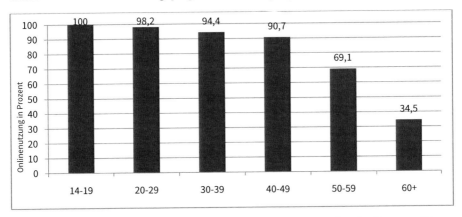

Abbildung 20: Onlinenutzer in Deutschland unterteilt nach Alter in Prozent. Eigene Darstellung, basierend auf Daten der ARD/ZDF-Onlinestudie 2011; n=1800 (vgl. ARD/ZDF 2011b).

Zu beachten ist bei den Angaben zur prozentualen Onlinenutzung, dass die 14-19-Jährigen, gemessen an den realen Personenzahlen, die kleinste Gruppe darstellt. Daher soll nachfolgend die Internetverbreitung in Deutschland anhand der Nutzerzahlen beschrieben werden (siehe Tabelle 25).

Altersgruppe	14-19 J.	20-29 J.	30-39 J.	40-49 J.	50-59 J.	60 J. +
Nutzer in Mio	5,3	9,6	9,7	12,3	7,7	7,0

Tabelle 25: Onlinenutzer in Deutschland unterteilt nach Alter in realen Zahlen. Eigene Darstellung, basierend auf Daten der ARD/ZDF-Onlinestudie 2011; n=1800 (vgl. ARD/ZDF 2011b).

Diese Ergänzung ist interessant, da sie verdeutlicht, dass das Internet von mehr Personen der über 60-Jährigen genutzt wird als von Personen in der Gruppe der 14-19-Jährigen. Die Verbreitung ist bei den 14-19-Jährigen größer (100%) als bei der Gruppe der über 60-Jährigen (34,5%), die Anzahl der möglichen Kontakte ist hingegen bei der älteren Altersgruppe höher. Diese Erkenntnis ist auch für Theater von Relevanz, da sie verdeutlicht, dass auch ältere Zielgruppen online erreicht werden können. Verstärkt wird diese Relevanz, wenn man der Vermutung folgt, dass die Internetnutzung bei höher gebildeten Altersgruppen stärker ausgeprägt ist und diese Zielgruppe wiederum einen großen Anteil der älteren Theaterbesucher vereint. Darüber hinaus zeigen die Zahlen das Potenzial möglicher Nutzer von Social Media-Angeboten innerhalb der einzelnen Altersgruppen.

Zu beobachten ist, dass männliche User stärker online vertreten sind (2011: 78,3%) als die weiblichen User (2011: 68,5%) und eine höhere Aktivität bei der Nutzung verschiedener Anwendungen aufzeigen (vgl. van Eimeren/Frees 2011). Allerdings muss berücksichtigt werden, dass dieses Verhältnis abhängig von bestimmten Anwendungen variiert, wie nachfolgend beispielsweise anhand der Nutzungsdaten von Online Communitys zu sehen ist.

Nutzungsstruktur Social Media

Im Zusammenhang dieser Arbeit ist besonders das Segment der Social Media- Nutzer von Interesse, weshalb nach der allgemeinen Betrachtung die Zusammensetzung dieser Nutzergruppe aufgezeigt werden soll. So zeigt die ARD/ZDF-Onlinestudie, dass 36 Prozent der User Online Communitys nutzen. Zwar ist das Besuchen der Communitys bei den 14-29-Jährigen deutlich stärker verbreitet als in den anderen Altersgruppen, doch nutzen bereits auch 10 Prozent der über 70-Jährigen mindestens einmal wöchentlich diese Anwendungen, wie in Tabelle 26 gezeigt wird[60]. Eine ähnliche Verteilung der Nutzungsintensität ist bei Gesprächsforen, Newsgroups, Chats oder der Einbindung von RSS- bzw. Newsfeeds festzustellen. Interessant ist aber, dass diese Anwendungen – teils stärker, teils schwächer – von allen Altersklassen genutzt werden. Die nachfolgende Tabelle gibt einen prozentualen Überblick zur Nutzung dieser Anwendungen, unterteilt nach Alter und Geschlecht.

Nutzung in % / Anwendung	Gesamt	Frauen	Männer	14-29 J.	30-49 J.	50-69 J.	ab 70 J.
Online Communitys	36	37	35	71	28	14	10
Gesprächsforen, Newsgroups, Chats	21	20	22	44	15	6	3
RSS-Feeds/ Newsfeeds	7	5	10	11	7	4	2

Tabelle 26: Genutzte Onlineanwendungen 2011 in Prozent (mindestens einmal wöchentlich genutzt). Eigene Darstellung, basierend auf Daten der ARD/ZDF-Onlinestudie 2011; n = 1319 (vgl. ARD/ZDF 2011d).

Nach der in diesem Kapitel vorgestellten Struktur der Online-Nutzer soll im folgenden Kapitel 5.4.2 das Verhalten der Online-Nutzer betrachtet werden.

---

[60] Zu beachten ist, dass die Verteilung der Altersgruppen bei dieser Tabelle von der oben gezeigten aufgrund einer anderen Aufteilung durch die Herausgeber der ARD/ZDF Onlinestudie abweicht.

5.4.2 Nutzungsverhalten

In den letzten 15 Jahren hat nicht nur die Nutzung von Online-Angeboten in der Bevölkerung zugenommen. Auch bei einem Vergleich der durchschnittlichen Verweildauer der Onliner ist im Zeitraum von 1997 bis 2011 eine kontinuierliche Verlängerung der Nutzung zu beobachten: Während 1997 die User im Durchschnitt 76 Minuten online verbrachten, waren es 2011 bereits 137 Minuten (vgl. ARD/ZDF 2011e).

Die Anwendungen, von denen am häufigsten Gebrauch gemacht wird, sind das Versenden und Empfangen von E-Mails, die Recherche durch Suchmaschinen und das Aufsuchen von bestimmten Angeboten im Internet (ARD/ZDF 2011d). Für die Social Media-Angebote kann keine pauschale Nutzungsintensität konstatiert werden. Die Nutzungsfrequenz unterscheidet sich stark innerhalb der einzelnen Anwendungen wie anhand der folgenden Tabelle verdeutlicht wird.

Frequenz in % / Angebot	täglich	wöchentlich	monatlich	selten	nie
Social Networks	23	12	4	2	58
Videoportale (z.B. YouTube)	9	22	15	11	42
Wikipedia	6	23	25	16	30
berufliche Netzwerke u. Communitys	1	2	2	2	94
Fotosammlungen, Communitys	0	2	5	10	82
Weblogs	1	1	2	4	92
Twitter	1	0	0	2	97

Tabelle 27: Nutzungsfrequenz von Social Media-Anwendungen nach Angebotsformen 2011. Angaben in Prozent. Eigene Darstellung basierend auf Daten der ARD/ZDF Onlinestudie 2011; n=1319 (vgl. ARD/ZDF 2011f).

Die Daten zur Verwendung von Social Media zeigen, dass private Social Networks am beliebtesten sind: Sie werden von 42 Prozent der User genutzt. Das populärste Social Network ist in Deutschland der Dienst Facebook und hat hier laut Schätzungen rund 23,7 Millionen Nutzer (Stand Juli 2012, vgl. AllFacebook 2012). Wie bereits angesprochen, sind die Nutzerzahlen aufgrund der Möglichkeit von Mehrfachprofilen durch die Verwendung von Pseudonymen relativ zu sehen. In diesem Zusammenhang sorgte

Anfang Juli 2012 der Test einer Facebook-Funktion für ein kritisches Medien-Echo: Facebook bat Nutzer, Mitglieder zu melden, die unter Pseudonymen Profile in dem Social Network angelegt haben (vgl. u.a. NZZ 2012). Trotz der Unklarheit zur genauen Anzahl der realen Personen, die das Netzwerk nutzen, kann davon ausgegangen werden, dass es sich um das meistgenutzte Social Network in Deutschland handelt. Deutlich weniger Mitglieder haben im Gegensatz zu den privaten Social Networks die beruflichen Netzwerke wie z.B. XING. Diese werden nur von 8 Prozent der Online-Nutzer besucht.

Videoportale wie YouTube, MyVideo oder Vimeo werden von 50 Prozent der Onliner mindestens selten genutzt. Betrachtet werden auf den Videoportalen Musikvideos (70 %), selbstgedrehte Videos (46 %) sowie kurze Film- oder Fernsehtrailer (33 %), aber auch ganze Fernsehsendungen oder Filme (26 %). Hierbei folgen 45 Prozent der Nutzer von Video-Portalen Empfehlungen von Freunden und Bekannten (vgl. Busemann/ Gscheidle 2011, S. 363f.).

Das Online-Lexikon Wikipedia wird von 70 Prozent der User verwendet und stellt damit die meistgenutzte Social Media-Anwendung dar. Zu beachten ist allerdings, dass die meisten User (97 %) Wikipedia nur passiv als Informationsquelle nutzen und sich nicht aktiv durch das Einstellen oder Kommentieren von Beiträgen beteiligen (vgl. Busemann/Gscheidle 2011, S. 363). Der deutliche Großteil der Besucher von Wikipedia liest demzufolge nur die dort verbreiteten Inhalte und nutzt das Angebot nicht wie eine Social Media-Anwendung (d.h. beispielsweise ohne das Einstellen von eigenen Inhalten sowie ohne kommunikative oder vernetzende Aktivitäten).

Die Daten in Tabelle 27 zeigen weiter, dass nur sehr wenige Personen von Fotosammlungen, Weblogs und dem Mikroblogdienst Twitter Gebrauch machen. Ein möglicher Grund hierfür kann darin gesehen werden, dass Social Networks wie beispielsweise Facebook zunehmend Funktionen vereinen (z.B. Erstellung eines eigenen Fotoalbums), die über Fotosammlungen und Weblogs bzw. Mikroblogs separat angeboten werden. Besonders interessant ist die geringe Nutzung der Weblogs und des Microblog-Dienstes Twitter, da der Einsatz dieser Anwendungen für kommunikative Zwecke oftmals in der Literatur vorgeschlagen wird (vgl. u.a. Weinberg 2010, S. 97ff.; Janner 2011, S. 38ff.). Kritischer betrachten Ebersbach et al. diese Anwendungen. Sie sehen in Twitter ein Medium, das überwiegend zum Austausch von Nachrichten unter Privatpersonen genutzt wird. Sie kritisieren, dass viele Twitter-Nachrichten „unmotiviert, unsinnig oder einfach nicht informativ" seien (vgl. Ebersbach et al. 2011, S.91). Vor diesem Hintergrund wird im weiteren Verlauf der Arbeit von Interesse sein, in welchem Umfang die Theater Twitter verwenden und wie dieser Dienst auf Empfängerseite von den Theaterbesuchern nachgefragt wird (vgl. Kapitel 6).

Nutzercharaktere

In Tabelle 12 wurde die Häufigkeit der Nutzung einzelner Social Media-Anwendungen gezeigt. Daraus kann jedoch noch kein Rückschluss zur Art der Nutzung einzelner Anwendungen gezogen werden. Beispielsweise gibt die Nutzungsfrequenz keine Information darüber, ob die Anwendungen nur passiv besucht werden, um Informationen zu erhalten oder ob auch aktiv Informationen und Inhalte erstellt und veröffentlicht werden. Die Art der Nutzung variiert stark in Abhängigkeit der einzelnen Anwendungen und werden von den Social Media-Diensten auch in unterschiedlicher Weise unterstützt: Für Videoportale und die Enzyklopädie Wikipedia ist – im Vergleich zu Social Networks – ein passives Nutzungsverhalten charakteristisch. D.h. die Mehrheit der User von Videoportalen und Wikipedia rezipiert die Inhalte, ohne eigene Inhalte online zu stellen. Dementsprechend sind die Beiträge auf Wikipedia ohne Anmeldung einzusehen. Das Gleiche gilt für die meisten Beiträge auf den Videoportalen. Dieses Nutzerverhalten wird dadurch erleichtert, indem auf den Startseiten von Wikipedia, Vimeo und YouTube direkt nach Inhalten gesucht werden kann. Die Startseiten der Social Networks Facebook, XING oder Wer-kennt-wen bieten hingegen keine Möglichkeit, nach Personen oder Inhalten zu suchen und fordern stattdessen zur Anmeldung oder zum Log-In auf. Es kann demnach festgestellt werden, dass der Umgang mit Social Media stark variiert: Werden Videoportale und Wikipedia überwiegend passiv genutzt, zählen innerhalb der Social Networks direkte Kommunikationsmaßnahmen wie Chatten und das Versenden von Nachrichten sowie die Information über Aktivitäten im Freundeskreis zu den meist genutzten Möglichkeiten (vgl. ARD/ZDF 2011g). Wie anhand der Charakteristika von Social Media-Anwendungen gezeigt wurde, zeichnen diese sich zwar durch die Möglichkeit des aktiven Veröffentlichens von User Generated Content aus. Allerdings interessieren sich nur 12 Prozent aller Onliner sehr dafür, sich aktiv einzubringen (Busemann/Gscheidle 2011, S. 360). Damit ist für die Mehrheit der Online-Nutzer die Erstellung und Verbreitung von Inhalten weniger interessant. Die Kenntnis über dieses Nutzungsverhalten ist für Theater relevant, die Social Media-Aktivitäten planen. So setzen Theater beim Einsatz von Social Media immer wieder auf die Aktivitäten der Mitglieder und rufen dazu auf, bestimmte Inhalte zu veröffentlichen. Beispielsweise rief das Theater Heilbronn im Juli 2012 gegenüber rund 1.000 Facebook Fans auf dem theatereigenen Blog sowie auf Twitter (über 700 Fans) zu einem Gewinnspiel auf, bei dem kreative Ideen zur Überbrückung der Wartezeit im Falle eines Stromausfalls gesucht wurden. An dem Gewinnspiel beteiligten sich nur neun Personen.

Aus den verschiedenen Arten der Nutzung von Social Media folgt, dass innerhalb der User verschiedene Nutzercharaktere unterschieden werden können. Li und Bernoff haben diese – abhängig vom Grad der Aktivität in Social Media-Anwendungen – in sechs Gruppen unterteilt. An der Spitze stehen die aktiven und Inhalte generierenden „Creators". Weitere Gruppen sind „Critics", „Collectors", „Joiners", „Spectators" und abschließend „Inactives" (vgl. Li/Bernoff 2011, S. 43ff.). Tabelle 28 zeigt eine Übersetzung dieser Nutzergruppen und gibt eine Beschreibung ihrer wesentlichen Charakteristika.

Theater haben die Möglichkeit zu untersuchen, welche Nutzergruppen zu den Nachfragern ihrer Angebote zählen. Dies kann einerseits über Befragungen aber auch durch das Auswerten von Kennzahlen erfolgen: Beispielsweise kann anhand der Anzahl von Kommentaren (und sogenannten „Likes") durch Facebook-Fans auf der Theater-Facebook-Wall im Vergleich zur Gesamtzahl der Fans abgeschätzt werden, wie groß der Anteil der Gruppe „Kommentierender" ist. Diese Information ist wiederum hilfreich für die Planung der Social Media-Aktivitäten und bei der Auswahl zu veröffentlichender Inhalte.

Nutzergruppe	Charakteristika
Kreierende	Veröffentlichen eigene Inhalte auf Blogs (Texte, Fotos, Videos), Social Media Plattformen oder Webseiten
Kommentierende	Reagieren auf Inhalte der Kreierenden durch Kommentare und Bewertungen
Sammler	Rezipieren systematisch Inhalte und Informationen, die online angeboten werden (z.B. durch Nutzung von RSS-Feeds) und tragen durch die Kenzeichnung von Inhalten (z.B. durch Verschlagwortung) zu einer besseren Organisation von Inhalten bei
Teilnehmende	Pflegen eigene Profile in sozialen Netzwerken und beteiligen sich dort an kommunikativen Prozessen
Zuschauende	Verhalten sich passiv und rezipieren Inhalte
Inaktive	Sind zwar online registriert, nutzen aber keine Social Media-Angebote

Tabelle 28: Social Media Nutzertypologie. Eigene Darstellung und Übersetzung nach Li/Bernoff 2011, S.43ff.

Nach der Darstellung der einzelnen Social Media-Anwendungen, der Nutzerstruktur sowie des Nutzerverhaltens sollen in einem nächsten Schritt konkrete Möglichkeiten aufgezeigt werden, wie Social Media für das Übermitteln von Botschaften und das Einholen von relevanten Informationen genutzt werden können.

5.5 Möglichkeiten des Einsatzes von Social Media für Signaling und Screening

(1) Signaling-Möglichkeiten

Aus den oben gezeigten Social Media-Angebotsformen lassen sich wie nachfolgend gezeigt vielseitige Möglichkeiten ableiten, wie Theater und deren Besucher Informationen auszutauschen können. Für die aktive Vermittlung von Informationen, dem Signaling, ergeben sich für Theater grundsätzlich folgende Möglichkeiten:

- die Einrichtung eines Profils in einem Social Network mit regelmäßigen Aktualisierungen und Meldungen,
- das Versenden von Kurznachrichten über Micro-Blogs,
- die Veröffentlichung von Beiträgen auf einem eigenen Weblog,
- die Pflege der Selbstdarstellung in Wikipedia,
- die Nennung von Vorstellungsterminen in Online-Veranstaltungskalendern und
- die Pflege eigener Profile auf Media-Sharing-Plattformen und Veröffentlichung von Bildern, Videos und Audiobeiträgen.

Damit Social Media zur Reduktion der in Kapitel 3 beschriebenen Informationsasymmetrien beitragen kann und der Vertrauensproblematik gegenüber der Theaterleistung entgegen wirkt, müssen auch die übermittelten Informationen und die Rolle der Theaterbesucher berücksichtigt werden. Informationen, die über Social Media kommuniziert werden, lassen sich in drei Arten unterteilen:

1. Informationen über Sucheigenschaften der Theaterleistung (z.B. Ankünfigung einer Theateraufführung mit Nennung der Vorstellungszeiten und der Kartenpreise),
2. Informationen, die als Erfahrungssubstitute wirken (z.B. Foto- und Videoaufnahmen einer Inszenierung) sowie
3. vertrauensfördernde Informationen (z.B. Darstellung über erhaltene Auszeichnungen sowie Kommentare und Bewertungen anderer User).

Das Potenzial von Social Media für das Signaling wird erst dann ausreichend genutzt, wenn alle drei Arten von Informationen im Rahmen der Social Media-Kommunikation eines Theaters eingesetzt werden. Insbesondere bei den vertrauensfördernden Informationen wird die Rolle der Theaterbesucher als Social Media-User deutlich, da die Theater auf deren positive Resonanz und das Weiterleiten von Informationen gegenüber Dritten angewiesen sind.

Die gezeigten Signaling-Möglichkeiten dienen den Theaterbesuchern wiederum als Quelle für ihr Screening-Verhalten. Grundsätzlich stehen den Theaterbesuchern die gleichen Signaling-Möglichkeiten zur Verfügung. In der Praxis beschränkten sich die

Signaling-Aktivitäten der Theaterbesucher jedoch überwiegend auf Reaktionen (z.B. Bewertungen, Kommentare) auf die übermittelten Botschaften der Theater.

(2) Screening-Möglichkeiten

Neben den gezeigten Signaling-Möglichkeiten bieten sich zudem neue Ansätze für Theater, um Informationen einzuholen. Für das Screening können die folgenden Möglichkeiten eingesetzt werden:

- die Auswertung von Kommentaren und Rankings zu eigenen Beiträgen und bei Bewertungsplattformen,
- die Auswertung von Online-Besucherstatistiken hinsichtlich der eigenen Angebote (z.B. durch die Statistik-Funktion „Facebook Insights" für Facebook-Nutzer),
- das Einrichten eigener Bewertungssysteme: (z.B. durch das Einfügen von Abstimmungsprogrammen auf dem Theaterblog) und
- die Befragung auf Social Media (z.B. indem Theater auf Facebook Fragen an ihre Fans richten).

Besonders die letzte Möglichkeit der Befragung auf Social Media ist für die vorliegende Arbeit von Interesse, da über diesen Weg die empirische Umfrage realisiert wurde, die in Kapitel 6.3 vorgestellt wird: Mehrere Theater veröffentlichten über ihre Social Media-Kanäle eine Onlineumfrage und riefen ihre Fans zum Teilnahme auf. Diese Form der Befragung lässt sich auch unkompliziert für Erhebungen zwischen einem Theater und dessen Publikum einsetzen.

Zusammenfassend lassen sich die Signaling- und Screening-Möglichkeiten der Theater wie folgt darstellen.

Signaling-Möglichkeiten	Screening-Möglichkeiten
• Social-Network Profil • Weblog und Micro-Blog • Wikipedia-Eintrag • Online-Veranstaltungskalender • Profil auf Media Sharing Plattformen	• Evaluation von Kommentaren und Rückmeldungen auf eigene Inhalte • Einrichten eigener Bewertungssysteme • Auswertung von Social Media-Statistiken • Befragung über Social Media

Tabelle 29: Möglichkeiten des Signaling und Screening durch Theater.

Das Kapitel 5.5 hat gezeigt, dass es für Theater zahlreiche Möglichkeiten des Signaling und Screening durch den Einsatz von Social Media-Anwendungen gibt. Abschließend zu der Auseinandersetzung mit Social Medial sollen im Folgenden Unterkapitel auch kritische Aspekte reflektiert werden, die mit dem Einsatz von Social Media, insbesondere mit den gezeigten Signaling- und Screening-Maßnahmen, zusammenhängen.

5.6 Kritische Bewertung des Einsatzes von Social Media

Eine kritische Bewertung des Einsatzes von Social Media kann unter zwei Perspektiven erfolgen: Zum einen müssen grundsätzliche Aspekte bedacht werden, die eine Entscheidungsfindung für oder gegen Social Media unterstützen. Zum anderen sind spezifische Themen zu berücksichtigen, die speziell jene Theater betreffen, die Social Media beim Signaling und Screening in ihre Kommunikationspolitik integrieren möchten.

- *Grundsätzliche Kritik*

Grundsätzlich ist kritisch festzuhalten, dass durch die verschiedenen Social Media-Dienste die vielzitierte Informationsüberflutung (z.B. Kroeber-Riel et al. 2009, S. 657; Hausmann 2012a, S. 19) rasant zunimmt. Millionen von Social Media-Usern schaffen eine neue Unübersichtlichkeit von Medien und Informationen, die täglich Milliarden von Botschaften produzieren. Verbunden mit dem Doppelcharakter des Rezipienten als Produzenten ist eine neue Amateurkultur entstanden, die dazu führt, dass zahlreiche Informationen von inhaltlich oder technisch geringer Qualität verbreitet werden. Die Vielzahl der Informationen und deren qualitative Heterogenität erfordern die Entwicklung von Filtersystemen, um relevante von irrelevanten Informationen zu unterscheiden. Ein Filtersystem, das sich aus dem Charakter von Social Media ableitet, ergibt sich daraus, dass überwiegend Informationen von Freunden, Bekannten bzw. bekannten Institutionen nachgefragt werden (z.B. durch Vernetzung auf Facebook, das Folgen auf Twitter oder das Abonnieren von Kanälen auf YouTube). Dies hat den Vorteil, dass die Nutzer ihre Informationsquellen auswählen und überwiegend Informationen anhand ihrer Interessen erhalten. Es hat jedoch den Nachteil, dass hierdurch ein selbstreferenzielles Informationssystem entsteht, welches die Nutzer tendenziell von „allgemeinen" Informationen abschirmt.

Darüber hinaus ist kritisch zu bemerken, dass die meisten Anbieter von Social Media-Diensten private Institutionen sind, die durch ihre Angebote ökonomische Vorteile erzielen möchten. Besonders deutlich wurde dies erneut durch den Börsengang von Facebook im Juni 2012. Verbunden mit den ökonomischen Zielen der Betreiber von Social

Media-Diensten ist die teilweise nicht transparente Verwertung der Mitgliederdaten. Unklar ist beispielsweise welche Daten erhoben und gespeichert werden. Auch wenn persönliche Daten wie Fotos durch die Nutzer gelöscht werden, bedeutet das nicht zwingend, dass diese Daten auch von den Betreibern der Social Media-Dienste gelöscht werden. Darüber hinaus ist nicht immer ersichtlich, welche Nutzerdaten an Dritte (z.B. Werbepartner der Social Media-Dienste) weitergegeben werden. Die eigenwillige Erhebung, Speicherung und Weiterleitung persönlicher Daten kann zu einem bedenklichen Eindringen in die Privatsphäre der User führen. Die Tendenz, möglichst viele Informationen über die Nutzer zu generieren, um diese ökonomisch zu verwerten, wird seit einiger Zeit unter der Metapher „gläserner Kunde" diskutiert (vgl. u.a. Wagner/Srnka 2003; Kotteder 2011) und stellt Datenschützer aufgrund der oftmals unklaren Rechtslage vor Herausforderungen. Da der Umfang und die Qualität der Nutzerinformationen jedoch den Wert der einzelnen Anwendungen gegenüber Werbepartnern ausmachen, werden anstelle von Aufklärung zum Umgang mit persönlichen Daten weiter Funktionen entwickelt, die zu einer effizienteren Beschaffung von Nutzerdaten beitragen. So erkennt beispielsweise eine Facebook-Funktion automatisch Gesichter auf Fotos und bittet die Nutzer, abgebildete Personen zu benennen. Durch die zunehmende Verbreitung mobiler internetfähiger Endgeräte wie Smartphones und Tablet-PCs werden zunehmend von Social Media-Diensten durch Ortungsprogramme auch Standortdaten abgefragt. Diese Funktionen können den Vorteil haben, dass Nutzer erkennen, welche Freunde und Bekannten sich in der Nähe aufhalten. Für kritische Medienberichterstattung sorgte jedoch die Nachricht, dass durch den Konzern Apple Bewegungsprofile der Nutzer an den Konzern übermittelt wurden (vgl. u.a. Spiegel Online 2011). An Einzelfällen wie diesen wird zwar immer wieder Kritik an Social Media-Anbietern geübt. Eine systematische Aufklärung der Nutzer zum verantwortungsbewussten Umgang des Gebrauchs von Social Media-Anwendungen insbesondere in Bezug auf die Frage, welche Informationen die Nutzer von sich preisgeben, wird jedoch nicht praktiziert. Ein möglicher Grund hierfür kann in der Tatsache gesehen werden, dass die meisten Medien inzwischen selbst das Potenzial der Social Media-Dienste als Kommunikationsmedien erkannt haben und Schnittstellen zu Anwendungen wie Facebook, Twitter oder Empfehlungsplattformen anbieten, um ihre Angebote zu verbreiten.

- *Kritische Betrachtung des Signaling und Screening durch Social Media*

Für Theater im Speziellen stellt sich grundsätzlich die Frage nach den konkreten Effekten durch den Einsatz von Social Media. Eine messbare Korrelation zwischen Social Media-Einsatz und Kartenverkauf ist derzeit nur in Ausnahmen möglich.

Ein gravierender Nachteil ist der große zeitliche Aufwand, der mit dem Einsatz von Social Media verbunden ist. In der Literatur wird oftmals betont, dass die Verwendung der Social Media-Dienste in den meisten Fällen kostenlos ist. Daraus kann jedoch nicht gefolgert werden, dass der Einsatz von Social Media insgesamt besonders günstig ist. Die Kommunikationskultur innerhalb der einzelnen Social Media-Anwendungen erfordert eine ständige Präsenz, um einerseits durch das Aussenden immer neuer Informationen wahrgenommen zu werden und andererseits schnell auf Kommentare und Kritik reagieren zu können (vgl. Hausmann 2012a). Der Vorteil der Echtzeit-Kommunikation führt dazu, dass sich die Kommunikationsprozesse beschleunigen. Um diesen Anforderungen gerecht zu werden, benötigen Theater personelle Ressourcen, die eigenverantwortlich ein „Theater Social Media-Netzwerk" bedienen können. Aufgrund der verkürzten Reaktionszeiten können Meldungen und Kommentare nicht immer mit anderen Instanzen abgesprochen werden. Dies führt zu einer hohen Verantwortung des Social Media-Ressorts und zeigt, dass diese Aufgabe nicht von temporären Aushilfen oder Praktikanten übernommen werden kann. Die Einrichtung einer Stelle für Social Media ist wiederum mit erheblichen Kosten verbunden, die von manchen Theatern nicht zusätzlich getragen werden können.

Weiter ist zu berücksichtigen, dass durch Social Media bisher nicht alle Zielgruppensegmente der Theater erreicht werden, da nicht alle Besucher und potenziellen Besucher Social Media nutzen. Daraus folgt für Theater die Notwendigkeit, individuell zu prüfen, welche Anteile aus welchen Zielgruppensegmenten durch die einzelnen Social Media-Anwendungen erreicht werden. Nur so kann eingeschätzt werden, ob der Einsatz von Social Media ein relevantes Kommunikationsinstrument ist (abgesehen von der Möglichkeit der Erschließung neuer Zielgruppen). Kommunikations-Ressourcen (Personal und Budget) zugunsten von Social Media aus anderen Bereichen (z.B. Außenwerbung) zu verschieben, um dem Trend der Social Media-Aktivitäten gerecht zu werden, wäre eine Fehlentscheidung, wenn dadurch wichtige Zielgruppensegmente nicht mehr erreicht würden.

Innerhalb der letzten zwei Jahre ließ sich ein starker Zuwachs der Social Media-Aktivitäten deutscher Theater beobachten, der in Kapitel 6 anhand empirischer Daten verdeutlicht wird. Zu vermuten ist, dass zahlreiche Aktivitäten aufgrund des allgemeinen Trends zur Social Media-Nutzung und der Neugierde hinsichtlich der neuen kommunikativen Möglichkeiten erfolgten. Für einen verantwortungsvollen Einsatz der Marketingressourcen der Theater ist jedoch ein strategischer Einsatz von Social Media notwendig, der auf Erkenntnissen der Marketing-Analyse basiert. Diese Erkenntnisse sind im Rahmen der Screening-Möglichkeiten nach der erfolgten Testphase nun einzuholen, um die Entscheidung zum Einsatz von Social Media bewerten zu können.

Neben der Prüfung, ob mit Social Media die eigenen Zielgruppen erreicht werden, ist zudem die Vereinbarkeit der Anwendungen mit der Markenstrategie eines Theaters zu beachten. Das Image und die Assoziationen, die mit Social Media verbunden sind (z.B. innovativ, technisch, kommunikativ, verbindend) können – abhängig von der Zielsetzung des Theaters – ein bestimmtes Image befördern, aber der Zielsetzung einer Markenstrategie auch zuwider laufen. Die einzelnen Anwendungen der Social Media-Angebote stehen für eine immer ähnliche Kommunikationskultur, die sich beispielsweise durch knappe Sätze und Aussagen und einen tendenziell informellen Tenor ausdrückt. Dies kann im Gegensatz zur Corporate Communication-Strategie eines Theaters stehen, das sich als traditionelle Marke etablieren möchte.

Nicht zu vergessen ist die Gefahr, der sich Theater durch die Nutzung von Social Media-Kanälen aussetzen, da sie – wie bereits angesprochen – einerseits die Kontrolle über ihre Botschaften durch die Möglichkeit deren Modifikation und viralen Verbreitung verlieren. Zudem ist damit zu rechnen, dass auch kritische Kommentare der Theaterbesucher für andere User öffentlich sichtbar auf den Social Media-Profilen der Theater publiziert werden und dadurch dem Image eines Theaters schaden können.

Abschließend sollen juristische Probleme angesprochen werden, die den operativen Einsatz von Social Media für Theater erschweren. Nach wie vor herrschen auf diversen Ebenen Rechtsunsicherheiten, was auf verschiedene Gründe zurückzuführen ist: Einerseits entwickeln sich Social Media-Angebote so schnell, dass die Gesetzgebung nur mit Verzögerung darauf reagieren kann. Andererseits befinden sich aus Sicht der deutschen Theater zahlreiche Anbieter von Social Media-Diensten im Ausland (überwiegend in den USA), sodass die allgemeinen Geschäftsbedingungen der Anbieter einen rechtlichen Rahmen vorgeben, der wiederum teilweise auf ausländischem Recht basiert.

Ein „Social Media Recht" gibt es nicht, weshalb sich die Social Media-Verantwortlichen an bestehenden Gesetzen (vor allem das Telemedienrecht, das Datenschutzrecht, das Wettbewerbsrecht, das Urheberrecht, das Domainrecht, das Presserecht und das allgemeine Zivilrecht) orientieren müssen (vgl. Diercks 2012). Kritisch zu sehen ist beispielsweise, dass einige Social Media-Dienstleister (z.B. Facebook und Twitter) umfängliche Nutzungsrechte für sämtliche Inhalte beanspruchen, die von den Usern erstellt werden. Die Abtretung dieser Rechte, z.B. für ein Foto oder einen Videobeitrag kann jedoch nicht im Interesse der Theater sein.

Diese Ausführungen zeigen, dass Social Media-Angebote und der Einsatz dieser Angebote durch Theater auch mit kritischen Aspekten verbunden ist, die zu berücksichtigen sind. Verdeutlich werden sollte anhand der kritischen Anmerkungen die besondere Verantwortung, die Theater bei der Nutzung von Social Media-Angeboten haben. Diese Verantwortung wird beispielsweise relevant, wenn Theater ihre Fans und

Besucher dazu aufrufen, persönliche Informationen über Social Media-Kanäle zu kommunizieren. Auch müssen Theater kritisch reflektieren, wie sie die Nutzerdaten verwenden, die ihnen im Rahmen von Screening-Maßnahmen zur Verfügung stehen.

Trotz dieser negativen Eigenschaften soll festgehalten werden, dass Social Media-Anwendungen für Theater und Theaterinteressierte umfangreiche Potenziale für die Gestaltung ihres Kommunikations- und Informationsverhaltens bieten. Darüber hinaus ist zu bedenken, dass die Social Media-Präsenz von Institutionen wie Theatern zunehmend stärker die Ergebnisse der Suchmaschinen-Rankings beeinflusst (vgl. Bernecker/Beilharz 2012, S. 43). Somit könnte die Social Media-Nutzung für Theater bereits eine Notwendigkeit darstellen, um eine bessere Platzierung bei Suchanfragen zu erzielen.

Ergänzend zu den Darstellungen der Kommunikationspolitik in Kapitel 4 soll abschließend aus Sicht der Theater Social Media in den Instrumenten-Mix der Theaterkommunikation integriert werden.

5.7 Erweitertes Kommunikations-Mix-Modell für Theater

Nach den Ausführungen in Kapitel 4 und Kapitel 5 lässt sich festhalten, dass der Kommunikations-Mix für Theater um das Instrument Social Media erweitert werden kann. Der Kommunikations-Mix umfasst sämtliche Instrumente, die einem Theater zur Gestaltung der Kommunikationspolitik zur Verfügung stehen. Während in Kapitel 4 bisher bekannte Kommunikationsinstrumente vorgestellt wurden, zeigte Kapitel 5, dass Social Media-Anwendungen zusätzliche Möglichkeiten des Signaling für Theater bieten. Das Kommunikationsinstrument Social Media unterteilt sich in die oben beschriebenen fünf Teilbereiche Online Communitys und Social Networks, Weblogs, Microblogs und Podcasts, Mediaplattformen, Wikis und virtuelle Welten.

Unter Berücksichtigung der oben genannten Kommunikationsinstrumente und der Anerkennung von Social Media als neues Instrument der Theaterkommunikation, ergibt sich ein erweitertes Kommunikations-Mix-Modell für Theater mit elf Instrumenten: [1] Werbung (z.B. Printwerbung, Online-Werbung, Plakatwerbung), [2] Persönliche Kommunikation (z.B. Theaterkasse), [3] Eventmarketing (z.B. Theaternächte, Tag der offenen Tür), [4] Direktmarketing (z.B. persönliche Einladungen, Newsletter), [5] Onlinekommunikation (z.B. Homepage, Suchmaschinenoptimierung), [6] Guerilla Kommunikation (z.B. Ambush-Marketing, Ambient Media), [7] Öffentlichkeitsarbeit/Public Relations (z.B. Presse- und Medienarbeit), [8] Mobile Marketing (z.B. Theater-App), [9] Messen (z.B. Messestand, Messekatalog), [10] Verkaufsförderung (z.B. Gutschein,

Rabattkarten) und [11] Social Media (z.B. Profile in Social Networks, Weblogs). Dieses erweiterte Modell wird in Abbildung 21 grafisch zusammengefasst.

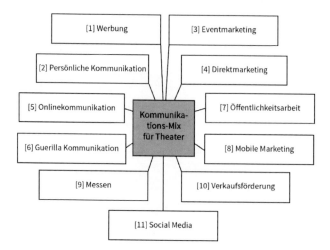

Abbildung 21: Erweitertes Kommunikations-Mix-Modell für Theater.

Nach der theoretischen Darstellung der Kommunikationspolitik und Social Media werden im folgenden Kapitel 6 drei Studien vorgestellt, die Erkenntnisse über den Einsatz von Social Media durch Theater liefern.

6 Empirische Untersuchung

In diesem Kapitel der Arbeit soll eine empirische Untersuchung des Einsatzes von Social Media in der Kommunikationspolitik von Theatern erfolgen. Das Ziel der nachfolgend vorgestellten Studien ist es, Erkenntnisse über die tatsächliche Nutzung von Social Media-Anwendungen durch Theater und Theaterbesucher zu erhalten. Hierdurch werden die theoretischen Aussagen der vorangegangenen Kapitel anhand des realen Mediennutzungsverhaltens überprüft.

Die im Folgenden dargestellte empirische Untersuchung setzt sich aus verschiedenen Erhebungen zusammen, deren Studiensystematik und -methode vorweg erläutert werden soll. Die Wahl einer Forschungsmethode ist grundsätzlich abhängig von der Zielsetzung des Forschungsprozesses. Weitere Faktoren, die auf die Wahl der Forschungsmethode Einfluss nehmen, sind technische sowie ökonomische Aspekte, da eine wissenschaftliche Untersuchung in der Regel mit begrenzten Ressourcen durchgeführt werden muss. Im Rahmen der vorliegenden Arbeit wurden mehrere Untersuchungen durchgeführt. Darunter zwei Vollerhebungen bei allen öffentlich-rechtlichen Theatern in Deutschland sowie eine Stichproben-Befragung bei Theaterbesuchern, die Social Media nutzen. Nachfolgend werden die Methoden dieser Erhebungen vorgestellt und daran anschließend die Ergebnisse präsentiert und diskutiert.

6.1 Vollerhebungen der öffentlich-rechtlichen Theater

6.1.1 Methodische Grundlagen der Vollerhebungen

In einer ersten Studie wurden im Januar 2011 sämtliche öffentlich-rechtliche Theater bezüglich ihrer Nutzung von Social Media untersucht. Diese Vollerhebung prüfte die jeweils meistgenutzten Social Media-Anwendungen aus den Kategorien Social Networks, Sharing-Plattformen und Micro-Blogs. Hierzu zählen das Social Network Facebook, die Video-Sharing-Plattform YouTube sowie der Microblog-Dienst Twitter (vgl. Busemann/Gscheidle 2011, S. 365; Frees/van Eimeren 2011). Für die Vollerhebung wurden sämtliche Theater einbezogen, die in der (zum Zeitpunkt der Erhebung aktuellen) Theaterstatistik des Deutschen Bühnenvereins (Theaterstatistik der Spielzeit 2008/2009, vgl. DBV 2010) aufgelistet waren. Hierdurch ergab sich eine Grundgesamtheit von 144 Theatern. Es muss davon ausgegangen werden, dass die Anzahl der öffentlich-rechtlichen Theater zum Zeitpunkt der Studie (Spielzeit 2011/2012) von der Anzahl der in der Theaterstatistik von 2008/2009 erfassten Theater abweicht. Da die Anzahl der Spielstätten jedoch nicht zwingend mit der Anzahl der Theater zusammenhängt (beispielsweise werden teilweise Theaterbetriebe formal zusammengelegt, wodurch sich die Anzahl der Theater verringert, die Anzahl der Spielstätten bleibt jedoch erhalten) und da die genannten Theaterbetriebe online aufgefunden wurden (Website und/oder Social Media-Präsenz), konnten die 144 genannten Betriebe als Grundgesamtheit genutzt werden.

Im Rahmen der Vollerhebung wurde zunächst festgestellt, welche Theater welche der drei Medien nutzen. Darüber hinaus wurden anhand von Kennzahlen die Aktivität der Theater und die Nachfrage durch User eruiert. Ermittelt wurden die folgenden Kennzahlen:

- Anzahl der Fans auf Facebook
- Anzahl der Abonnenten eines Theater-YouTube-Accounts
- Abrufe der auf YouTube veröffentlichten Videos
- Anzahl der Abonnenten eines Theater-Twitter-Accounts (Follower)
- Anzahl der User, deren Nachrichten ein Theater bei Twitter abonniert hat (Following User)
- Anzahl der bei Twitter veröffentlichten Kurznachrichten (Tweets)

Die Erhebung wurde mit dem gleichen Studiendesign im September 2011 erneut durchgeführt, um die Veränderungen der Nutzung dieser drei Social Media- Angebote aufzeigen zu können. Die aktuellen Ergebnisse von September 2011 wurden mit den Zahlen vom Januar 2011 verglichen und zeigen die Entwicklung der Nutzung und Nachfrage von Facebook, YouTube und Twitter durch die öffentlich-rechtlichen Theater in Deutschland. Nachfolgend werden die Ergebnisse der Erhebung vorgestellt und diskutiert.

6.1.2 Ergebnisse der Vollerhebungen

Im weiteren Verlauf werden zunächst die Ergebnisse der einzelnen Studien vom Januar 2011 und September 2011 vorgestellt. Anschließend werden die Ergebnisse verglichen und die Entwicklung der Nutzung von Facebook, YouTube und Twitter aufgezeigt sowie besprochen.[61]

Erhebung 1: Stand Januar 2011

Facebook

Im Januar 2011 waren 107 von insgesamt 144 öffentlichen Theatern in Deutschland auf Facebook mit einem eigenen Profil vertreten. Nicht berücksichtigt wurden bei der

---

[61] Teilergebnisse der beiden Studien wurden im Juni 2012 durch das Viadrina Kulturmanagement Barometer (ViKuBa) der Professur für Kulturmanagement, Europa-Universität Viadrina, Frankfurt (Oder) online veröffentlicht (vgl. Pöllmann 2012).

Untersuchung inaktive, automatisch generierte Profile. Damit nutzten zu Beginn des Jahres 2011 rund 74% der Theater das Social Network, wie die Abbildung 22 zeigt.

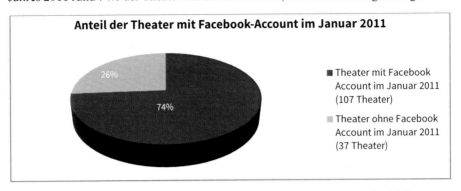

Abbildung 22: Anteil der Theater mit Facebook-Account im Januar 2011 (n=144).

Die auf Facebook vertretenen Theater verzeichneten durchschnittlich 792 Fans. Zu betonen ist, dass es sich hier um einen Mittelwert handelt und sich in der Praxis deutliche Unterschiede beim Umgang und Erfolg der Facebook-Nutzung zeigen: Während vereinzelt Theater weniger als zehn Fans zählten, konnten andere Theater mehrere Tausend Fans durch Facebook erreichen.

YouTube

Mit 59 aktiven Kanälen nutzten im Januar 2011 rund 41% der öffentlichen Theater die Video-Sharing-Plattform YouTube (vgl. Abbildung 23 auf der nächsten Seite).[62] Durchschnittlich verzeichnete ein Kanal etwa 35 Abonnenten. Da nur Nutzer mit einem eigenen Account den Kanal eines Theaters abonnieren können, zeigt die geringe Anzahl von Abonnenten, dass die Vernetzung innerhalb der Plattform noch wenig ausgeprägt ist. Interessant ist daher die Anzahl der Aufrufe veröffentlichter Videos insgesamt: Durchschnittlich konnte jedes Theater über 28.400 Aufrufe seiner Beiträge verzeichnen. Dies lässt darauf schließen, dass die Videos angesehen werden, unabhängig davon, ob ein Kanal abonniert wird oder nicht. Bei den Upload-Aufrufen muss berücksichtigt werden, dass es hier ebenfalls große Unterschiede zwischen den einzelnen Theatern gibt: Einige Theater erreichten bis zum Januar 2011 unter 100 Abrufe. Andere Theater konnten hingegen über 100.000 User für ihre Inhalte interessieren: Beispielsweise zählte das Deutsche Schauspielhaus Hamburg zum Zeitpunkt der Studie 155.769 Abrufe, das Theater Bremen 163.200 und die Münchner Kammerspiele 327.170 Abrufe.

---

[62] Zu beachten ist, dass nicht alle verbleibenden Theater auf den Einsatz von Video-Sharing-Plattformen verzichten. Vereinzelt wurden bei der Recherche Theater gefunden, die anstelle der Plattform YouTube ihre Videos über den Sharing-Dienst Vimeo verbreiten.

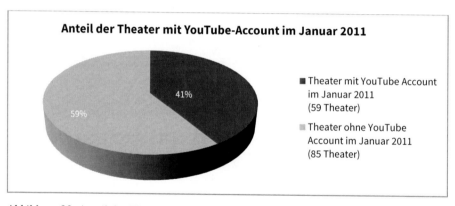

Abbildung 23: Anteil der Theater mit YouTube-Account im Januar 2011 (n=144).

Twitter

Von den drei untersuchten Social Media-Anwendungen wird der Microblog-Dienst Twitter am wenigsten von den öffentlichen Theatern genutzt. 54 Theater und damit knapp 38% aller Theater nutzten Anfang 2011 den Dienst, um Kurznachrichten zu kommunizieren (vgl. Abbildung 24). Durchschnittlich abonnierten rund 267 sogenannte „Follower" die Nachrichten eines Theaters. Die Theater selbst interessierten sich durchschnittlich für die Beiträge von knapp 142 anderen Twitter-Nutzern (die nicht nur andere Theater darstellen).

Im Mittel veröffentlichte jedes Theater, das Twitter nutzt, bis Januar 2011 etwa 209 Nachrichten („Tweets"). Auch innerhalb dieses Dienstes variiert die Nutzungsintensität stark. Einige Theater können mit ihren Nachrichten nur Abonnentenzahlen im unteren zweistelligen Bereich vorweisen. Intensiv wird der Dienst hingegen beispielsweise von der Staatsoper München genutzt, die im Januar 2011 bereits 977 Follower erreichte, selbst die Nachrichten von 700 Usern abonnierte und bis dahin 866 Kurznachrichten veröffentlicht hatte.

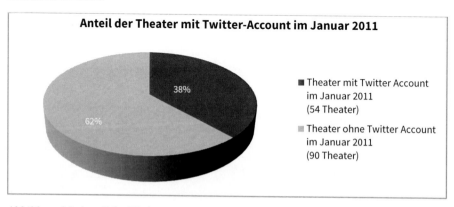

Abbildung 24: Anteil der Theater mit Twitter-Account im Januar 2011(n=144).

Acht Monate nach der ersten Erhebung wurden im September 2011 erneut alle öffentlichen Theater bezüglich ihres Einsatzes der drei Dienste untersucht. Die Ergebnisse der zweiten Studie werden im folgenden Abschnitt dargestellt.

Erhebung 2: Stand September 2011

Die zweite Untersuchung ermöglicht einen Vergleich und damit eine Darstellung der Entwicklung der Social Media-Nutzung anhand der drei Beispieldienste im Zeitraum zwischen Januar und September 2011. Zunächst werden nachfolgend die Ergebnisse der zweiten Erhebung zusammengefasst. Anschließend folgt eine Diskussion und Bewertung der Ergebnisse unter Berücksichtigung der Erkenntnisse aus Kapitel 5.

Facebook

Im September 2011 nutzten 129 von 144 öffentlichen Theatern den Dienst Facebook, was rund 90% aller Theater entspricht, wie Abbildung 25 verdeutlicht. Durchschnittlich konnte jedes Theater mit einem Facebook-Profil 1.050 Fans verzeichnen. Diese Zahl verdeutlicht das durchschnittliche Potenzial viraler Verbreitungen einer Nachricht: Derzeit ist jeder Facebook-Nutzer mit durchschnittlich 139 Personen vernetzt (vgl. Facebook Newsroom 2012, Stand März 2012). Bei der Weiterleitung eines Facebook-Posts durch sämtliche Fans würde sich demnach eine potenzielle Reichweite von 149.950 Empfängern ergeben, die eine Nachricht wiederum an das eigene Netzwerk weitergeben könnten.[63]

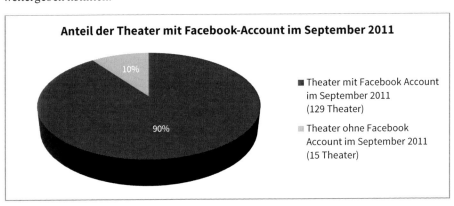

Abbildung 25: Anteil der Theater mit Facebook-Account im September 2011 (n=144).

---

[63] Diese Anzahl von potenziellen Empfängern ergibt sich aus der Berechnung von durchschnittlich 1.050 Theater-Facebook-Fans * durchschnittlich 139 Kontakte der Fans = 149.950 mögliche Empfänger. Zu relativieren ist die Anzahl dahingehend, dass mehrere Fans eine Nachricht an den gleichen Kontakt weiterleiten können. In diesem Fall würde sich die Anzahl der möglichen Empfänger verringern.

YouTube

71 der 144 Theater waren im September 2011 mit einem eigenen Account auf der Sharing-Plattform YouTube vertreten. Damit nutzte fast die Hälfte (49%) aller Theater
diesen Social Media-Dienst, wie in Abbildung 26 zu sehen ist. Diese Theater konnten
durchschnittlich 49 Abonnenten und rund 32.000 Abrufe verzeichnen. Die Anzahl sämtlicher Abrufe aller 71 Theater betrug bis September 2011 2,2 Millionen und verdeutlicht
das große Interesse an den Videos der Theater.

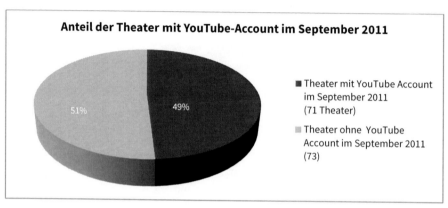

Abbildung 26: Anteil der Theater mit YouTube-Account im September 2011 (n=144).

Twitter

Der Dienst Twitter wurde im September 2011 von 61 Theatern genutzt. Damit kom-
munizierten zu diesem Zeitpunkt rund 42% der Theater über den Microblog, wie Abbildung 27 zeigt. Durchschnittlich hatte ein Theater auf Twitter rund 380 Follower und
folgte selbst etwa 188 anderen Nutzern auf Twitter. Bis September 2011 hatten die
Theater durchschnittlich pro Account 279 Kurznachrichten publiziert.

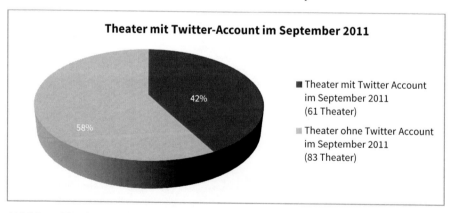

Abbildung 27: Theater mit Twitter-Account im September 2011 (n=144).

Nachfolgend werden die Ergebnisse der beiden Studien verglichen, um die Entwicklung der einzelnen Social Media-Anwendungen aufzuzeigen. Auf dieser Grundlage werden die Ergebnisse der Erhebungen diskutiert und bewertet.

Vergleich und Diskussion der Ergebnisse

Facebook

Zwischen Januar und September 2011 entwickelte sich die Facebook-Nutzung der Theater von 74% auf 90%. Dies entspricht einem Wachstum von rund 22% und verdeutlicht das Interesse der Theater an dem sozialen Netzwerk. Da mit 129 aktiven Theatern zum Zeitpunkt der zweiten Studie (September 2011) bereits 90% der Theater Facebook nutzten, hätten bei einem gleichbleibenden Zuwachs seit dem ersten Quartal 2012 100% der öffentlichen Theater Facebook in ihre Kommunikationspolitik integriert.

Auch die Fans pro Theater nahmen im Durchschnitt von 792 auf 1.050 zu. Somit konnten die Theater ihre Fanzahlen zwischen Januar und September 2011 um rund 33% steigern. Dies kann einerseits auf die wachsende Gruppe von Facebook-Nutzern zurück geführt werden. Andererseits verdeutlicht dies auch die zunehmende Bereitschaft von Usern, sich mit Theatern zu identifizieren, dies öffentlich zu teilen und sich für die auf Facebook übermittelten Inhalte der Theater zu interessieren. Für die Theater verbessert sich mit der steigenden Anzahl an Fans die potenzielle Reichweite der Informationen, die über das Social Network übermittelt werden. Verbunden mit den direkten Kontaktmöglichkeiten zwischen Theatern und ihren Fans erhöht sich zudem das virale Verbreitungspotenzial, wie anhand der Fanzahlen vom September 2011 bereits gezeigt wurde. Die zunehmende Nutzung von Facebook kann auch mit dem Potenzial für das Signaling erklärt werden, das deutlich höher ist als bei den anderen beiden untersuchten Diensten. So können über Facebook nicht nur sämtliche Arten von Inhalten (z.B. Fotos, Videos, Audio-Beiträge und Texte) direkt vermittelt werden sondern auch ein unkomplizierter Dialog mit den Theaterfans geführt werden.

YouTube

Innerhalb des Untersuchungszeitraums entwickelte sich der Einsatz von YouTube von 59 hin zu 71 nutzenden Theatern, was einem Zuwachs von etwa 20% entspricht. Die Zahl der Abonnenten konnte in diesem Zeitraum um 40% von 35 auf 49 Abonnenten pro Kanal gesteigert werden.[64] Ähnlich der Facebook-Fans muss hier berücksichtigt

---

[64] Januar 2011: 35 Abonnenten (100%); September 2011: 49 Abonnenten (140%)

werden, dass der Zuwachs einerseits mit neuen YouTube-Nutzern zu erklären ist und andererseits jeder angemeldete Nutzer mehrere Kanäle abonnieren kann. Wie oben bereits gezeigt, werden die meisten Videobeiträge jedoch nicht von Abonnenten, sondern von nicht angemeldeten Usern betrachtet. Dies wird auch im nachfolgenden Kapitel anhand der empirischen Studie bestätigt, da zahlreiche Personen YouTube nutzen, ohne einen eigenen Account zu haben. Die durchschnittlichen Abrufe aller veröffentlichten Videos pro Account nahmen zwischen Januar und September 2011 um rund 12% zu. Insgesamt lassen diese Daten für die Sharing-Plattform YouTube den Schluss zu, dass der Dienst für die Theaterkommunikation zukünftig an Bedeutung gewinnen wird. Im Kontext des Signalings ist der Videodienst besonders für die Bereitstellung von Informationen interessant, die als Erfahrungssubstitute wirken können. Darüber hinaus ermöglicht er ein schnelles Teilen der Videos, was virale Verbreitungen fördert. Die hohe Anzahl der auf YouTube vertretenen Theater kann zudem auch damit erklärt werden, dass sich YouTube-Videos unkompliziert in andere Online-Medien (z.B. Homepage oder als Facebook-Post) einbetten lassen und damit das Signaling auch auf anderen Kanälen unterstützen.

Twitter

Den geringsten Zuwachs durch Theater erzielte der Microblog-Dienst Twitter: Zwischen Januar und September 2011 wuchs die Zahl der Theater, die Twitter nutzen, um rund 11%. Innerhalb der Twitter-Nutzer konnte festgestellt werden, dass eine stärkere Vernetzung der Theater mit anderen Twitter-Nutzern erfolgte. So folgten die Theater im September 2011 durchschnittlich 32% mehr Usern als noch im Januar des Jahres. Auch die Zahl derjenigen, die über die Following-Funktion die Nachrichten der Theater abonniert hatten, stieg an: Durchschnittlich konnten alle Theater auf Twitter am Ende des Untersuchungszeitraums knapp 42% mehr Follower verzeichnen. Die Anzahl der insgesamt veröffentlichten Tweets wuchs durchschnittlich um 33%.

In Kapitel 5 wurde gezeigt, dass die Nutzung von Twitter in Deutschland nur gering verbreitet ist und laut ARD/ZDF-Onlinestudie 97% der Deutschen Twitter nicht nutzen (vgl. ARD/ZDF 2011f). Demnach muss die Twitternutzung der deutschen Theater kritisch betrachtet werden: Es stellt sich die Frage, ob die Theater ihre Ressourcen ineffizient einsetzen oder ob sich die Zielgruppen der Theater von den durchschnittlichen Onlinenutzern in Deutschland unterscheiden (vgl. auch Hausmann 2012a, S. 24). Die Ergebnisse der Erhebung von September 2011 zeigen, dass die Theater mit durchschnittlich 380 Followern eine ausreichend hohe Reichweite für ihre Tweets erzielen, um den Einsatz von Twitter zu rechtfertigen. Darüber hinaus sei bei dieser Größe von Followern das Potenzial der viralen Verbreitung von Tweets erwähnt, da jeder Follower die Tweets eines Theaters an die eigenen Follower weiterleiten kann. Interessant bleibt die Frage, wie hoch der Anteil von Theaterbesuchern unter den Followern ist. Im Rahmen der Untersuchung wurde festgestellt, dass die Theater sich auch gegenseitig auf Twitter folgen. Eine erste Antwort hierauf wird im folgenden Kapitel durch die Auswertung der Befragung von Theaterbesuchern gegeben. Grundsätzlich ist festzuhalten, dass im Vergleich zu den drei untersuchten Diensten Twitter den geringsten Nutzen für das Signaling bietet, da ausführliche Informationen (z.b. längere Texte, Fotos oder Videos) nur durch Links zu anderen Medien vermittelt werden können und auch die Reaktionen und Kommentare anderer User weniger gut eingesehen werden können, als es bei Facebook oder YouTube der Fall ist.

Die Untersuchung verdeutlicht insgesamt, dass Social Media unabhängig vom Standort und der Größe von den öffentlichen Theatern in Deutschland für das Signaling genutzt wird. Durch die Wachstumstendenzen in allen Bereichen ist davon auszugehen, dass der Einsatz von Social Media in der Kommunikationspolitik von Theatern zukünftig eine noch stärkere Rolle spielen wird. Besonders vom Social Network Facebook versprechen sich die Theater einen kommunikativen Mehrwert. Ob sich die Sharing-Plattform YouTube und der Microblog-Dienst Twitter langfristig als Kommunikationsinstrumente etablieren werden, kann nicht abschließend beantwortet werden, da Facebook durch die Neuentwicklung von Funktionen die Vorteile der anderen Dienste ebenfalls anbieten möchte. In Bezug auf das Signaling zeigen die Ergebnisse zunächst, dass das Potenzial von Social Media zunehmend genutzt wird.

Auch ein Blick auf die inhaltliche Gestaltung der Social Media-Nutzung zeigt, dass sich die Theater nicht nur auf das Versenden von Suchinformationen beschränken sondern auch Informationen übermitteln, die für ein vertrauensförderndes Signaling erforderlich sind. Erste Beispiele wurden bereits in Kapitel 4 angeführt und auch die Ergebnisse der Befragung der Theaternutzer unterstreicht dies im nächsten Kapitel anhand der abgerufenen Inhalte. Zudem zeigen Untersuchungen des Social Media-Signalings einzelner Theater, dass durch einen hohen Anteil gezeigter Fotos und Videos sowie durch Kommentare und Weiterleitungen Dritter vertrauensfördernde Informationen bereitgestellt werden (vgl. z.B. Hausmann/Pöllmann 2013).

Die Abbildung 28 auf der folgenden Seite fasst die Veränderungen der Social Media-Nutzung durch die Theater grafisch zusammen.

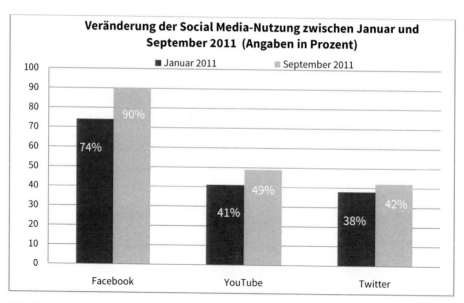

Abbildung 28: Veränderung der Social Media-Nutzung zwischen Januar und September 2011 (n=144).

Interessant ist ein Vergleich dieser Ergebnisse mit den Resultaten anderer Studien: Das Deutsche Institut für Marketing untersuchte in einer Studie im Frühjahr und Sommer 2011 eine Stichprobe von 587 deutschen Unternehmen nach deren Social Media-Nutzung. Ein Ergebnis der Studie war, dass 66,3% der befragten Unternehmen (n=587) Social Media in der Kommunikationspolitik nutzten (vgl. Bernecker/Beilharz 2012, S. 283ff.). Da es sich bei der Studie um eine Stichprobe innerhalb deutscher Unternehmen handelt, ist die Bewertung der Repräsentativität dieser Daten schwierig. Dennoch kann festgehalten werden, dass zum gleichen Zeitraum – wie anhand der oben gezeigten Daten vom Januar 2011 hervorgeht – die Nutzung von Social Media bei den Theatern bereits weiter verbreitet war und die Theater gegenüber den untersuchten Unternehmen demnach eine Vorreiterrolle bezüglich Social Media inne hatten. Durch den starken Zuwachs der Social Media-Nutzung zwischen Januar und September 2011 besteht diese vermutlich weiterhin.

Die nachfolgende Tabelle 30 gibt auf der nächsten Seite einen Überblick aller Ergebnisse und Kennzahlen, die in diesem Kapitel zur Nutzung der Anwendungen Facebook, YouTube und Twitter besprochen wurden.

	Januar 2011	September 2011	Veränderung in %[65]
Facebook Account	107	129	
in % aller Theater	74%	90%	+22%
Ø Fans pro Facebook Profil	792	1050	+33%
YouTube Account	59	71	
in % aller Theater	41%	49%	+20%
Ø Abonnenten pro YouTube Account	35	49	+40%
Ø Aufrufe pro Account	28.414	31.799	+12%
Twitter Account	54	61	
in % aller Theater	38%	42%	+11%
Ø Follower pro Account	267	380	+42%
Ø Following pro Account	142	188	+32%
Ø Tweets pro Account	209	279	+33%

Tabelle 30: Zusammenfassung der Erhebung zum Social Media-Nutzungsverhalten der Theater (2011).

Nach der Darstellung der Ergebnisse beider Vollerhebungen werden im folgenden Kapitel zunächst die methodischen Grundlagen und daran anschließend die Resultate der Besucherbefragung vorgestellt und diskutiert.

---

[65] Eine Differenz, die sich bei der Berechnung der Veränderung der prozentualen Angaben im Vergleich zu den tatsächlichen Zahlen ergibt, ist durch das Auf- bzw. Abrunden der Prozentwerte bedingt.

6.2 Untersuchung der Social Media-Nutzung der Besucher

6.2.1 Hypothesen zu Social Media in der Theaterkommunikation

Vor der Darstellung und Diskussion der empirischen Ergebnisse werden zunächst die untersuchten Themen und Zusammenhänge anhand von Hypothesen strukturiert. Anschließend wird gezeigt, wie die Hypothesen zur empirischen Überprüfung operationalisiert wurden und auf welchen methodischen Grundlagen die Befragung durchgeführt wurde.

Hypothesen werden vor Forschungsvorhaben, ausgehend von theoretischen Überlegungen aus der Fachliteratur und den Befunden bereits existierender Studien formuliert, um sie anschließend anhand der eigenen Befunde zu überprüfen (vgl. Glogner-Pilz 2012, S. 36). Eine wissenschaftliche Hypothese beschreibt einen Zusammenhang zwischen sozialen Merkmalen und gibt damit Auskunft über die Beziehung zwischen mindestens zwei Variablen (vgl. Diekmann 2011, S. 124ff.; Kromrey 2009, S.42; Häder 2010, S. 39). Voraussetzung für eine Hypothese ist, dass sie sich auf reale Sachverhalte bezieht und empirisch untersuchbar ist (Bortz/Döring 2003, S. 7). Sie muss eine „allgemeingültige, über den Einzelfall oder ein singuläres Ereignis hinausgehende Behauptung" (ebd.) formulieren und falsifizierbar sein (vgl. ebd, S. 4; Kornmeier 2010, S. 124f.; Diekmann 2011, S. 126).

Nachfolgend werden fünf Hypothesen abgeleitet, um eine strukturierte Basis für die empirische Erhebung zu schaffen. Die Hypothesen ermöglichen eine Konkretisierung der benötigten Daten, die im Rahmen der Untersuchung erhoben werden sollen. Darüber hinaus stellen sie die theoretische Grundlage dar, die anschließend durch die empirischen Ergebnisse bestätigt oder widerlegt werden (vgl. Hildebrandt 2000).

Hypothese 1

Wie in Kapitel 2 dargestellt wurde, ist eine Theatervorstellung als Dienstleistung zu definieren. In Kapitel 3 wurde erläutert, dass Dienstleistungen überwiegend anhand ihrer Erfahrungseigenschaften von den Nachfragern bewertet werden. Such- und Vertrauenseigenschaften spielen hingegen für die Bewertung der Dienstleistung eine nachrangige Rolle. Dementsprechend lässt sich Hypothese 1 wie folgt definieren:

H_1: *Theaterbesucher beurteilen die Qualität einer Theatervorstellung wesentlich anhand ihrer Erfahrungseigenschaften.*

Hypothese 2

Wie in Kapitel 3 dargestellt, besteht eine ungleiche Verteilung von Informationen zwischen den Anbietern und Nachfragern einer Theaterleistung. Diese Informationsasymmetrien führen auf Seiten der Nachfrager zu Unsicherheiten. Diese können durch Screening-Maßnahmen, d.h. durch Informationsbeschaffung reduziert werden. In Kapitel 5 wurden Social Media-Anwendungen als neue Kommunikationsmaßnahmen für Theater und damit als mögliche Informationsquellen für Theaterbesucher vorgestellt. Aufgrund der Notwendigkeit, sich über Theaterangebote zu informieren und den Möglichkeiten, die sich durch Social Media ergeben, wird angenommen, dass Theaterbesucher diese Informationsquellen verwenden, sofern sie Social Media generell nutzen:

H_2: *Theaterbesucher, die Social Media generell nutzen, informieren sich hierdurch auch über Theaterangebote.*

Hypothese 3

Die dritte Hypothese schließt an die Problematik der Informationsasymmetrien und Unsicherheiten an. Damit eine Informationsquelle zu einer Entscheidung beitragen kann, muss ihr vertraut werden (vgl. Kapitel 3; Kroeber-Riel et al. 2009, S. 537ff.). Freunden und Bekannten wird in der Regel ein hoher Grad an Vertrauen entgegen gebracht. Daher wird deren Empfehlung auch bei der Entscheidung für oder gegen einen Theaterbesuch berücksichtigt. Dies verdeutlicht Hypothese 3:

H_3: *Ein wesentliches Medium zur Informationsbeschaffung über Theaterangebote sind Freunde und Bekannte.*

Hypothese 4

In Kapitel 4 wurde der stark kommunikative Charakter von Social Media dargestellt. Darüber hinaus zeigen empirische Studien (vgl. ARD/ZDF 2011a), dass User inzwischen viel Zeit mit der Nutzung von Social Media verbringen. Auch zeigen die Studien, dass soziale Netzwerke zu den beliebtesten Social Media-Angeboten zählen. Verglichen mit anderen Möglichkeiten des persönlichen Austauschs zwischen Freunden und Bekannten (z.B. Telefon, persönliche Treffen etc.) wird angenommen, dass sich Social Media inzwischen als ein wesentliches Instrument zur Kommunikation zwischen Freunden und Bekannten etabliert haben:

H_4: *Der Austausch zwischen Freunden und Bekannten erfolgt zu einem wesentlichen Teil über Social Media.*

Hypothese 5

Die Annahme, die in Hypothese 5 formuliert ist, ergibt sich aus den vorangegangenen Hypothesen. Social Media können für den Austausch von Informationen verwendet werden, die Theaterbesuchern zu ihrer Entscheidungsfindung dienen. Durch den interaktiven Charakter von Social Media können diese Informationen von anderen Usern ergänzt, bewertet und verbreitet werden. Daraus folgt, dass durch Social Media entscheidungsrelevante Informationen von Freunden und Bekannten verbreitet oder kommentiert werden können. Dies wiederum kann dazu führen, dass die Informationen an Glaubwürdigkeit gewinnen (oder verlieren). Zusammenfassend lässt sich hieraus Hypothese 5 formulieren:

H_5: *Unsicherheiten, die Besucher gegenüber der Qualität einer Theaterleistung empfinden, können reduziert werden, wenn sich Besucher durch Social Media über das Theaterangebot informieren.*

6.2.2 Operationalisierung der Hypothesen

Damit hypothetische Konstrukte empirisch überprüft werden können, müssen die theoretischen Annahmen in beobachtbare und messbare Größen übersetzt werden. In einem ersten Schritt müssen Indikatoren gefunden werden, die die jeweiligen Hypothesen für eine empirische Untersuchung operationalisieren (vgl. Kornmeier 2007, S. 98ff.; Kromrey 2009, S. 173ff.; Häder 2010, S. 51). Im Folgenden werden die Indikatoren aufgezeigt, die für die Überprüfung der oben genannten Hypothesen im Rahmen der empirischen Untersuchung verwendet werden.

Operationalisierung Hypothese 1

H_1: *Theaterbesucher beurteilen die Qualität einer Theatervorstellung wesentlich anhand ihrer Erfahrungseigenschaften.*

Um Hypothese 1 empirisch zu überprüfen, wurden Theaterbesucher danach befragt, anhand welcher Eigenschaften sie die Qualität einer Theatervorstellung bemessen. Vorgegeben wurden Such-, Erfahrungs- und Vertrauenseigenschaften. Darüber hinaus hatten die Befragten die Möglichkeit, weitere Angaben über Eigenschaften zu machen, anhand derer sie die Vorstellungsqualität bewerten. Diese individuellen Antworten wurden im Rahmen der Auswertung den Such-, Erfahrungs- und Vertrauenseigenschaften zugeordnet.

Operationalisierung Hypothese 2

H$_2$: Theaterbesucher, die Social Media generell nutzen, informieren sich hierdurch auch über Theaterangebote.

Die zweite Hypothese wurde überprüft, indem die Theaterbesucher befragt wurden, wie sie sich über Theaterangebote informieren. Neben zwölf vorgegeben Antwortmöglichkeiten (z.B. Plakate, Flyer sowie Social Media-Anwendungen) konnten die Befragten weitere Informationsquellen nennen. Vertiefend wurde anschließend gefragt, welche Social Media-Anwendungen die Besucher in welchem Umfang zur Information über Theaterangebote nutzen. In einer dritten Frage wurde erfasst, welche Inhalte (z.B. Fakten, Fotos, Kommentare anderer User) über die Social Media-Angebote der Theater abgerufen werden.

Operationalisierung Hypothese 3

H$_3$: Ein wesentliches Medium zur Informationsbeschaffung über Theaterangebote sind Freunde und Bekannte.

Wie auch Hypothese 2 konnte Hypothese 3 überprüft werden, indem abgefragt wurde, ob sich die Probanden durch Freunde und Bekannte über Theaterangebote informieren. Darüber hinaus wurde in einer anderen Frage erfasst, in welchem Umfang Berichten von Freunden und Bekannten über Theaterangebote vertraut wird. In einer dritten Frauge, die diese Hypothese überprüfte, wurde eruiert, woran sich Theaterbesucher bei der Wahl eines Vorstellungsbesuches überwiegend orientieren. Innerhalb von zehn vorgegebenen Antwortmöglichkeiten (z.B. Titel, Inhalt des Stückes, Kartenpreis) waren auch „Empfehlungen von Freunden und Bekannten" genannt.

Operationalisierung Hypothese 4

H$_4$: Der Austausch zwischen Freunden und Bekannten erfolgt zu einem wesentlichen Teil über Social Media.

Für die Überprüfung dieser Annahme wurden die Teilnehmer der Studie befragt, wie sie sich mit Freunden und Bekannten austauschen. Zudem wurde erfasst, bis zu welchem Grad die einzelnen Möglichkeiten (sehr häufig, häufig, selten oder nie) genutzt werden. Neben Möglichkeiten des Austauschs, wie beispielsweise persönliche Treffen oder Telefon, wurde auch die Kommunikation über Social Networks und über den Microblog-Dienst Twitter erfasst. Zusätzlich konnten weitere Optionen genannt werden, die in den vorgegebenen Antwortoptionen nicht berücksichtigt wurden.

Operationalisierung Hypothese 5

H₅: Unsicherheiten, die Besucher gegenüber der Qualität einer Theaterleistung empfinden, können reduziert werden, wenn sich Besucher durch Social Media über das Theaterangebot informieren.

Für die empirische Untersuchung der Zusammenhänge von Unsicherheitsreduktion und Social Media-Nutzung wurden neben den oben genannten Fragen weitere vertiefende Fragestellungen entwickelt. Zum einen wurde abgefragt, ob die Anzahl von Usern, die sich mit einem Social Media-Angebot identifizieren (z.B. als Fan eines Theaterprofils), Auswirkungen auf die wahrgenommene Attraktivität des Angebots hat. Beispielsweise wurde gefragt, ob ein Theaterangebot attraktiver scheint, je mehr Fans das Facebook-Profil eines Theaters hat. Zum anderen wurden verschiedene Quellen einer Theaterrezension genannt (z.B. Pressemitteilung, Feuilletonbericht, Facebook-Kommentar) und erfragt, welchen Quellen in welchem Umfang vertraut wird.

6.2.3 Methodische Grundlagen der Stichprobenerhebung

Nachdem die erste Studienreihe exemplarisch darstellen sollte, ob und mit welcher Intensität Social Media durch Theater genutzt werden, wurde zwischen Februar 2012 und März 2012 eine weitere empirische Erhebung durchgeführt. Ziel dieser Befragung war es, das Social Media-Nutzungsverhalten der Theaterbesucher zu erforschen und die oben genannten Hypothesen empirisch zu überprüfen. Somit sollte einerseits untersucht werden, ob Theaterbesucher, die Social Media nutzen, sich über diese Kanäle auch über die Angebot der Theater informieren. Zudem sollte die Befragung zeigen, welche Relevanz die Informationen für Theaterbesucher haben, die sie über Social Media erhalten.

Die Zielgruppe der Befragung waren Theaterbesucher, die Social Media nutzen. D.h. sie erfüllen die Eigenschaften, dass sie zumindest gelegentlich Theatervorstellungen besuchen und ein oder mehrere Social Media-Angebote (z.B. Facebook) verwenden. Die Auswahl dieser Zielgruppe, die ein Segment aller Theaterbesucher darstellt, wird anhand der nachfolgenden Abbildung auf der nächsten Seite verdeutlicht.

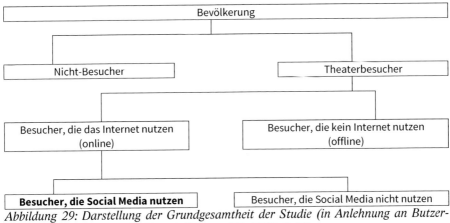

Abbildung 29: Darstellung der Grundgesamtheit der Studie (in Anlehnung an Butzer-Strothmann et al. 2001, S. 17 sowie Glogner-Pilz 2012, S. 81).

Die Gesamtheit aller Personen, die diese Eigenschaften erfüllen (sogenannte Merkmalsträger) stellen die Grundgesamtheit der vorliegenden Untersuchung dar (vgl. Schöneck/Voß 2005, S. 70; Berekoven et al. 2009, S. 43f.). Eine Befragung dieser Grundgesamtheit in Form einer Vollerhebung war für die durchgeführte Untersuchung nicht möglich, da keine gesicherten Erkenntnisse zur genauen Zusammensetzung der Grundgesamtheit vorliegen: Es kann anhand der Anzahl der jährlichen Theaterbesuche kein Rückschluss auf die tatsächliche Zahl der Theaterbesucher erfolgen. Darüber hinaus ist nicht bekannt, welcher Anteil der Theaterbesucher Social Media nutzt. Aus diesem Grund wurde für die vorliegende Untersuchung einer Teilerhebung durch die Auswahl einer Stichprobe durchgeführt.

Für die Auswahl der Stichprobe wurden im Januar 2012 erneut sämtliche öffentlich-rechtlichen Theater bezüglich ihrer Fanzahlen auf Facebook untersucht. Anhand der Ergebnisse konnten die 20 Theater mit den meisten Facebook-Fans ermittelt werden. Diese 20 Theater wurden als Multiplikatoren ausgewählt und mit der Bitte kontaktiert, den Link zu einer Online-Umfrage an ihre Fans gerichtet auf der Facebook-Wall der Theater zu veröffentlichen. Von den angefragten Theatern haben 13 Theater die Umfrage veröffentlicht. Darüber hinaus haben 3 weitere Theater die Umfrage auf Facebook eigenständig publiziert. Insgesamt beteiligten sich damit an der Verbreitung der Umfrage 16 Theater, die in Tabelle 31 auf der folgenden Seite aufgelistet sind.

	Theater	Datum der Veröffentlichung
1	Bayerische Staatsoper München	10.02.2012
2	Nationaltheater Mannheim	10.02.2012
3	Maxim Gorki Theater Berlin	13.02.2012
4	Münchner Volkstheater	13.02.2012
5	Schauspiel Köln	13.02.2012
6	Deutsches Theater und Kammerspiele Berlin	13.02.2012
7	Schauspiel Stuttgart	13.02.2012
8	Theater Baden Baden	13.02.2012
9	Schauspiel Bochum	14.02.2012
10	Staatstheater Kassel	15.02.2012
11	Deutsche Oper Berlin	16.02.2012
12	Friedrichstadt-Palast Berlin	21.02.2012
13	Deutsche Staatsoper Berlin	21.02.2012
14	Theater Heilbronn	21.02.2012
15	Staatsschauspiel Dresden	28.02.2012
16	Staatstheater Cottbus	28.02.2012

Tabelle 31: Theater, die als Multiplikatoren der Umfrage mitwirkten.

An der Umfrage haben insgesamt 2.172 Personen teilgenommen. Eine Teilnahme wurde registriert, sobald der Link zur Umfrage durch einen Probanden aktiviert wurde. Jedoch haben nicht alle Teilnehmer die Umfrage beendet. Um Verzerrungen in den Ergebnissen durch unvollständige Fragebögen zu vermeiden, sind Fragebögen, deren Beantwortung abgebrochen wurde, nicht für die Auswertung berücksichtigt worden. Die Anzahl von Probanden, die den gesamten Fragebogen bearbeitet haben und deren Antworten im Verlauf des Kapitels dargestellt werden beläuft sich auf 939. Damit ergibt sich eine Stichprobengröße von n=939.

Befragungsmethode: Online-Befragung

Die Erhebung wurde durch eine standardisierte Online-Befragung durchgeführt. Hierfür wurde das Programm EFS Survey des Anbieters Unipark genutzt. Die Durchführung einer Online-Befragung bot sich an, da sich die Zielgruppe der Erhebung durch ihre Online-Nutzung charakterisiert und durch das Internet, insbesondere durch Social Media-Angebote, zu erreichen ist. Eine persönliche Publikumsbefragung an Theatern hätte einerseits zu höheren Streuverlusten geführt, da auch Personen befragt worden wären, die keine Social Media-Angebote nutzen. Darüber hinaus hätte sich dadurch eine Stichprobe für nur einen Theaterbetrieb ergeben. Die Online-Umfrage ermöglichte hingegen eine größere Stichprobe, die nicht nur an das Publikum eines bestimmten Theaters gebunden ist.

Ein weiterer Vorteil der Online-Befragung war, dass beeinflussende Effekte durch den Interviewer vermieden werden (vgl. Glogner-Pilz 2012, S. 59). Weitere allgemeine Vorteile einer schriftlichen Online-Befragung sind die einfache und kostengünstige Umsetzbarkeit der Befragung. Durch die Online-Befragung haben die Probanden die Möglichkeit, den Zeitpunkt der Befragung selbst zu wählen, was dazu führt, dass die Befragten ausreichend Zeit für die Beantwortung der Fragen haben. Durch vorgegebene Antworten bzw. Skalen erfolgen präzise Aussagen. Die Online-Befragung erlaubt zudem eine gesicherte Anonymität der Befragten, was die Ehrlichkeit bei den Antworten fördert (vgl. auch Diekmann 2011, S. 514ff. sowie S. 520ff.).

Neben diesen Vorteilen sind bei einer schriftlichen Online-Befragung auch einige Nachteile zu bedenken. Grundsätzlich ist anzumerken, dass eine schriftliche Befragung nur für bestimmte Fragestellungen Antworten liefern kann, da die Probanden begrenzt auskunftsfähig sind. Beispielsweise können die Probanden keine Aussagen über unbewusstes Verhalten treffen. Dies müsste durch die Forschungsmethode „Beobachtung" eruiert werden. Für die Überprüfung der Hypothesen dieser Arbeit war es jedoch möglich, eine Operationalisierung auf Grundlage einer schriftlichen Befragung zu entwickeln, wobei sich bestimmte Ergebnisse erst durch bivariate Verfahren (Kreuztabellierung) ermitteln ließen.

Schriftlichen Befragungen, die nicht persönlich übergeben werden, sondern in Kulturbetrieben ausgelegt werden bzw. postalisch oder online versandt werden, erzielen häufig nur geringe Rücklaufquoten, weshalb eine hohe Zahl potenzieller Probanden angesprochen werden muss (vgl. Glogner-Pilz 2012, S. 50; Schöneck/ Voß 2005, S. 41). Diesem Problem wurde bei der vorliegenden Untersuchung durch eine virale Verbreitung des Links zur Umfrage begegnet: Die User haben den Aufruf der Umfrage teilweise an weitere potenzielle Probanden weitergeleitet, was zu einer hohen Fallzahl an ausgefüllten Fragebögen führte.

Ein weiterer Nachteil ist die Begrenzung der Fragebogenlänge, da mit zunehmender Länge eines Fragebogens die Motivation, diesen vollständig zu beantworten, sinkt. Der im Rahmen der Studie verwendete Fragebogen entsprach mit 18 Fragen und einer Bearbeitungszeit von rund 10 Minuten einem vertretbaren Volumen. In diesem Umfang konnten alle Fragen formuliert werden, die für eine Überprüfung der Hypothesen notwendig erschienen.

Dem Vorteil der anonymen Befragungssituation steht gegenüber, dass diese Befragungssituation nicht kontrolliert und daher nicht mit definitiver Gewissheit eruiert werden kann, wer den Fragebogen ausgefüllt hat und wie der Fragebogen ausgefüllt wurde (z.B. im Dialog mit Dritten, in anderer Reihenfolge). Diese Aspekte können für die vorliegende Untersuchung jedoch vernachlässigt werden, da es aufgrund der Thematik und den einzelnen Fragen unwahrscheinlich ist, dass sich die tatsächliche Antwortsituation und die Art der Beantwortung negativ auf die Datenerhebung auswirken: Einerseits wurden keine Fachkenntnisse abgefragt, sodass es für die Beantwortung keine Hilfsmittel gibt. Die Fragen zielten auf das persönliche Verhalten oder die Einstellung der Probanden ab. Andererseits lassen sich die Fragen in beliebiger Reihenfolge beantworten, ohne dass hierdurch eine signifikante Veränderung im Antwortverhalten zu erwarten wäre.

Ein weiterer Kritikpunkt am Einsatz der Online-Befragung ist, dass theoretisch eine Person mehrmals an der Umfrage teilnehmen kann. Für die durchgeführte Umfrage ist es jedoch unwahrscheinlich, dass eine Person mehrmals an der Umfrage teilgenommen hat. Zum einen wäre dies bei einer Bearbeitungszeit von rund 10 Minuten mit einem erheblichen zeitlichen Aufwand verbunden. Darüber hinaus wäre der Nutzen für ein solches Verhalten unklar (im Gegensatz von z.B. Online-Abstimmungen für oder gegen etwas).

Ein Nachteil von Online-Befragungen ist zudem eine hohe Quote von Abbrechern. Um diese Quote möglichst gering zu halten, wurde versucht, den einleitenden Text zur Studie möglichst knapp zu halten. Weiter wurde eine Fortschrittsanzeige in den Fragebogen integriert, um den Probanden zu verdeutlichen, an welcher Stelle sie sich im Fragebogen befinden. Trotz dieser Maßnahmen haben bei der vorliegenden Umfrage nur etwa 43% der Teilnehmer die Umfrage bis zur letzten Frage beantwortet. Dieser Umstand stellt für die Auswertung jedoch keinen gravierenden Nachteil dar, da trotz der hohen Abbrecherquote insgesamt 939 verwertbare Fragebögen beantwortet wurden.

Glogner-Pilz bemerkt, dass Online-Befragungen zwar aktuell zunehmend eingesetzt werden, jedoch mit dem Nachteil verbunden sind, dass die Befragungen nur Probanden erreichen, die einen Onlinezugang haben. Personen ohne Internetzugang werden in Online-Umfragen nicht berücksichtigt (vgl. Glogner-Pilz 2012, S. 61; Diekmann 2011, S. 521). Da die empirische Erhebung dieser Arbeit explizit eine Zielgruppe untersucht, die sich durch ihre Online-Aktivität definiert, ist dieser Nachteil für die vorliegende Untersuchung nicht relevant. Vielmehr stellt dies für die vorliegende Erhebung einen wichtigen Vorteil dar, da durch die Online-Umfrage keine Personen angesprochen wurden, die das Internet nicht nutzen.

Fragebogendesign

Mit dem Fragebogen wurde das Verhalten und die Einstellungen oder Meinungen der Probanden eruiert. Der Fragebogen setzt sich aus geschlossenen Fragen und aus Hybridfragen zusammen. Hybridfragen ergeben sich im vorliegenden Fragebogen bei Multiple-Choice-Fragen; diesen wurden zudem die Antwortoption „Weder noch, sondern:___" hinzugefügt. In dem Fragebogen fanden verschiedene Fragetypen Verwendung. So wurden neben Fragen mit Einfachauswahl auch solche mit Mehrfachauswahl (Multiple-Choice-Fragen) in Form von Rating- bzw. Ranking-Fragen verwendet. Einige Fragen geben Antwortskalen vor. Die verwendeten Skalen sind symmetrische, mehrstufige Skalen, bei welchen alle Antwortabstufungen ausformuliert sind. Die einzelnen Skalen werden anhand der Fragen und angezeigten Mittelwerte gesondert besprochen. Für komplexere Fragestellungen wurden Matrixfragen mit der Möglichkeit von Einfach- sowie Mehrfachauswahl eingesetzt.

Insgesamt wurden 18 Fragen formuliert. Der Fragebogen wurde durch einen Pretest Anfang Januar 2012 mit 12 Personen auf zeitlichen Aufwand, Vollständigkeit und Verständlichkeit überprüft und optimiert. Diese Anzahl der Testpersonen entspricht der in der Literatur vorgeschlagenen Größe für einen Pretest bei quantitativen Umfragen (vgl. Butzer-Strothmann et al. 2001, S. 24; Glogner-Pilz 2012, S. 91).

Auswertungsmethoden

Für die Auswertung von quantitativen Erhebungen stehen – abhängig von der entsprechenden Studie – zahlreiche Methoden zur Verfügung (vgl. Glogner-Pilz 2012, S. 95ff.). Die Auswertung der Studie und die grafische Zusammenfassung der Ergebnisse erfolgte computergestützt mit der Software EFS Survey (Unipark), mit der auch die Umfrage durchgeführt wurde, mit dem Programm Statistical Package for the Social Sciences (SPSS, IBM) und mit dem Programm Excel (Microsoft).

Zunächst wurden für alle Antwortoptionen Variablen festgelegt, die in einem sogenannten „Code-Book" zusammengefasst sind. Wie bereits erwähnt, wurden alle Fragebögen aussortiert, die im Verlauf der Umfrage abgebrochen wurden. Die verbleibenden Fragebögen wurden durch Stichproben auf Plausibilität und Konsistenz überprüft.

Für die Auswertung der Fragebögen wurden univariate sowie bivariate Verfahren angewendet. Univariate Verfahren geben eine Übersicht über Häufigkeitsverteilungen bestimmter Merkmalsausprägungen, die durch die Fragen ermittelt wurden (vgl. Berekoven et al. 2009, S. 188; Kuß/Eisend 2010, S. 187). Anhand der vorliegenden Daten wurden die absoluten Häufigkeitsverteilungen bestimmt, wodurch gezeigt wird, wie häufig ein bestimmter Wert bzw. ein klassifiziertes Merkmal angegeben wurde (vgl. Berekoven et al. 2009, S. 188). Darüber hinaus wurden die relativen Häufigkeitsverteilungen der abgefragten Variablen bestimmt. Hierdurch wird verdeutlicht, welcher prozentuale Anteil der untersuchten Variablen bei der jeweiligen Frage ausgewählt wurde (vgl. Diekmann 2011, S. 670). Durch die univariaten Auswertungsverfahren konnten Häufigkeitstabellen erstellt werden, die die Grundlage für die grafische Aufbereitung der Ergebnisse liefern und in der Deskriptivstatistik im Verlauf des Kapitels dargestellt werden.

Bivariate Verfahren dienen der Beschreibung von Zusammenhängen zwischen den Messdaten von zwei Variablen (vgl. Kuß/Eisend 2010, S. 187; Diekmann 2011, S. 688). Anhand ausgewählter Variablen wurden durch den Einsatz von Kreuztabellierungen Verbindungen zwischen zwei Variablen untersucht. Bei diesem Verfahren werden sämtliche möglichen Verbindungen von Merkmalsausprägungen von zwei Variablen in einer Kreuztabelle gegenübergestellt und können dadurch analysiert werden (vgl. Berekoven et al. 2009, S. 192). Die verglichenen Variablen wurden vorab der Plausibilität hinsichtlich möglicher Kausalitäten überprüft. Anschließend wurden die Ergebnisse der bivariaten Verfahren durch Signifikanztests überprüft. Dies ist nötig, da die untersuchten Ausprägungen auf einer Stichprobe basieren und somit zufallsbeeinflusst sind (vgl. Schöneck/Voß 2005, S. 141). Durch die mathematische Bestimmung eines Signifikanzwertes kann ermittelt werden, mit welcher Wahrscheinlichkeit die dargestellte Kausalität zweier Variablen zutrifft bzw. ob es sich hier um keinen statistisch belastbaren Zusammenhang handelt. Die Signifikanzniveaus wurden durch die Ermittlung der Chi²-Werte bestimmt und sind im Rahmen der Ergebnispräsentation der einzelnen Fragen jeweils ausgewiesen.[66] In den folgenden Abschnitten werden die gewonnenen Erkenntnisse aufgezeigt und besprochen.

Rahmenbedingungen der deskriptiven Datenanalyse

Wie oben erwähnt, haben insgesamt 2.214 Personen die Umfrage aktiviert. Davon haben 939 Probanden die gesamte Umfrage beantwortet. Bei einzelnen Fragen mussten die Teilnehmer der Umfrage keine explizite Antwort geben. Sofern bei einer Frage keine Antwort eingetragen wurde ist dies in der Auswertung durch „keine Angabe" ausgewiesen.

Für die Auswertung der Ergebnisse wird nachfolgend das Verfahren der deskriptiven Datenanalyse angewandt (vgl. Kuß/Eisend 2010, S. 181ff.), wodurch die Ergebnisse

---

[66] Die Berechnung des Phi-Koeffizient eignet sich für Kontingenztabellen mit 2 Spalten und 2 Zeilen (4 Felder) (vgl. Schumann 2006, S. 211). Da die Kreuztabellen in der vorliegenden Arbeit jedoch umfangreicher sind, wurde anstelle der Berechnung des Phi-Koeffizenten das Signifikanzniveau durch die Errechnung von Chi²-Werten bestimmt.

exemplarisch Informationen über das Verhalten der befragten Personen geben. Die vorliegenden Ergebnisse werden nachfolgend durch die Darstellung von Häufigkeitsverteilungen verdeutlicht. Anhand der erhobenen Datensätze wird die prozentuale Verteilung der Ausprägungen der gemessenen Variablen verdichtet und grafisch dargestellt.

Zunächst wird gezeigt, wie sich die erhobene Stichprobe in Bezug auf Geschlecht, Alter, Bildung und Theaterbesuchsverhalten zusammensetzt. Anschließend werden die Ergebnisse der Umfrage beschrieben und diskutiert. Das Kapitel schließt mit der Zusammenfassung wesentlicher Erkenntnisse der Umfrage unter Berücksichtigung der in Kapitel 6.1 formulierten Hypothesen.

6.2.4 Zusammensetzung der Stichprobe

Die Stichprobe setzt sich zu 67% aus weiblichen und 33% aus männlichen Teilnehmern zusammen, wie Abbildung 30 verdeutlicht. Der Anteil der weiblichen Probanden ist mehr als doppelt so groß wie der Anteil der männlichen Probanden. Diese Zusammensetzung weicht von der zu erwartenden Verteilung ab, berücksichtigt man die Daten der ARD/ZDF-Onlinestudie. Dort konnte gezeigt werden, dass der Anteil männlicher Social Media-Nutzer leicht über dem Anteil der weiblichen Nutzer liegt: Laut ARD/ZDF-Onlinestudie sind 55% der männlichen User täglich in privaten Netzwerken wie Facebook aktiv. Die tägliche Nutzung der Netzwerke bei weiblichen Usern beträgt 54% (vgl. ARD/ZDF 2011d). Anhand der Erkenntnisse zur Zusammensetzung des Theaterpublikums (vgl. Kapitel 2) konnte wiederum unter Berücksichtigung einzelner Publikumsstudien gezeigt werden, dass die Theater tendenziell mehr weibliche als männliche Besucher haben. Da es sich bei den Probanden um Theaterbesucher handelt, wird diese Tendenz anhand der Geschlechterverteilung in der vorliegenden Stichprobe bestätigt.

Abbildung 30: Geschlechterverteilung der Stichprobe (n=939).

Über die Umfrage wurden alle Altersgruppen ab 14 Jahren erreicht, wie Abbildung 31 zeigt. Die Alterskategorie „unter 14 Jahren" war in der Umfrage zwar eine Antwortoption, wurde aber von keinem der Befragten angegeben. Anhand der Altersverteilung der Stichprobe wird eine große Gruppe der 20-29-jährigen deutlich, die rund 44% der Probanden ausmacht. Dieser hohe Anteil jüngerer Teilnehmer ist atypisch für die Publikumszusammensetzung der Theater, da die älteren Besuchergruppen in den Theatern deutlich stärker vertreten sind als in der vorliegenden Studie (vgl. Kapitel 2 sowie zum Theaterpublikum Föhl/Lutz 2010). Dies hat zur Konsequenz, dass die Ergebnisse der Befragung nicht repräsentativ für die durchschnittliche Besucherstruktur der Theater sind und die Aussagen der 20-29-jährigen in den nachfolgenden Ergebnissen stärker vertreten sind als die Ergebnisse der anderen Altersgruppen.

Insgesamt legen die Ergebnisse den Schluss nahe, dass Theater über das Social Network Facebook vorwiegend jüngere Zielgruppensegmente erreichen. Kinder und Jugendliche bis 14 Jahren werden jedoch nicht über Facebook erreicht.

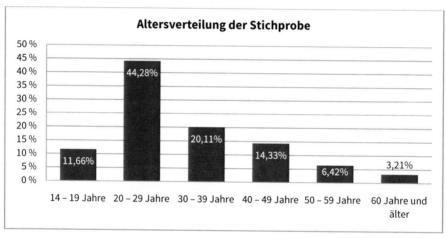

Abbildung 31: Altersverteilung der Stichprobe (n=922)[67].

Die Auswertung des Bildungsgrades zeigt, dass die Studie überwiegend von Personen mit hoher Bildung beantwortet wurde. Über 54% der Probanden verfügen über einen Fachhochschul- oder Universitätsabschluss, wie in Abbildung 32 auf der folgenden Seite zu sehen ist. Knapp 37% der Befragten haben Abitur, rund 8 Prozent gaben als höchsten Abschluss Mittlere Reife an und knapp 1% der Befragten verfügt über einen Volks- bzw. Hauptschulabschluss als höchsten Bildungsgrad. Diese Daten verdeutlichen, dass Zielgruppen aus bildungsfernen Schichten fast nicht über das Social Network durch die

---

[67] 17 der 939 Probanden gaben keine Auskunft über ihr Alter.

Theater erreicht werden. Eine Kreuztabellierung der Angaben zum Bildungsgrad und zum Alter zeigt darüber hinaus, dass 57% der Probanden mit Volks- oder Hauptschulabschluss 50 Jahre und älter sind. Keiner der Studienteilnehmer mit Volks- oder Hauptschulabschluss ist jünger als 20 Jahre. Somit werden Jugendliche mit geringem Bildungsniveau nicht erreicht. Daraus resultiert, dass sogenannte „Education-Angebote", die für diese Zielgruppen immer wieder von Theatern und auch anderen Kulturinstitutionen angeboten werden, nicht über die Theater-Fanpages ihre Empfänger erreichen.

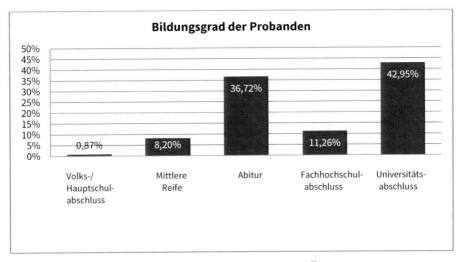

Abbildung 32: Bildungsgrad der Umfrageteilnehmer (n=915[68]).

Da sich die Umfrage an Personen mit einer hohen Theateraffinität richtet, wurde gefragt, welche Bedeutung ein Theaterangebot als Teil des Freizeitangebots für die Befragten hat. Die Bedeutung wurde anhand einer Ratingskala mit den Werten (1) „sehr wichtig" bis (4) „sehr unwichtig" überprüft. Rund 92% der Befragten gaben an, dass für sie ein Theaterbesuch ein sehr wichtiger bzw. wichtiger Teil ihrer Freizeitaktivitäten ist (arithmetisches Mittel= 1,5; Standardabweichung= 1,5)[69]. Nur rund 7% ist der Theaterbesuch eher unwichtig. Dies zeigt ein hohes Interesse und ein hohes Involvement der Befragten in Bezug auf Theaterangebote. Abbildung 33 auf der folgenden Seite verdeutlicht die prozentuale Verteilung der Angaben.

---

[68] 24 der 939 Probanden gaben keine Auskunft über ihren Bildungsgrad.

[69] Der Mittelwert gibt Auskunft über die Verteilung der Häufigkeit, mit der die Inhalte abgerufen werden: (1) „sehr wichtig", (2) „eher wichtig", (3) „eher unwichtig", (4) „sehr unwichtig". Bei den Angaben der arithmetischen Mittel und Standardabweichungen sind die Antworten „keine Angabe" herausgerechnet. Dies gilt auch für die anderen nachfolgend gezeigten Mittelwerte.

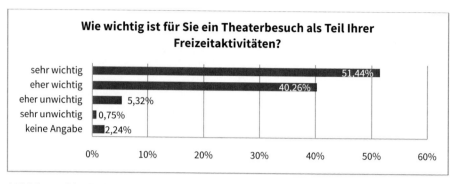

Abbildung 33: Bedeutung eines Theaterbesuchs als Teil eigener Freizeitaktivitäten (n=939).

Das hohe Interesse spiegelt auch das Besuchsverhalten der Befragten wider. Dieses wurde mit einer fünfstufigen Ratingskala erfragt. Der geringste Wert (1) entspricht der Angabe, mehrmals pro Monat Theaterveranstaltungen zu besuchen. Der höchste Wert (5) hingegen wurde erfasst, wenn Probanden einmal im Jahr und seltener Theatervorstellungen besuchen. Rund 42% der Umfrageteilnehmer gehen mehrmals im Monat in Theatervorstellungen (vgl. Abbildung 34). Etwa 66% der Befragten besuchen mindestens einmal im Monat Theatervorstellungen (arithmetisches Mittel= 2,0). Daraus lässt sich schließen, dass rund zwei Drittel der Probanden mindestens zwölfmal pro Jahr bzw. pro Spielzeit Theatervorstellungen besuchen. Diese hohe Besuchsfrequenz verdeutlicht die bereits angesprochene Problematik, wenn man von den vergebenen Tickets pro Spielzeit Rückschlüsse auf die Anzahl der Besucher ziehen möchte. Anhand der hier gezeigten Verteilung von Mehrfachbesuchen pro Jahr ist davon auszugehen, dass die Anzahl der Theaterbesucher deutlich geringer als die Anzahl der Theaterbesuche (Tickets) ist.

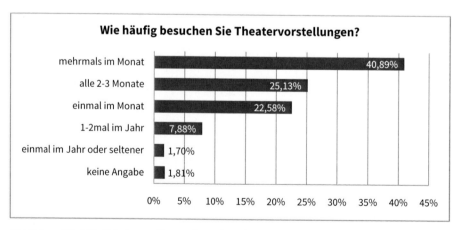

Abbildung 34: Häufigkeit von Theaterbesuchen (n=939).

Eine Kreuztabellierung der Besuchshäufigkeit mit dem Alter der Probanden zeigte, dass die Theaterbesucher ab 50 Jahren öfters als die jüngeren Studienteilnehmer Theatervorstellungen besuchen.

Nach den soziodemografischen Daten und dem Besuchsverhalten soll abschließend ein Blick auf die Verweildauer der Probanden im Internet allgemein und speziell in Bezug auf Social Media geworfen werden: Anhand der Mittelwerte konnte festgestellt werden, dass die Befragten durchschnittlich etwa 2-3 Stunden täglich im Internet mit E-Mail-Schreiben, Surfen und Anwendungen wie Online-TV verbringen. Durchschnittlich 1-2 Stunden täglich nutzen die Teilnehmer der Studie Social Media-Anwendungen.

6.2.5 Ergebnisse der Befragung

Nach der Darstellung der Stichprobenzusammensetzung werden nachfolgend die wesentlichen Ergebnisse der Befragung vorgestellt.

- *Kriterien zur Orientierung bei der Wahl von Vorstellungsbesuchen*

Anhand von zehn vorgegebenen Kriterien wurde erfragt, woran sich die Probanden bei der Auswahl von Vorstellungsbesuchen überwiegend orientieren. Neben den vorgegebenen Kriterien hatten die Teilnehmer der Studie zudem die Möglichkeit, weitere Kriterien zu benennen. Bei der Beantwortung der Frage wurden Mehrfachantworten zugelassen, da in der Regel mehrere Kriterien die Wahl beeinflussen.

Die Verteilung der Antworten wird in Abbildung 35 (siehe folgende Seite) grafisch zusammengefasst. Zu berücksichtigen ist, dass die Proben die Möglichkeit hatten, mehrere Kriterien auszuwählen. Ersichtlich wird in Abbildung 35, dass der Inhalt des Stückes das wichtigste Kriterium bei der Wahl eines Vorstellungsbesuches darstellt: 73% der Nennungen entfielen hierauf. Für mehr als die Hälfte der Befragten (ca. 52%) bieten Empfehlungen von Freunden und Bekannten eine wichtige Orientierung. Diese Empfehlungen können über verschiedene Medien übermittelt werden. Wie im Verlauf der Studie noch verdeutlicht wird, spielt die Kommunikation durch Social Media hierbei für die Mehrheit der Probanden eine wesentliche Rolle. Demgegenüber sind Kommentare auf Social Media-Plattformen wie Facebook oder YouTube bisher noch von untergeordneter Relevanz und werden von rund 14% der Probanden als wichtiges Kriterium genannt. Die Möglichkeit, sich über Kommentare Dritter durch Social Media zu informieren, ist jedoch relativ neu im Gegensatz zu den anderen etablierten Kriterien. Dieser Umstand ist bei der Bewertung der Nennungen von Kommentaren bei Social Media-Anwendungen zu berücksichtigen.

Ebenfalls wichtig für die Wahl einer Vorstellung sind die Darsteller. Sie wurden von über 44% der Probanden als entscheidend genannt. Dem folgen der Autor des Stückes (ca. 43% Nennungen), der Regisseur (rund 40%) und der Titel des Stückes (ca. 37%). Für 31% der Teilnehmer der Studie geben Theaterkritiken wichtige Hinweise zur Wahl einer Vorstellung. Knapp 30% der Befragten verlassen sich auf das Image des Theaters. Der Kartenpreis spielt für nur knapp 17% der Probanden bei der Wahl einer Vorstellung eine Rolle. Dies könnte damit erklärt werden, dass sich die Kartenpreise einzelner Theater in der Regel nur geringfügig (innerhalb einer Sparte) unterscheiden und daher die einzelnen Stücke meist zu einem ähnlichen Preis besucht werden können.

69 Probanden nutzten die Möglichkeit, weitere Orientierungspunkte zur Wahl einer Theatervorstellung zu nennen. Kriterien, die mehrfach genannt wurden, waren persönliche Kontakte zu Mitwirkenden, das Bühnenbild oder auch Besucherbindungsmaßnahmen wie Abonnements. Darüber hinaus wurden vereinzelt Aspekte wie der Wochentag der Aufführung oder der Komponist bei Musiktheateraufführungen genannt.

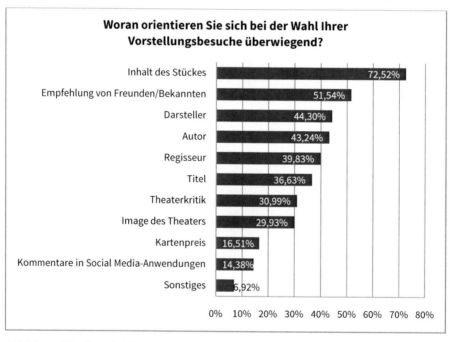

Abbildung 35: Entscheidungsrelevante Parameter für den Besuch einer Theatervorstellung (n=939)[70].

---

[70] Durch die Möglichkeit von Mehrfachantworten ergibt die Summe der Nennungen über 100 Prozent.

- *Eigenschaften zur Bewertung der Qualität einer Theatervorstellung*

Unter Berücksichtigung der informationsökonomischen Betrachtung der Theaterleistung wurde überprüft, ob die Such-, Erfahrungs- oder Vertrauenseigenschaften der Theaterleistung aus Perspektive der Besucher für die Bewertung von deren Qualität ausschlaggebend sind, um Hypothese 1 zu untersuchen. Für diese Überprüfung wurden die Probanden gefragt, anhand welcher Eigenschaften sie die Qualität einer Theatervorstellung bewerten. Hierfür konnten die Befragten aus 13 Eigenschaften einer Theatervorstellung eine Auswahl treffen. Die Auswahl dieser Eigenschaften stützt sich einerseits auf die Literatur zur Gestaltung von Besucherbefragungen an Theatern (vgl. Butzer-Strothmann et al. 2001, S. 52ff.) sowie auf Interviews mit Theaterbesuchern, die ihm Rahmen des Pretests durchgeführt wurden. Mehrfachnennungen wurden zugelassen. Zudem hatten die Teilnehmer der Studie die Möglichkeit, weitere Eigenschaften zu benennen.

Die Qualität der Schauspieler ist mit 90% der Nennungen die wichtigste Eigenschaft zur Bewertung einer Vorstellung. An zweiter Stelle wurde von knapp 86% der Probanden die Kreativität einer Inszenierung genannt. Dem folgt mit rund 68% Nennungen das Bühnenbild als wichtige Eigenschaft. Für 59% der Befragten hat der Unterhaltungswert der Vorstellung eine große Bedeutung. Dies zeigt, dass es den Theaterbesuchern nicht nur um kulturelle Bildung geht, sondern auch das Erleben einer kurzweiligen Vorstellung ein wichtiges Kriterium ist.

Für 42% der Befragten hat die Akustik vom Sichtplatz eine große Relevanz und knapp 32% bewerten die Qualität einer Theatervorstellung anhand des Ambientes während der Vorstellung.

Deutlich weniger Nennungen haben das Image des Theaters (14%), der Ort der Vorstellung (ca. 14%) und die Bequemlichkeit der Sitze (ca. 11%). Die Bekanntheit des Theaters wurde nur von ca. 8% der Probanden genannt und noch weniger Nennungen wurden für den Preis der Theaterkarte (ca. 8%), die Zeit der Vorstellung (ca. 5%) und das gastronomische Pausenangebot (2%) verzeichnet. Abbildung 36 auf der nächsten Seite zeigt die Verteilung der Antworten.

Anhand der Einordnung der verschiedenen Eigenschaften entsprechend des eigenschaftstypologischen Ansatzes in Kapitel 2 wird deutlich, dass die Probanden für die Bewertung der Theaterqualität überwiegend Erfahrungseigenschaften (z.B. Qualität der Schauspieler, Bühnenbild) ausgewählt haben. Sucheigenschaften wie beispielsweise der Ort und die Zeit der Vorstellung und Eigenschaften, in die ein besonderes Vertrauen gesetzt werden muss, wie das Image des Theaters oder gastronomische Angebote, wurden deutlich weniger häufig genannt.

In Hinblick auf Hypothese 1 kann damit festgehalten werden, dass Theateraufführungen wesentlich anhand ihrer Erfahrungseigenschaften beurteilt werden. Insofern ist die Hypothese bestätigt.

Abbildung 36: Eigenschaften zur Qualitätsbewertung einer Theatervorstellung (n=939)[71].

- *Quellen zur Information über Theaterveranstaltungen*

Nach der Befragung zur Nutzung der einzelnen Social Media-Dienste wurde anhand der folgenden Frage das Screening-Verhalten der Theaterbesucher untersucht. Ermittelt wurden die Quellen, über die sich die Probanden über Theaterangebote informieren.

Als wichtigstes Informationsmedium wurden mit knapp 83% Nennungen die **Internetseiten** der Theater genannt. Beliebte Informationsquellen sind zudem die **Monatsspielpläne** der Theater (77%) sowie **Berichte, Kritiken** und **Anzeigen** (71%).

Das persönliche Umfeld ist ebenfalls für den Großteil der Probanden von Bedeutung: **Freunde** und **Bekannte** sind für 64% der Befragten Quellen, um Kenntnisse über Theaterangebote zu erlangen. Dies liefert eine erste Anwort auf die Untersuchung von Hypothese 3 und bestätigt, dass Freunde und Bekannte ein wesentliches Medium zur Informationsbeschaffung über Theaterangebote darstellen.

---

[71] Durch die Möglichkeit von Mehrfachantworten ergibt die Summe der Nennungen über 100 Prozent.

In Hinblick auf Hypothese 2 ist die Überprüfung von Social Media als Informations-quelle von Interesse. In einem ähnlichen Umfang wie Freunde und Bekannte werden die Social Media-Angebote der Theater zu Rate gezogen: Über 60% der Probanden nutzen **Social Media-Profile** der Theater, um sich hierüber über deren Angebot zu informieren. Damit kann auch die in Hypothese 2 formulierte Vermutung bestätigt werden, dass Social Media für die Informationsbeschaffung von Angeboten der Theater genutzt wer-den. Wie die Ergebnisse zur traditionellen Außenwerbung zeigen, haben Social Media inzwischen einen höheren Stellenwert als Informationsquelle als die Plakate der Theater: Diese spielen für 51% der Befragten eine wichtige Rolle bei der Suche nach Infor-mationen.

Schwächer genutzt werden die **Newsletter** der Theater (41%), **Flyer** (37%) und Infor-mationen aus **Hörfunk** und **Fernsehen** (24%). Auf **Theater-Events** entfielen 10% Nennungen. Am wenigsten wird von **Theater-Apps** (3%) und **telefonischen Nach-fragen** (2%) Gebrauch gemacht. Zu beachten ist, dass es sich bei Theater-Apps um ein sehr neues Informationsmedium handelt, was den geringen Wert erklärt.

Rund 4% der Befragten machten weitere Angaben zu Informationsquellen, die sie nutzen. Hier wurden konkrete Medien, wie beispielsweise nachtkritik.de, unabhängige Theaterblogs und Besucherorganisationen genannt.

Die nachfolgende Abbildung 37 fasst die Ergebnisse zusammen.

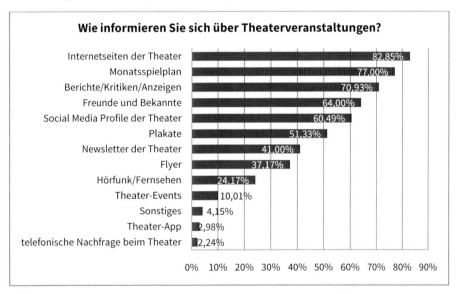

Abbildung 37: Informationsquellen über Theaterangebote (n=939)[72].

---

[72] Durch die Möglichkeit von Mehrfachantworten ergibt die Summe der Nennungen über 100 Prozent.

- *Social Media als Informationsquelle von Theaterangeboten*

In einem weiteren Schritt wurde die Nutzung von Social Media als Informationsquelle für Theaterangebote untersucht, um Hypothese 2 genauer zu überprüfen. Nachdem soeben gezeigt wurde, dass Social Media generell als Informationsquellen genutzt werden, soll nun verdeutlicht werden, welche Anwendungen eine besondere Rolle spielen. Die Probanden wurden gefragt, mit welcher Intensität verschiedene Social Media-Angebote bei der Informationsbeschaffung verwendet werden. Bei der Auswahl der Angebote waren Mehrfachantworten zugelassen. Anhand einer Ratingskala konnte neben der allgemeinen Nutzung auch die Nutzungsintensität ermittelt werden, indem die Probanden angaben, ob sie die Dienste (1) „sehr häufig", (2) „häufig", (3) „selten" oder (4) „gar nicht" nutzen. Nachfolgend werden die Ergebnisse der Befragung anhand der einzelnen Social Media-Dienste aufgezeigt.

Facebook: Die Auswertung zeigt, dass sich die Mehrheit der Probanen (61% Nennungen) häufig bis sehr häufig über das Facebook-Profil der Theater informieren (arithmetisches Mittel= 2,2). 27% der Probanden gaben darüber hinaus an, sich zumindest selten durch Facebook über Theaterangebote zu informieren. Damit wird das Social Network grundsätzlich von insgesamt knapp 89% der Befragten zur Informationsbeschaffung genutzt. Die Präsenz der Theater auf dem Social Network stellt für die Befragten eine wichtige Informationsquelle dar. Es muss bei der Bewertung dieser Angaben jedoch berücksichtigt werden, dass die Studie überwiegend durch die Facebook-Profile der Theater verbreitet wurde und daher eine Vielzahl von Personen erreichte, die Fans der Theater sind. Die genannte Nutzungsintensität der Probanden kann daher nicht generell auf das Informationsverhalten der Theaterbesucher übertragen werden.

Online-Veranstaltungskalender: Auch Ankündigungen in Online-Veranstaltungskalendern sind eine wichtige Informationsquelle und erzielten 67% der Nennungen. Knapp 15% der Befragten gaben an, sich sehr häufig über die Kalender zu informieren und 29% nutzen diese Option häufig (arithmetisches Mittel= 2,5).

Video-Sharing-Plattformen: Deutlich geringer ist die Nutzung von Video-Sharing-Plattformen wie YouTube oder Vimeo. Während die grundsätzliche Nutzung auf 48% der Nennungen kommt, zeigt ein Mittelwert von 3,2, dass diese Dienste jedoch nur selten abgerufen werden. Eine Beobachtung der Facebook-Profile der Theater verdeutlicht allerdings, dass zahlreiche Theater Videos, die sie auf Videoplattformen veröffentlichen, auch mit ihren Facebook-Profilen verknüpfen. Die Fans der Profile sehen damit die Videos, ohne die Videoplattformen gezielt zu besuchen.

Theaterblogs und Twitter: Während Theaterblogs noch auf 35% Nennungen kommen, konnte für den Micro-Blog Dienst Twitter nur eine Nutzung von 11% der Nennungen ermittelt werden. Die geringe Nachfrage nach Tweets zeigt sich auch in der Häufigkeit: Ein Mittelwert von 3,8 verdeutlicht, dass Twitter nur selten als Informationsquelle genutzt wird. Obwohl zahlreiche Theater den Dienst Twitter nutzen, zeigt das Ergebnis, dass Twitter als Informationsquelle deutlich weniger attraktiv ist als andere Social Media-Kanäle.

Empfehlungsplattformen: Einträge auf Empfehlungsplattformen wie beispielsweise Qype erhielten 34% der Nennungen, werden aber nur selten genutzt (arithmetisches Mittel= 3,4). Ein möglicher Grund für die seltene Nutzung kann einerseits daran liegen, dass nicht alle Theater auf Empfehlungsplattformen bewertet werden. Zudem setzen sich die Bewertungen teilweise aus nur wenigen Beiträgen zusammen: So wird beispielsweise das Deutsche Theater Berlin von 15 Personen auf Qype bewertet, beim Maxim-Gorki Theater sind es nur 12 Bewertungen (Stand 04.03.2013). Angesichts der Besucherzahlen (über 150.000 Besuche im Deutschen Theater und rund 80.000 Besuche im Maxim Gorki Theater in der Spielzeit 2009/2010) lassen die Empfehlungen kaum Rückschlüsse auf die allgemeine Bewertung der Theaterbesucher zu.

Wikipedia: Die Online-Enzyklopädie Wikipedia erzielte 24% Nennungen und zählt damit ebenfalls zu den Social Media-Anwendungen, die von der Minderheit der Befragte genutzt wird. Ein Mittelwert von 3,6 zeigt zudem, dass die Artikel auf Wikipedia nur selten abgerufen werden. Da es sich bei den Einträgen in der Regel um allgemeine und nicht aktuelle Informationen handelt, die vor allem Hintergrundwissen zu der Geschichte eines Theaters liefern, verwundern diese Werte nicht.

MySpace und Flickr: Noch seltener werden die Mediasharing-Plattformen Flickr und MySpace aufgerufen (arithmetisches Mittel jeweils= 3,9). Auf sie entfielen lediglich rund 4% (MySpace) bzw. 3% (Flickr) der Nennungen. Dies könnte damit erklärt werden, dass über Facebook auch zahlreiche Fotos veröffentlicht werden, was die Nutzung des Dienstes Flickr überflüssig macht. MySpace veröffentlicht wiederum überwiegend Audiodateien, was für die Darstellung von Theaterleistungen nur bedingt geeignet ist. Der wesentliche Grund für die geringen Nennungen dieser beiden Dienste ist jedoch vermutlich die Tatsache, dass die Theater ihre Informationen überwiegend über andere Social Media-Kanäle (z.B. Facebook, YouTube) anbieten. Abbildung 38 auf der folgenden Seite zeigt die Ergebnisse im Überblick:

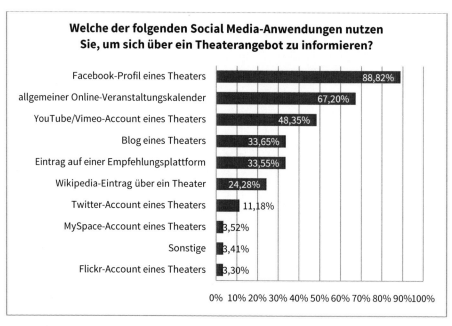

Welche der folgenden Social Media-Anwendungen nutzen Sie, um sich über ein Theaterangebot zu informieren?

Facebook-Profil eines Theaters	88,82%
allgemeiner Online-Veranstaltungskalender	67,20%
YouTube/Vimeo-Account eines Theaters	48,35%
Blog eines Theaters	33,65%
Eintrag auf einer Empfehlungsplattform	33,55%
Wikipedia-Eintrag über ein Theater	24,28%
Twitter-Account eines Theaters	11,18%
MySpace-Account eines Theaters	3,52%
Sonstige	3,41%
Flickr-Account eines Theaters	3,30%

0% 10% 20% 30% 40% 50% 60% 70% 80% 90% 100%

Abbildung 38: Nutzung von Social Media-Anwendungen zur Information über Theaterangebote (n=939).

Rund 10% der Umfrageteilnehmer erwähnten weitere Informationsquellen. Genannt wurde z.B. das Social Network Google+. Einige Antworten konnten nicht dem Bereich Social Media zugeordnet werden (z.B. Spielzeithefte).

Insgesamt lässt sich entsprechend der Ergebnisse eine verstärkte Nutzung von Facebook und Online-Veranstaltungskalendern beobachten. Deutlich geringer fällt hingegen die Nutzung der anderen Social Media-Dienste aus. In Hinblick auf Hypothese 2 ist zu sagen, dass die Hypothese grundsätzlich anhand der Ergebnisse bestätigt wird. Zu unterscheiden ist jedoch eine durchaus unterschiedliche Nutzungsintensität der verschiedenen Anwendungen, so dass anhand der Studie keine pauschale Empfehlung für die Nutzung von Social Media durch Theater abgeleitet werden kann.

Nach der Frage, welche Social Media-Anwendungen zur Informationsbeschaffung genutzt werden, wurde in einem nächsten Schritt überprüft, welche Inhalte durch Social Media-Kanäle abgerufen werden. Die Antworten hierauf gibt die Auswertung der folgenden Frage.

- *Inhalte, die durch Social Media über Theater abgerufen werden*

Fakten und Informationen zählen zu den meistabgerufenen Inhalten: 85% der Befragten beziehen Veranstaltungstermine und andere Fakten über die Social Media-Kanäle der Theater (arithmetisches Mittel= 2,1). 26% der Probanden rufen sehr häufig Fakten und Informationen ab. Auch wenn die Theaterleistung als Erfahrungsgut einzuordnen ist, zeigen diese Ergebnisse, dass die Übermittlung von Sucheigenschaften ebenfalls von Relevanz ist, um einen Veranstaltungsbesuch zu planen.

An zweiter Stelle wurden von den Probanden **Fotos** genannt, die von 83% der Befragten über die Social Media-Auftritte der Theater abgerufen werden (arithmetisches Mittel= 2,2). Durch die verbreitete Betrachtung von Fotos wäre eine stärkere Ausprägung der Nutzung von Flickr als Foto-Sharing-Plattform bei den vorherigen Fragen zu erwarten gewesen. Zu erklären ist diese Diskrepanz auch damit, dass durch die Social Networks oftmals Fotos direkt gezeigt werden und die Theater selten über Flickr ihre Fotos veröffentlichen.

Videos werden von 78% der Befragten abgerufen (arithmetisches Mittel= 2,3). Dieser Wert liegt nahe am Anteil der Befragten, die das Videoportal YouTube nutzen (75%). Darüber hinaus wurde bereits erwähnt, dass viele Theater ihre Videos direkt in die Profile auf Social Networks integrieren, was das Betrachten von Videos ermöglicht, ohne Videoplattformen aufsuchen zu müssen.

75% der Befragten interessieren sich für Informationen, die im Gegensatz zu den oben erwähnten „Fakten und Informationen" über Sucheigenschaften hinausgehen wie beispielsweise Blog-Beiträge oder Hintergrundberichte. Diese Inhalte wurden als **weiterführenden Informationen** bezeichnet und werden 46% der Probanden häufig bis sehr häufig nachgefragt. Nur 12% der Teilnehmer der Studie interessieren sich hierfür nicht (arithmetisches Mittel= 2,5).

Die **Kommentare und Empfehlungen der anderen Social Media-User** können einen wichtigen Beitrag für das Aufbauen von Vertrauen in die Theaterleistung darstellen. Sie werden von 67% der Probanden gelesen. 9% der Befragten rufen Kommentare und Empfehlungen sehr häufig ab, 25% nutzten diese Möglichkeit häufig und 33% zumindest selten (arithmetisches Mittel= 2,7). Im Gegensatz zu den Inhalten, die Theater selbst publizieren, können Kommentare und Empfehlungen anderer User nicht von den Theatern gesteuert werden und lassen sich nur durch Social Media-Dienste verbreiten. Diese Informationen sind daher überwiegend für Theaterbesucher zugänglich, die Social Media nutzen.

Nachrichten auf Social Network-Profilen, Twitter und Blogs werden oftmals mit **Links zu anderen Inhalten** verbunden. Diese Links werden von 55% der befragten Theaterbesucher angeklickt, um sich zu weiteren Informationen vermitteln zu lassen. Ein Mittelwert von 2,9 zeigt allerdings, dass die Mehrheit der Befragten, die sich auf andere Inhalte weiterleiten lässt, davon eher selten Gebrauch macht.

Am wenigsten werden **Audio-Inhalte** abgerufen. Dennoch nutzen 47% der Befragten zumindest selten diese Möglichkeit (arithmetisches Mittel= 3,1). Die wenigen Abrufe von Audio-Dateien können damit erklärt werden, dass sich die Theaterangebote zu einem Großteil durch ihre visuellen Eigenschaften (z.B. Bühnenbild) auszeichnen, die über Audio-Dateien nicht vermittelt werden können. Damit zusammenhängend werden von den Theatern vergleichsweise seltener Audio-Dateien als Videos oder Fotos zur Verfügung gestellt. Somit muss die geringere Nachfrage von Audio-Dateien auch unter Berücksichtigung des sehr begrenzten Angebots entsprechender Inhalte gesehen werden, wie im Zusammenhang der MySpace-Nutzung bereits angesprochen wurde.

Zusammenfassend lässt sich feststellen, dass Fakten, Fotos, Videos und weiterführende Informationen wie Rezensionen zu den meistabgerufenen Inhalten zählen, die von den Theatern auch aktiv angeboten werden können.

Die nachfolgende Abbildung 39 zeigt die Verteilung der Antworten auf die einzelnen Inhalte.

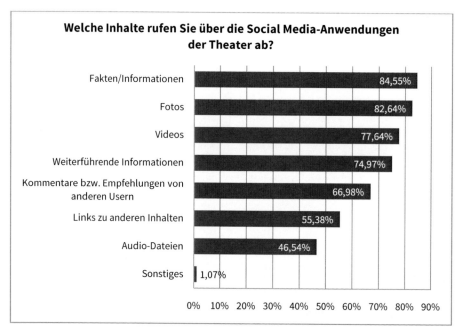

Abbildung 39: Inhalte die über die Social Media-Profile der Theater abgerufen werden (n=939).

- *Relevanz von Kennzahlen für die vermutete Attraktivität eines Theaters*

In einem weiteren Teil der Studie wurde untersucht, welche Relevanz Kennzahlen haben, die von den Usern über Social Media eingesehen werden können. Ziel der Frage war es herauszufinden, ob Kennzahlen wie die Anzahl der Facebook-Fans oder die Upload-Abrufe eines Videos Auswirkungen auf die vermutete Attraktivität der Inhalte haben und damit Unsicherheiten bezüglich einer Theaterleistung reduzieren können. Die jeweilige Fragestellung wird nachfolgend anhand der Ergebnisse verdeutlicht.

Insgesamt konnte festgestellt werden, dass die einzelnen Kennzahlen nur für wenige Probanden Informationen zur Bewertung der Attraktivität der Theaterleistung enthalten. Für die Mehrheit der Befragten haben diese Zahlen keine Aussagekraft über das Theaterangebot. Dies soll anhand vier untersuchter Kennzahlen verdeutlicht werden. Hierbei wurde den Teilnehmern jeweils eine Aussage vorgegeben, auf die sie durch Zustimmung oder Ablehnung reagieren konnten. Um bei den Antworten der Frage eine „Tendenz zum Unentschieden" zu verhindern, wurden gerade, vierstufige Ratingskalen verwendet. Die Antwortmöglichkeiten waren: (1) „stimme ich voll zu", (2) „stimme ich zu", (3) „stimme ich eher nicht zu" und (4) „stimme ich gar nicht zu". Zudem konnten die Probanden durch die Ausweichkategorie „keine Angabe" auf eine Antwort verzichten. Die Ergebnisse werden nachfolgend unter Berücksichtigung der Mittelwerte vorgestellt.

Facebook-Fans: Über ein Drittel der Befragten (37%) stimmte der Aussage eher bzw. voll zu, dass ein Theaterangebot attraktiver scheint, je mehr Fans das Theater bei Facebook hat. Die deutliche Mehrheit der Befragten (56%) stimmte der Aussage hingegen eher nicht bzw. gar nicht zu. Der Mittelwert von 2,8 bestätigt die ablehnende Tendenz der Probanden.

Video-Abrufe: Für die Bewertung der Abrufanzahl von Videos wurden die Probanden um ihre Einschätzung zu folgender Aussage befragt: „Je mehr Abrufe das Video einer Theateraufführung bei einem Onlineportal hat (z.B. YouTube/Vimeo), desto interessanter scheint die Inszenierung in dem gezeigten Stück zu sein." 25% der Teilnehmer der Studie stimmten dem eher bis voll zu. Auch für diese Kennzahl sieht die Mehrheit von 56% der Befragten jedoch keinen Zusammenhang zwischen den Abrufzahlen und der Inszenierung (arithmetisches Mittel= 2,9).

Twitter-Follower: Ebenfalls lassen sich nur wenige der Befragten von der Anzahl der Twitter-Abonnenten eines Theaters beeindrucken. Lediglich 2% der Probanden schließen von der Anzahl der Twitter-Follower auf die Attraktivität eines Theaterangebots. Weitere 16% stimmten dem Zusammenhang eher zu. 59% der Befragten stimmte dem jedoch eher nicht bzw. gar nicht zu (arithmetisches Mittel= 3,1).

Versendete Tweets: Die deutlichste Ablehnung konnte für die nachfolgende Aussage dokumentiert werden: „Je mehr Nachrichten ein Theater über Twitter versendet, desto attraktiver scheint das Theaterangebot zu sein." Während 7% der Befragten dieser Aussage eher bzw. voll zustimmten, stimmten fast drei Viertel der Probanden (71%) diesen Zusammenhang eher bzw. gar nicht zu. Auch der Mittelwert von 3,4 verdeutlicht diese Haltung.

Abbildung 40 die durchschnittliche Zustimmung bzw. Ablehnung zu den genannten Aussagen durch die Nennung der Mittelwerte und Standardabweichungen[73]. Die Grafik verdeutlicht die ablehnende Haltung, die zwischen den vier gezeigten Fragestellungen zunimmt, durch die Entwicklung der Mittelwerte in Richtung des Wertes 4 („stimme gar nicht zu").

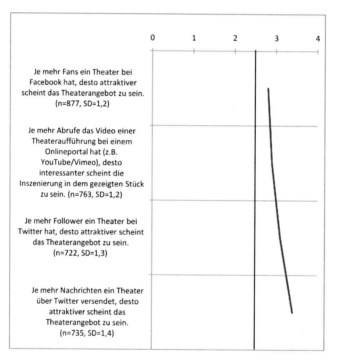

Abbildung 40: Relevanz von einsehbaren Kennzahlen aus Sicht der Theaterbesucher. Darstellung anhand der Mittelwerte.

---

[73] Skala: 1= „stimme ich voll zu", 2=„stimme ich zu", 3=„stimme ich eher nicht zu", 4= „stimme ich gar nicht zu"

Die Ergebnisse dieser Fragen sind insbesondere vor dem Hintergrund interessant, dass die erwähnten Kennzahlen für zahlreiche Unternehmen wichtige Daten sind, um ihren Social Media-Erfolg zu messen (vgl. u.a. Social Media Trendmonitor 2012, veröffentlicht von News aktuell 2012). Während diese Kennzahlen den Theatern Informationen über die Reichweite und Nachfrage bestimmter Botschaften geben können, spielen sie hingegen für die Theaterbesucher eine untergeordnete Rolle für die Bewertung der Attraktivität der Theaterleistung. Dennoch konnte gezeigt werden, dass sich die Theaterbesucher in bestimmten Fällen an öffentlichen Kennzahlen orientieren, wie die Ergebnisse der folgenden Frage zeigen.

- *Ausprägung von Vertrauen in Informationsquellen*

In einem nächsten Schritt wurde exemplarisch untersucht, welchen Informationsquellen welcher Grad an Vertrauen ausgesprochen wird. Durch diese Fragestellung sollten detailliertere Ergebnisse für die Beantwortung von Hypothese 5 ermittelt werden. Den Probanden wurden vier verschiedene Quellen eines lobenden Berichts einer Theatervorstellung genannt. Dies war verbunden mit der Frage, wie stark sie den einzelnen Quellen vertrauen. Wie auch in der vorangegangenen Frage wurde eine vierstufige Ratingskala vorgegeben mit den Antwortoptionen (1) „vertraue ich sehr", (2) „vertraue ich eher", (3) „vertraue ich eher nicht" und (4) „vertraue ich gar nicht". Zudem hatten die Probanden die Möglichkeit, keine Angabe zu machen. Untersucht wurden die folgenden Quellen: Pressemitteilung eines Theaters, Rezension eines Theaterkritikers, Facebook-Kommentar eines Theaterbesuchers mit und ohne Bewertung Dritter sowie der Bericht eines Freundes über Social Media. Die Ergebnisse werden nachfolgend anhand der einzelnen Quellen gezeigt:

Theater schreibt selbst eine Pressemitteilung: Das geringste Vertrauen wird einer selbstverfassten Pressemitteilung der Theater entgegen gebracht. Knapp über ein Drittel der Befragten (37%) vertraut der Pressemitteilung eher bzw. sehr. Die Mehrheit von 54% vertrauen dieser Quelle hingegen eher nicht bzw. gar nicht (arithmetisches Mittel= 2,7).

Kritiker schreibt im Feuilleton einer Tageszeitung: Deutlich ausgeprägter ist der Grad des Vertrauens, wenn ein Kritiker eine Rezension veröffentlicht. Mit 77% vertrauen über drei Viertel der Probanden dem Kritiker eher bzw. sehr. Nur 18% vertrauen einer Rezension in einer Tageszeitung hingegen eher nicht bzw. gar nicht (arithmetisches Mittel= 2,0).

Theaterbesucher stellen einen Kommentar auf eine Facebook-Wall: Interessant ist das Ergebnis bezüglich des Vertrauens, das dem Kommentar eines Theaterbesuchers auf Facebook entgegengebracht wird. Ein Mittelwert von 2,5 zeigt, dass dieser Quelle weder ein besonderes Vertrauen noch ein besonderes Misstrauen entgegen gebracht wird (48% vertrauen dem Theaterbesucher eher bzw. sehr, 45% vertrauen ihm eher nicht bzw. gar nicht). Dieses Ergebnis ändert sich jedoch, wenn der Kommentar von 10 weiteren Usern mit „Like" bzw. „gefällt mir" bewertet wird. Durch die Bewertung steigt das Vertrauen in den Beitrag durch die Probanden: 54% der Befragten vertraut in diesem Fall dem Kommentar eher bzw. sehr und nur noch 38% vertrauen der Quelle eher nicht bzw. gar nicht (arithmetisches Mittel= 2,4).

Ein Freund berichtet über Social Media: Abschließend wurde erfragt, welcher Grad von Vertrauen dem Bericht eines Freundes über Social Media-Kanäle wie Facebook oder Twitter entgegen gebracht wird. Dieser Quelle wird von allen genannten Möglichkeiten am stärksten vertraut: 80% der Probanden vertrauen dem Bericht von Freunden eher bzw. sehr. Nur 12% der Befragten vertrauen dieser Quelle eher nicht bzw. gar nicht (arithmetisches Mittel= 1,9).

Diese Ergebnisse zeigen, dass die Teilnehmer der Umfrage deutlich zwischen den Absendern einer Nachricht unterscheiden und das Vertrauen in eine Information entsprechend variiert. Damit wird bestätigt, was in Kapitel 4 im Rahmen der viralen Verbreitung von Botschaften bereits angesprochen wurde: Bereits durch die Änderung des Absenders (z.B. bei einer Weiterleitung) findet auch eine neue Codierung der Information statt.

Darüber hinaus zeigen die Ergebnisse, dass den Theatern selbst das geringste Vertrauen im vorliegenden Fall entgegen gebracht wird. Dies verdeutlicht die Notwendigkeit, dass Dritte bei der Übermittlung von Botschaften aktiv werden, um vertrauensfördernde Informationen zu vermitteln.

Die Abbildung 41 auf der folgenden Seite zeigt die Ausprägung des Vertrauens in die einzelnen Quellen anhand der errechneten Mittelwerte und Standardabweichungen[74].

---

[74] Skala: 1= „vertraue ich sehr", 2=„vertraue ich eher", 3=„vertraue ich eher nicht", 4= „vertraue ich gar nicht".

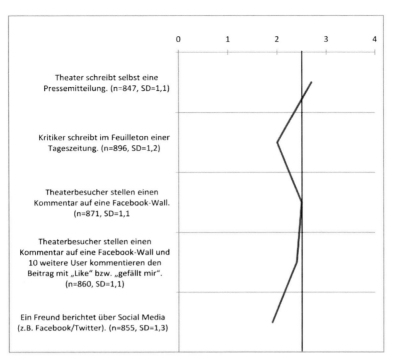

Abbildung 41: Vertrauen der Probanden in verschiedene Quellen eines lobenden Berichts über eine Theatervorstellung. Darstellung anhand der Mittelwerte.

In Hypothese 5 wurde die Vermutung formuliert, dass Theaterbesucher Unsicherheiten gegenüber der Qualität einer Theaterleistung reduzieren können, wenn sie sich über Social Media informieren. Unter Berücksichtigung der Ergebnisse kann nun gesagt werden, dass das Vertrauen in eine Information durch die Kommentare Dritter verstärkt werden kann. Diese Form, vertrauensfördernde Informationen zu veröffentlichen ist insbesondere durch die Netzwerkkommunikation in Social Media möglich. Die Resultate zeigen, dass eine Information glaubwürdiger wirken kann, wenn sie durch andere User bestätigt wird. Hierdurch kann demnach die Unsicherheit gegenüber einer Information reduziert werden. Insofern liefern die Resultate eine weitere Bestätigung der Hypothese.

Da bei dieser Frage erneut die Bedeutung des Absenders einer Information herausgestellt wurde, sollte zudem die Kommunikation zwischen den Usern und deren Freunden und Bekannten untersucht werden. Wie oben gezeigt wurde, wird diesen Personen das größte Vertrauen entgegen gebracht.

- *Kommunikation mit Freunden und Bekannten*

In der abschließenden Frage wurde untersucht, auf welchem Weg sich die Befragten mit Freunden und Bekannten austauschen (vgl. Hypothese 4). Durch den Einsatz einer Ratingskala wurde zudem eruiert, mit welcher Intensität sie die verschiedenen Möglichkeiten nutzen. Die Befragten konnten unterscheiden zwischen einer (1) „sehr häufigen", (2) „häufigen" und (3) „seltenen" Nutzung oder angeben, dass sie eine der genannten Möglichkeiten (4) „nie" nutzen. Mehrfachantworten wurden zugelassen. Unter Berücksichtigung der Mittelwerte werden nachfolgend die sieben abgefragten Kommunikationsmöglichkeiten erläutert.

Bevorzugt tauschen sich die Befragten mit Freunden und Bekannten durch **persönliche Treffen** (97% Nennungen, arithmetisches Mittel= 1,5) und über das **Telefon** (95% Nennungen, arithmetisches Mittel= 2,0) aus. Auch das Versenden von **SMS** (Short Message Services) zählt für die meisten Befragten zu einem beliebten Kommunikationsmittel (90% Nennungen, arithmetisches Mittel= 2,1).

Während das Schreiben von **Briefen** stark an Bedeutung verloren hat (56%, arithmetisches Mittel= 3,3) nutzen die meisten Teilnehmer der Studie für die schriftliche Kommunikation **E-Mails (**92%, arithmetisches Mittel= 2,0).

Noch stärker als E-Mails wird die relativ neue Möglichkeit der Kommunikation durch **Social Networks** genutzt. Fast alle Befragten (94%) tauschen sich über die Kanäle der Social Networks mit Freunden und Bekannten aus. 42% gaben an, auf diesem Weg sehr häufig zu kommunizieren und 39% nutzen die Möglichkeit häufig (arithmetisches Mittel= 1,7).

Die geringste Nutzung konnte beim Microblog-Dienst **Twitter** festgestellt werden. 73% der Probanden nutzen diesen Dienst nie zur Kommunikation mit Freunden und Bekannten. 12% nutzen Twitter zur Kommunikation. Da nur 15% der Befragten einen Account bei Twitter besitzt, zeigen die Antworten, dass die meisten Personen, die bei Twitter registriert sind, den Dienst auch zur Kommunikation mit Freunden und Bekannten nutzen. Allerdings gab nur 3% der Befragten an, diese Möglichkeit sehr häufig bzw. häufig zu nutzen (arithmetisches Mittel= 3,8).

Als weiteres Medium wurde mehrfach der Online-Telefonie-Dienst Skype genannt.

Insgesamt lässt sich festhalten, dass Social Networks einen ähnlich hohen Stellenwert haben wie Telefonate und die persönlichen Treffen mit Freunden und Bekannten. Abbildung 42 zeigt auf der folgenden Seite zusammenfassend die Summe der Nennungen der einzelnen Möglichkeiten zum Austausch mit Freunden und Bekannten. Hinsichtlich Hypothese 4 kann bestätigt werden, dass der Austausch zwischen Freunden und Bekannten tatsächlich zu einem wesentlichen Teil durch Social Media erfolgt, wobei für die Kommunikation insbesondere Social Networks genutzt werden.

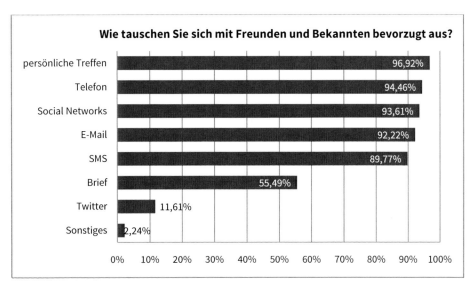

Abbildung 42: Bevorzugte Medien zur Kommunikation mit Freunden und Bekannten (n=939).

Nach der Darstellung der einzelnen Ergebnisse gibt das folgende Kapitel eine Zusammenfassung unter Berücksichtigung der Hypothesen.

6.2.6 Zusammenfassung und kritische Bewertung der Untersuchung

Wie im Rahmen der Ergebnisdarstellung gezeigt wurde, werden die entwickelten Hypothesen durch die empirische Untersuchung grundsätzlich bestätigt. Dies soll anhand einer kurzen Zusammenfassung verdeutich werden:

H_1: Theaterbesucher beurteilen die Qualität einer Theatervorstellung wesentlich anhand deren Erfahrungseigenschaften.

Durch die Frage nach Eigenschaften, anhand derer die Qualität einer Theatervorstellung bewertet wird, konnte festgestellt werden, dass überwiegend Erfahrungseigenschaften genannt wurden, was die Hypothese bestätigt.

H₂: Theaterbesucher, die Social Media generell nutzen, informieren sich hierdurch auch über Theaterangebote.

Die Ergebnisse haben gezeigt, dass sich die Befragten mehrheitlich über verschiedene Social Media-Anwendungen über die Angebote der Theater informieren, was Hypothese 2 bestätigt.

H₃: Ein wesentliches Medium zur Informationsbeschaffung über Theaterangebote sind Freunde und Bekannte.

Die Studie zeigt, dass sich rund 64% der Befragten auch durch Freunde und Bekannte über Theaterangebote informieren. Für über die Hälfte aller Probanden waren Empfehlungen von Freunden und Bekannten ein wichtiges Kriterium bei der Wahl ihrer Vorstellungsbesuche. Auch wird lobenden Berichten über Theaterangebote von Freunden und Bekannten von allen genannten Möglichkeiten am stärksten vertraut. Diese Ergebnisse verdeutlichen, dass Freunde und Bekannte ein wesentliches Medium zur Informationsbeschaffung über Theaterangebote sind und bestätigen Hypothese 3 (Die Bedeutung der Empfehlungen von Freunden und Bekannten wurde auch von anderen Autoren bereits verdeutlicht vgl. u.a. Hausmann 2005, S. 114; Klein 2008b, S. 219; Meffert/Bruhn 2009, S. 90).

H₄: Der Austausch zwischen Freunden und Bekannten erfolgt zu einem wesentlichen Teil über Social Media.

Wie anhand der letzten Frage gezeigt wurde, werden Social Networks von fast allen Befragten zur Kommunikation zwischen Freunden und Bekannten genutzt, was die Hypothese betätigt.

H₅: Unsicherheiten, die Besucher gegenüber der Qualität einer Theaterleistung empfinden, können reduziert werden, wenn sich Besucher durch Social Media über das Theaterangebot informieren.

Durch die Studie konnten verschiedene Befunde erhoben werden, die für die Beantwortung dieser Hypothese von Bedeutung sind. Einerseits wurde gezeigt, dass die Probanden Informationen abrufen, die zu einem gewissen Grad als Erfahrungssubstitut fungieren (z.B. Fotos, Videos) und damit Unsicherheiten reduzieren können.

Weiter wurde gezeigt, dass die Mehrheit der Probanden Kommentare anderer User auch auf den Theater-Profilen liest. Die Frage nach dem Vertrauen verdeutlicht, dass den

Kommentaren ein stärkeres Vertrauen entgegen gebracht wird, wenn mehrere User einen Kommentar positiv bewerten. Auch dieser Aspekt unterstreicht, dass über Social Media Informationsquellen geschaffen werden können, denen andere Nutzer vertrauen, wodurch wiederum Unsicherheiten reduziert werden.

Zusammenfassend lässt sich sagen, dass Social Media-Anwendungen eine Kommunikationsplattform für den Austausch mit Freunden, Bekannten und anderen Usern bieten, die es ermöglicht, multimediale Informationen über Theaterangebote zu vermitteln und zu bewerten. Diesen Kommunikationsplattformen wird von Theaterbesuchern das Potenzial einer Informationsquelle zugesprochen, die Unsicherheit reduzieren kann. Zudem werden, wie die Studie zeigt, über Social Media Informationen ausgetauscht, denen ein relevantes Maß an Vertrauen entgegengebracht wird. Damit lässt sich Hypothese 5 aus Sicht der Teilnehmer der Studie bestätigen.

Die Ergebnisse der Studie werden nachfolgend in einem kritischen Rückblick diskutiert, um Grenzen der Interpretationsmöglichkeiten aufzuzeigen.

Kritische Bewertung der Untersuchung

Anhand des Studiendesigns und der Resultate der Erhebung ergeben sich einige kritische Aspekte, die beim Umgang mit den Daten zu berücksichtigen sind und verdeutlicht werden sollen. Dies betrifft insbesondere die Repräsentativität der Daten und die Verbreitung der Befragung durch den Dienst Facebook:

- *Repräsentativität*

Die Studie weist mit einer Stichprobengröße von 939 eine aussagekräftige Anzahl von Probanden auf. Die Aussagen, die anhand der Stichprobe erhoben wurden, können jedoch nicht grundsätzlich als repräsentativ für die definierte Grundgesamtheit gelten. Von Repräsentativität kann gesprochen werden, wenn sich in einer Stichprobe diejenigen Strukturen widerspiegeln, welche die Grundgesamtheit kennzeichnen, d.h. wenn durch die Stichprobe die Grundgesamtheit realitätsgetreu abgebildet wird (vgl. Schöneck/Voß 2005, S. 74). Da jedoch, wie oben erläutert, die genaue Zusammensetzung der Grundgesamtheit nicht ermittelt werden kann, ist auch eine Überprüfung der Repräsentativität der vorliegenden Daten nicht gänzlich möglich. Die Ergebnisse der Untersuchung beziehen sich somit auf die befragten Probanden, können aber nicht zwingend auf alle Theaterbesucher übertragen werden, die Social Media nutzen.

- *Verbreitung über Facebook*

Zu beachten bei der Bewertung der Ergebnisse ist die Verbreitung der Umfrage über das Social Network Facebook. Die Umfrage wurde überwiegend über die Fan-Profile der in Kapitel 6.2 gezeigten Theater veröffentlicht. Es muss davon ausgegangen werden, dass diese Verbreitung einige Ergebnisse der Umfrage beeinflusst hat. Hierzu zählt die Frage nach der Nutzung von Social Media-Diensten: Beispielsweise wäre bei einer Verbreitung der Umfrage über den Dienst Twitter der Anteil der Befragten, die Twitter nutzen, deutlich höher. Auch das Ergebnis, dass zahlreiche Befragte sich durch Facebook über Theaterangebote informieren, war aufgrund der Verbreitung über Facebook zu erwarten.

Insgesamt gibt die durchgeführte Studie trotz der kritischen Punkte hilfreiche Informationen, um das Verhalten der Theaterbesucher, die Social Media nutzen, besser zu verstehen. Implikationen für die Kommunikationspolitik der Theater werden im folgenden Kapitel nach einer kurzen Zusammenfassung der wesentlichen Ergebnisse der Arbeit aufgezeigt.

7 Implikationen für das Theatermarketing und zukünftiger Forschungsbedarf

Abschließend sollen die Ergebnisse der einzelnen Kapitel kurz zusammengefasst werden. Dem folgen praktische Handlungsempfehlungen für die Gestaltung der Kommunikationspolitik für Theater. Die Arbeit schließt mit einem Ausblick für den weiteren Einsatz von Social Media in anderen Bereichen des Theatermanagement und dem Aufzeigen weiterer Forschungslücken zu diesem Thema.

7.1 Zusammenfassung der vorangegangenen Kapitel

In **Kapitel 2** wurde die Theaterlandschaft anhand der öffentlich-rechtlichen Theater in Deutschland vorgestellt. Es konnte gezeigt werden, dass es sich mit 140 Theatern um ein vielfältiges Theaterangebot handelt, das rund 19 Millionen Mal pro Spielzeit nachgefragt wird. Gleichzeitig wurde deutlich, dass sich die Anzahl der Theater und die der Besuche im Vergleich zu den letzten zehn Jahren verringert hat, was die Theater vor zahlreiche Herausforderungen stellt wie beispielsweise die Erhaltung und Beschaffung von Ressourcen und – damit verbunden – die erfolgreiche Ansprache ihrer Zielgruppen. Im zweiten Teil des Kapitels wurde die Theaterleistung dargestellt und als Dienstleistung definiert.

Kapitel 3 erläuterte anhand informationsökonomischer Annahmen, dass es – aufgrund des Dienstleistungscharakters der Theaterleistung – zwischen Theatern und Theaterbesuchern zu Informationsasymmetrien kommt. Die Theaterleistung wurde anhand ihrer Such-, Erfahrungs- und Vertrauenseigenschaften untersucht und systematisiert. Weiter wurden Verhaltensstrategien der Theater und ihrer Besucher zur Informationssuche sowie zur Bereitstellung von Informationen verdeutlicht.

Möglichkeiten der Bereitstellung von Informationen, dem sogenannten Signaling, wurden aus Perspektive der Theater in **Kapitel 4** behandelt. Hier konnte zunächst die Kommunikationspolitik in das Theatermarketing eingeordnet und Wirkungsweisen der Kommunikationspolitik besprochen werden. Anschließend wurde der Managementkreislauf der Theaterkommunikation dargestellt und diskutiert. Es konnte gezeigt werden, dass den Theatern zahlreiche Kommunikationsinstrumente zur Gestaltung der Kommunikationspolitik zur Verfügung stehen, deren individuelle Eignung abhängig von der Zielsetzung und Strategie der Theaterkommunikation sind.

Das **Kapitel 5** verdeutlichte, dass mit Social Media ein weiteres Kommunikationsinstrument für Theater existiert, das sich in verschiedene Maßnahmen unterteilt. Social Media wurde zunächst anhand von sechs Merkmalen charakterisiert und definiert. Dem folgte die Darstellung und Diskussion verschiedener Social Media-Angebote und die Analyse der Kommunikationsformen innerhalb von Social Media. Das Kapitel endete mit der Verknüpfung von Kapitel 3 und 4, indem konkrete Möglichkeiten des Signalings und Screenings von Theatern und Theaterbesuchern aufgezeigt wurden und Social Media als neues Instrument der Kommunikationspolitik dem Kommunikations-Mix der Theater zugeordnet wurde.

Im zweiten Teil der Arbeit wurden die theoretischen Ausführungen in den Kapiteln 2-5 durch empirische Untersuchungen unterfüttert. Zunächst zeigte **Kapitel 6.1** die Ergebnisse von zwei Vollerhebungen der öffentlich-rechtlichen Theater in Deutschland. Es konnte verdeutlicht werden, dass inzwischen 90% der Theater Facebook nutzen und auch die Video-Sharing Plattform YouTube von über der Hälfte der Theater genutzt wird. Die geringste Nutzung der untersuchten Dienste erzielte der Micro-Blog-Dienst Twitter. In **Kapitel 6.2** wurden zunächst fünf Hypothesen formuliert und daran anschließend die Ergebnisse einer Online-Befragung von 939 Theaterinteressierten bezüglich deren Social Media-Nutzung vorgestellt. Die Stichprobe zeigte u.a., dass sich die Mehrheit der Befragten durch Social Media über Theaterangebote informiert, dass Freunde und Bekannte einen wesentlichen Einfluss auf das Informations- und Entscheidungsverhalten von Theaterbesuchern haben und dass der Austausch mit Freunden und Bekannten zu einem wesentlichen Teil über Social Networks stattfindet.

Basierend auf den Ergebnissen der Arbeit sollen nachfolgend Handlungsempfehlungen für die Theater abgeleitet werden und ein kritischer Rückblick auf die gewonnenen Erkenntnisse erfolgen.

7.2   Handlungsempfehlungen und kritischer Rückblick

Die vorangegangenen Ausführungen haben gezeigt, dass es eine Vielzahl von Möglichkeiten gibt, wie Social Media die Kommunikationspolitik von Theatern unterstützen kann. Darüber hinaus wurde empirisch gezeigt, dass die Mehrheit der Theater bereits Social Media-Anwendungen in ihren Kommunikations-Mix integriert hat und dies auch von zahlreichen Theaterbesuchern rezipiert wird. Ein Blick auf die Entwicklung der Nutzungszahlen von Social Media-Diensten erlaubt die Prognose, dass sich Social Media zukünftig noch stärker als branchenübergreifendes Kommunikationsinstrument etablieren wird.

Diese Ergebnisse der Arbeit führen insgesamt zu der Empfehlung, Social Media als Kommunikationsinstrument im Rahmen der Kommunikationspolitik von Theatern zu nutzen. Diese Empfehlung soll durch einige konkrete Handlungsimplikationen ergänzt und kritisch betrachtet werden. Grundsätzlich ist zu empfehlen, die Kommunikation durch Social Media anhand des Managementprozesses zu organisieren, der in Kapitel 4 dargestellt wurde. Die folgenden Empfehlungen und Anmerkungen zur Nutzung von

Social Media werden daher ebenfalls anhand der einzelnen Phasen dieses Prozesses strukturiert.

Analyse

Der Erfolg von Social Media-Anwendungen ist abhängig von der Anzahl ihrer Nutzer. Damit ein Dienst auf dem Markt bestehen kann, muss eine kritische Masse an aktiven Nutzern erreicht werden. Dies betrifft ein Social Media-Angebot als Ganzes wie beispielsweise ein Social Network. Darüber hinaus gilt dies gleichermaßen für einzelne Angebote der Theater. Somit sollte vor dem Einsatz von Social Media überprüft werden, ob ein Theater über eine ausreichend große Zielgruppe verfügt, die Social Media nutzt.

Darüber hinaus ist zu überprüfen, welche Ressourcen für die Social Media-Kommunikation zur Verfügung stehen. Da die Erstellung von multimedialen Inhalten technisches Wissen voraussetzt und Social Media sehr zeitintensiv ist, sollte ausreichend qualifiziertes Personal hierfür vorhanden sein.

Zielsetzung

Der Einsatz von Social Media sollte mit einer klaren Zielsetzung einher gehen. Zu unterteilen sind die Ziele einerseits in den Aufbau einer bestimmten Reichweite, damit sich das Kommunikationsinstrument lohnt. Die Reichweite kann direkt durch Fans und Abonnenten erzielt und zudem indirekt über Weiterleitungen ausgebaut werden.

Andererseits sind Ziele hinsichtlich der Aktivitäten innerhalb der einzelnen Social Media-Anwendungen zu definieren. Diese betreffen die Qualität und Quantität des User Generated Content wie z.B. Kommentare und Bewertungen.

Strategie

- *Personelle Entscheidungen*

Durch die hohe Geschwindigkeit der Social Media-Kommunikation und den vielseitigen Aufgaben, die diese Medien vereinen (z.B. Information und Dialog mit den Besuchern, Verarbeitung auch von kritischem Feedback etc.), haben Social Media-Manager der Theater eine hohe Verantwortung. Zu ihrem Aufgabenbereich zählt die Recherche, Selektion und Bewertung relevanter Informationen und die öffentliche Reaktion auf Kommentare Dritter. Dies erfordert Erfahrung im Umgang mit den verschiedenen Social Media-Kanälen sowie Kenntnisse über die Zielgruppen des Theaters. Darüber hinaus müssen Social Media-Verantwortliche mit der Marketing- und Kommunikationsstrategie eines Theaters bestens vertraut sein. Aus diesen Anforderungen ergibt sich die Notwendigkeit, für Social Media einen eigenen Aufgabenbereich in den Stellenplan eines Theaters zu integrieren. Die Gefahr, dass hierdurch Schaden entsteht, ist zu groß, um diese Tätigkeiten an Praktikanten und Aushilfskräfte zu delegieren, die nur über einen kurzen Zeitraum an einem Theater beschäftigt sind und denen die nötigen theaterspezifischen Kenntnisse fehlen.

- *Strategie des Community Aufbaus*

Das Ziel, eine hohe Reichweite aufzubauen und Inhalte der Theaterbesucher zu fördern sollte mit der strategischen Entscheidung erreicht werden, eine Fan-Community aufzubauen. Social Media-Angebote, die nicht kontinuierlich gepflegt und von Usern frequentiert werden, führen in der Regel zu keinem effektiven Mehrwert für die Kommunikationspolitik. Daher sollte die Entscheidung für Social Media immer auch mit der Entscheidung für den Aufbau eines Interessenten-Netzwerks einhergehen. Der Aufbau befördert auch den Dialog der einzelnen Mitglieder der Community. Dieser Dialog ist essentiell, um den Einsatz von Social Media nicht nur als monologisches 1:n-Instrument zu nutzen. Die aktive Beteiligung der anderen User unterstützt zudem die Arbeit der Social Media-Verantwortlichen des Theaters, da User Generated Content in den Kommunikationsprozess eingespeist wird.

Operative Maßnahmen

- *Eigene Beiträge*

Da es sich bei Social Media nicht um ein statisches, sondern um ein dynamisches Kommunikationsinstrument handelt, ist auf einen ausgewogenen Mix verschiedener Formen von Inhalten zu achten. Neben der Veröffentlichung allgemeiner Informationen wie des Spielplans, die auch über andere Kanäle verbreitet werden, sollten über Social Media-Anwendungen zudem exklusive Informationen vermittelt werden. Hierfür eignen sich beispielsweise Hintergrundberichte. Exklusivität kann auch über das Versenden kurzfristiger Nachrichten erzeugt werden. Meldungen, die kurz vor einer Aufführung veröffentlicht werden wie beispielsweise ein Restkartenangebot oder die Ankündigung einer Krankheitsvertretung können über klassische Kommunikationsinstrumente in der Regel nicht publik gemacht werden. Zudem bieten Social Media-Kanäle die Möglichkeit, über einen längeren Zeitraum Geschichten zu entwickeln (sogenanntes Storytelling) und die Rezipienten aktiv einzubinden. Diese Möglichkeit sollte bei der Gestaltung der Informationen bedacht und eingesetzt werden. Beispiele hierfür sind die Dokumentation über die Entstehung und Proben eines neuen Stückes. Beispielsweise veröffentlichte die Bayerische Staatsoper während der Vorbereitungen des Wagner-Opernzyklus „Der Ring des Nibelungen" regelmäßig Informationen und Bilder von den Proben und Entwicklungen der Inszenierung.

- *Beiträge der Theaterfans*

Die publizierten Beiträge der Theaterfans sollten nicht dem Zufall überlassen bleiben. Zu überlegen sind Maßnahmen und Anreize, wie sich User konkret mit eigenen Inhalten an der Social Media-Kommunikation beteiligen können. Zu beachten ist, wie in Kapitel 5 bereits dargestellt, dass die Mehrheit der Social Media-Nutzer nur ein geringes Interesse daran hat, eigene Inhalte zu erstellen. Das Ziel, Theaterfans für die Gestaltung der Inhalte auf Social Media-Kanälen zu gewinnen, kann daher nur realistisch sein, wenn eine ausreichend große Fangemeinde zur Verfügung steht oder die Fans eines bestimmten Theaters überdurchschnittlich aktiv bei Social Media-Diensten sind. Auch gilt zu beachten, dass im Rahmen von Aufrufen zu User Generated Content keine datenschutzrechtlichen Bedenken entstehen, wie etwa der Vorschlag Informationen online zu stellen, die zu einer starken Offenlegung der Privatsphäre der User beitragen.

Gelungene Beispiele für die Einbindung der Fans eines Theaters bei der Erstellung von Inhalten zeigten das Staatsschauspiel Stuttgart und das Maxim Gorki Theater Berlin: So rief das Staatsschauspiel Stuttgart seine Facebook-Fans dazu auf, Fotos der aktuellen Plakatkampagne zu machen und diese auf Facebook zu veröffentlichen. Das Maxim Gorki Theater Berlin zeigte in einem Video-Clip eine Anleitung, wie aus dem Programmheft ein Hase gebastelt werden kann und ermutigte seine Fans, die Bilder eigener Hasen auf Facebook zu veröffentlichen, wie Abbildung 43 auf der nachfolgenden Seite zeigt. Es sei angemerkt, dass sich die Verantwortlichen des Theaters für diese Aktion auch kritische Kommentare gefallen lassen mussten wie etwa die Frage, ob es auf der Bühne nichts zu tun gäbe. Die Besucher wurden darüber hinaus dazu angeregt, die gebastelten Hasen im Rahmen eines Osterfestivals in den Garten des Maxim Gorki Theater zu stellen.

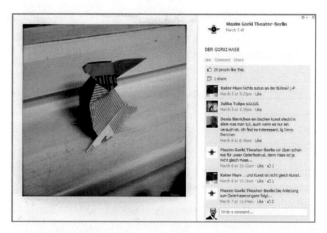

Abbildung 43: Maxim Gorki Theater Fan-Page. Quelle Facebook 2012.

Neben dem Aufruf, zu bestimmen Themen Inhalte einzustellen, sollten Theater zudem ihre Besucher motivieren, in einem definierten Rahmen ihren Theaterbesuch zu doku-mentieren und als eigene Nachrichten an persönliche Kontakte zu verbreiten. Mit der Verbreitung von Social Media und neuen technischen Möglichkeiten, digitale Fotos und Videos – beispielsweise mit dem Mobiltelefon – zu machen, hat sich auch eine neue Kultur des (Mit-)Teilens persönlicher Erlebnisse etabliert. Die visuelle Dokumentation eines Theaterbesuchs wird jedoch zumeist durch explizite Foto- und Videoverbote unter-bunden. Zwar sind Foto- und Filmaufnahmen während der Vorstellung ohne Zweifel berechtigterweise tabu, jedoch sollte vor oder nach dem Theaterbesuch die Möglichkeit gegeben werden, den Besuch zu dokumentieren und z.B. in Social Networks zu ver-öffentlichen. So erfahren auch Nicht-Besucher und damit potenzielle (neue) Ziel-gruppen von dem Theaterangebot. Als Anreiz einer Dokumentation könnte beispiels-weise eine gut ausgeleuchtete Leinwand mit dem Logo des Theaters sowie einem Arrangement von Theatersitzen fungieren, die dazu animiert, sich vor der Leinwand fotografieren zu lassen.

Controlling

Der Einsatz von Social Media sollte zudem durch eine kontinuierliche Beobachtung der Zielgruppen und der Reaktionen im Internet begleitet werden, um die Kommunikations-politik auf die Anforderungen der Rezipienten abstimmen zu können und um positive sowie negative Entwicklungen frühzeitig zu erkennen: Social Media-Anwendungen bieten das Potenzial, die Publikumsforschung der Theater nachhaltig zu verändern.

Derzeit werden nur bestimmte Zielgruppensegmente durch die Analyse-Instrumente der Social Media-Anwendungen erfasst. Bei einem anhaltenden Trend der Social Media-Nutzung werden jedoch voraussichtlich in einigen Jahren die meisten Besucher durch diese Instrumente erreicht werden. Die Theater sollten bereits heute überlegen, welche sinnvollen Informationen über Social Media eruiert werden können. Diese Form der Analyse muss sich nicht auf die Besucher bzw. Nutzer der Social Media-Angebote der Theater beschränken. Sogenannte Monitoring-Software ermöglicht es den Theatern, zu recherchieren, welche Beiträge über sie durch Blogs, Twitter, Facebook und andere Social Media-Anwendungen im Internet veröffentlicht werden. Dies kann erfolgen, indem beispielsweise der Name des Theaters bei „Google Alerts" als Schlagwort einge-richtet wird und dadurch Theater regelmäßig Berichte über Veröffentlichungen erhal-ten, in denen das Theater genannt wird. Über „Tweetburner" und „Back-Tweet" lassen sich Nachrichten auf Twitter suchen und „Social Mention" ermöglicht eine umfang-reiche Suche in verschiedenen Social Media-Kanälen.

Die Ergebnisse der Arbeit haben jedoch auch gezeigt, dass mit den Möglichkeiten des Social Media-Controlling kritisch umgegangen werden muss. Grundsätzlich müssen sich Theater auf eine Auswahl der zahlreichen verfügbaren Angebote zur Überprüfung ihrer Social Media-Präsenz beschränken. Dies sollte auf der Überlegung und Ent-scheidung basieren, welche Kennzahlen und Informationen tatsächlich für das Theater relevant sind. Die Bedeutung bestimmter Kennzahlen ist wiederum theaterspezifisch und abhängig von den einzelnen Marketingstrategien der Theater. Zu betonen ist, dass Kennzahlen nicht ausgewählt werden sollten, weil sie unkompliziert zu erheben sind. Die Möglichkeit, automatisiert Kennzahlen zu erheben (z.B. Anzahl der Fans, der Follower, der Kommentare) birgt die Gefahr, dass zunächst diese Zahlen für die Bewer-tung von Kommunikationsmaßnahmen zu Rate gezogen werden und darüber hinaus relevante Informationen nicht berücksichtigt werden. Beispielsweise kann anhand der Anzahl der Kommentare auf einem Blog oder dem Profil eines Social Networks ein erster Rückschluss auf die Aktivität der Rezipienten erfolgen. Relevant für eine hilf-reiche Bewertung wäre jedoch auch die Frage nach der Anzahl der User, die auf den Theaterseiten Kommentare verfassen. So macht es einen großen Unterschied, ob sich hinter einer bestimmten Anzahl von Kommentaren nur eine oder wenige Personen ver-bergen oder ob die Kommentare von einer Vielzahl von Personen verfasst wurden. Darüber hinaus ist zu evaluieren, welche Inhalte durch die Kommentare veröffentlicht werden, also ob es sich beispielsweise um Lob, Kritik oder Fragen handelt. Diese Bei-spiele verdeutlichen die Notwendigkeit, neben quantitativen Controlling-Instrumenten auch qualitative Analysen durchzuführen. Zudem muss betont werden, dass sich Theater nicht auf einzelne Kennzahlen verlassen sollten. Während die Anzahl der Fans einer Facebook-Seite wertvoll für die Einschätzung der Reichweite von Nachrichten sind hat diese Zahl jedoch nur einen sehr geringen Einfluss auf die Bewertung der Qualität des Theaters (aus Perspektive der Nutzer), wie die Studie in Kapitel 6.3 zeigte.

7.3 Weitere Einsatzfelder von Social Media

Abgesehen von den Möglichkeiten für die Kommunikationspolitik, bietet Social Media weitere Einsatzfelder für Theater. Diese Potenziale betreffen für das Theatermarketing die Leistungs- und Distributionspolitik und darüber hinaus für das Theatermanagement den Bereich Personalbeschaffung und die Theaterfinanzierung. Nachfolgend sollen die Einsatzmöglichkeiten skizziert werden, um das Potenzial von Social Media über die Kommunikationspolitik hinaus zu verdeutlichen.

- *Leistungspolitik*

Social Media bietet die Grundlage für Leistungsinnovationen. Beispielsweise vereinen Fan-Profile von Theatern Personen, die ein gemeinsames Interesse an dem Angebot eines bestimmten Theaters haben. Dies ermöglicht die Leistung, Kontakte zwischen den Besuchern untereinander herzustellen und gemeinsame Theaterbesuche zu organisieren. Beispielsweise hat die Messe und Veranstaltungs GmbH Frankfurt (Oder) auf ihrer Homepage ein sogenanntes „Mitgeh-Portal" eingerichtet, auf dem sich Kulturinteressierte registrieren können. Durch das Anlegen eines eigenen Profils kann dort mit anderen Personen Kontakt aufgenommen weden, um gemeinsam Kulturveranstaltungen zu besuchen (vgl. MUV 2013).

Auch die Arbeit eines Theaterfreundeskreises lässt sich durch den Einsatz von Social Media bereichern, wenn beispielsweise an die Verwaltung der Mitgliederdaten, die Gestaltung der Kommunikation mit den Mitgliedern oder auch die Koordination von Events gedacht wird. Weitere mögliche Leistungen könnten Live-Chat-Angebote mit Schauspielern, Regisseuren oder anderen Theaterverantwortlichen sein, die auf Theaterblogs oder Social Networks realisiert werden. Zu untersuchen sind Wege, wie diese Leistungen durch die Nachfrager finanziell vergütet werden können. Eine Möglichkeit zeigt die Leistung „Digital Concert Hall" der Berliner Philharmoniker, die zwar keine Social Media-Angebot ist, jedoch als Benchmark für die Gestaltung von digitalen Leistungen dienen kann.

Dass Theater auch unmittelbar durch Social Media-Kanäle entsehen kann, zeigte 2012 das Maxim Gorki Theater Berlin in Kooperation mit der Kommunikationsagentur Jung von Matt mit dem Projekt „Effi Briest 2.0". Das Fontane-Stück wurde live auf Facebook übertragen und durch Fan-Kommentare mitgestaltet, die in die Aufführung einflossen.

Gezeigt wurde die Vorführung auf der „Online Bühne" des Theaters[75], morderiert von „Theo von Tain".

Eine Schnittstelle zwischen Social Media-Kommunikation und „realer" Einbindung zeigte ebenfalls das Maxim Gorki Theater: Über Social Media-Kanäle wurde zu einem Flashmob vor dem Theater aufgerufen. Die Aktion wurde vor Ort per Video live auf die Bühne übertragen und war Teil einer Theatervorstellung.

- *Distributionspolitik*

Im Rahmen der Online-Kommunikation wurde das Affiliate-Marketing angesprochen. Hierbei handelt es sich um ein Provisionsmodell, nach welchem Personen eine Vergütung erhalten, wenn durch ihre Vermittlung ein (Ticket-)Kauf von Dritten erfolgt. Die vernetzte Struktur von Social Media bietet eine Grundlage für den Einsatz von Affiliate-Marketing, das die Distributionspolitik von Theatern unterstützen kann. So können Kooperationen mit privaten Blogbetreibern und Usern, die theateraffine Personen erreichen, eingegangen werden. Beispielsweise kann ein privater Blog mit dem Online-Ticketsystem eines Theaters verbunden werden. Auch können Theaterbesucher für die Vermittlung von neuen Theaterbesuchern über Social Media finanziell oder durch Freikarten belohnt werden.

Neben dem Affiliate-Marketing besteht auch die Möglichkeit den Ticketverkauf direkt über Social Media anzbieten (vgl. Bernecker/Beilharz 2012, S.181f.). Durch Dientleister wie beispielsweise ShopShare lassen sich Anwendungen in die Facebook-Fanpage eines Theaters integrieren, über die Ticktes direkt an die Fans verkauft werden können. Hierdurch könnte ein Hauptproblem des Einsatzes von Social Media gelöst werden: Die mangelden Möglichkeiten der Effizienzmessung dieser Medien. Durch die Integration des Ticketsverkaufs in Social Media wäre ein direkter Vergleich von Kartenabsatz und Social Media-Aktivitäten möglich.

- *Personalbeschaffung*

Auch für das Beschaffungsmarketing der Theater kann Social Media unterstützend wirken. Es ist zu erwarten, dass zukünftig – nicht nur im Kultursektor – auch die Suche und Ansprache von neuen Mitarbeitern verstärkt über Social Media-Kanäle erfolgen wird. Insbesondere Theatern, die in der Regel über viele Mitarbeiter mit heterogenen Berufen verfügen, bieten sich hierdurch neue Chancen des Personalrecruitings und der

---

[75] Die Online-Bühne ist unter https://www.facebook.com/groups/MGTOB/ einsehbar.

Selbstdarstellung gegenüber potenziellen Mitarbeitern. So besteht beispielsweise die Möglichkeit, eigene Profilseiten auf Social Networks einzurichten, auf denen sich Theater als Arbeitgeber darstellen, Einblicke in den Arbeitsalltag geben und Bewerbern und Mitarbeitern die Möglichkeit zum Austausch bieten. Diese Maßnahmen können insbesondere bei temporären Tätigkeiten wie das Mitwirken als Statisten oder die Mitarbeit als Praktikant die Theater bei der Personalsuche unterstützen. Bisher finden sich Ausschreibungen zu Praktika oder die Einladung, als Statist mitzuwirken, vereinzelt und ohne erkennbare Strategie als Meldungen auf Fan-Seiten.

- *Theaterfinanzierung*

Basierend auf den viralen Effekten der Social Media-Kommunikation und der damit verbundenen Möglichkeit, in kurzer Zeit große Gruppen von Personen zu mobilisieren, ist in den letzten Jahren in vielen Bereichen des Kultursektors das neue Finanzierungsmodell „Crowdfunding" populär geworden. Die Idee hinter dem Modell Crowdfunding ist, dass eine große Masse an Menschen mit geringen finanziellen Beiträgen eine ausreichende Summe generiert, die zur Realisierung eines Projektes benötigt wird (vgl. Kreßer 2011; Gumpelmaier 2011). Die Beiträge werden als Spenden oder in Form vom Mikro-Venture-Capital vergeben. In der Regel erhalten die Geldgeber einen ideellen oder materiellen Gegenwert. Praktisch funktioniert Crowdfunding dadurch, dass Projekte auf Crowdfunding-Plattformen vorgestellt und beworben werden. Diese Plattformen sind wie Social Networks aufgebaut, sodass Projekte und Personen eigene Profile anlegen und miteinander in Interaktion treten können. Die Crowdfunding-Plattformen dienen zudem als Vermittler der transferierten Gelder. Für Theater bietet sich die Möglichkeit, Crowdfunding einzusetzen, um eigene Produktionen oder zusätzliche Projekte zu finanzieren bzw. eine Co-Finanzierung für eigene Vorhaben zu erreichen. Zudem führt ein Crowdfunding-Projekt immer auch zu medialer Aufmerksamkeit, die im Rahmen der Kommunikationspolitik genutzt werden kann.

Nach dem Aufzeigen weiterer Einsatzfelder soll abschließend der Blick auf zukünftige Forschungsfragen gerichtet werden, um Möglichkeiten für weitere Untersuchungen aufzuzeigen.

7.4 Weiterer Forschungsbedarf

Mit der vorliegenden Arbeit wurde ein Beitrag zur Erforschung des Einsatzes von Social Media in der Kommunikationspolitik von Theatern geliefert. Untersucht wurde Social Media als Kommunikationsinstrument. Eine empirische Untersuchung erfolgte quantitativ durch die Erhebung der Theaternutzungszahlen und durch eine Online-Befragung sowie qualitativ durch die Einbindung zahlreicher Anwendungsbeispiele. Während sich die qualitative Forschung dieser Arbeit hauptsächlich auf den übergeordneten Kontext von Social Media konzentrierte, bieten sich weitere Forschungsvorhaben an, die einzelne Social Media-Anwendungen wie beispielsweise Social Networks, Blogs oder Sharing-Plattformen untersuchen. Zukünftig werden qualitative Forschungsergebnisse notwendig sein, um die Kommunikation durch Social Media besser verstehen zu können und damit weitere Implikationen für das Theatermarketing abzuleiten. Beispielsweise sollte in weiterführende Forschungsarbeiten die Zusammensetzung der Fan- bzw. Abonnentengruppen in Social Networks oder Blogs untersucht werden. Dies könnte etwa zeigen, wer genau die Empfänger der Informationen der Theater sind. Auch die Kommunikation der Theater untereinander durch Social Media ist ein Forschungsfeld, das sich dieser Frage anschließt und das bisher noch nicht bearbeitet wurde.

Darüber hinaus sollten die Informationen, die durch die einzelnen Social Media-Kanäle veröffentlicht werden, analysiert werden. In Anlehnung an die oben genannten Handlungsempfehlungen stellt sich beispielsweise die Frage, welches Verhältnis zwischen allgemeinen Fakten und Hintergrundwissen besteht und auf welche Weise das Prinzip Storytelling eingesetzt wird. Auch ist zu untersuchen, welche Formen von Information (z.B. Textbeiträge, Fotos, Videos, Links) in welchem Ausmaß rezipiert, kommentiert und weitergeleitet werden, um die Attraktivität und Effizienz verschiedener Gestaltungen von Botschaften zu erforschen.

In dieser Arbeit wurde vor allem die operative Kommunikationspolitik untersucht. Weiterer Forschungsbedarf ergibt sich in Hinblick auf die strategische Ebene beispielsweise in Bezug auf die Markenbildung und Markenführung von Theatern. Da die Zielgruppen einer Marke starken Einfluss auf ihre Wahrnehmung gegenüber Dritten haben, kann das Image einer Marke durch User Generated Content der Nachfrager einer Theatermarke positiv wie negativ beeinflusst werden. Diese Formen der Einflussnahme durch die Kommunikation der Besucher sollte untersucht werden, um Social Media für das Markenmanagement der Theater nutzbar zu machen.

Weitere zukünftige Forschungsfelder wurden anhand der erweiterten Einsatzmöglichkeiten von Social Media in Kapitel 7.3 aufgezeigt. So sollte sich die Forschung nicht nur auf Aspekte der Kommunikationspolitik beschränken. Ein umfangreiches Forschungsfeld bietet der Einsatz von Social Media im Personalmanagement von Theatern in Bezug auf die Ansprache und Gewinnung von Mitarbeitern sowie als internes Kommunikationsinstrument zur Mitarbeiterinformation und -motivation (z.B. durch hausinterne Blogs und Wikis). Auch die Untersuchung neuer Finanzierungsmöglichkeiten, die sich – wie das Crowdfunding – durch Social Media ergeben, sollte Gegenstand weiterer Forschung sein. Dies betrifft einerseits die mögliche Finanzierung oder Co-Finanzierung von Projekten, als auch die Organisation von Freundeskreisen durch Social Media.

Der Einsatz von Social Media erlaubt den Theatern, neue Modelle der Zuschauer-partizipation auszuprobieren. Die verschiedenen Formen und deren Wirkung, Chancen und Risiken sollten geprüft werden, da sie verschiedene Bereiche des Theaters wie die Theaterpädagogik und das Theatermanagement unterstützen können.

Abschließend sei betont, dass die hier vorgestellten Forschungsfelder nicht nur für die Kultursparte der Theater von Interesse sind, sondern die Social Media-Forschung auch für andere Kulturbetriebe von Relevanz ist – unabhängig davon ob es kulturelle Dienst-leister sind wie beispielsweise Orchester und Museen oder Anbieter kultureller Produkte wie der Kunsthandel oder Verlage.

Durch die sich permanent wandelnde Social Media-Landschaft, die kontinuierlich neue Anwendungen hervorbringt und bestehende Angebote weiterentwickelt, bleibt Social Media ein vielseitiges und spannendes Forschungsfeld – für Theater und für die Kultur.

8 Quellenverzeichnis

Aaker, David/ Myers, John (1975): Advertising Management, New Jersy: Englewood Cliff

ACTA (Allensbacher Computer und Technik Analyse) (2011): Veröffentlicht unter: http://www.acta-online.de/ (02.01.2012)

Adler, Jost (1996): Informationsökonomische Fundierung von Austauschprozessen: Eine nachfrageorientierte Analyse, Wiesbaden: Gabler

AFR (Agentur Forrester Research) (2011): Veröffentlicht im Internet unter: http://www.forrester.com/empowered/tool_consumer.html (21.08.2011)

Agichtein, Eugene/ Castillo, Carlos/ Donato, Debora/ Gionis, Aristides/ Mishne, Gilad (2008): Finding High-Quality Content in Social Media. In: WSDM 2008 Proceedings of the international conference on Web search and web data mining, New York, S. 183-194

Ahlert, Dieter/ Kenning, Peter (2004): Marke und Hirnforschung: Status Quo, in: Marketing-Journal,7-8, S. 44-46

Alby, Tom (2006): Web 2.0. Konzepte, Anwendungen, Technologien, München: Carl Hanser Verlag

Alby, Tom (2008): Web 2.0. Konzepte, Anwendungen, Technologien, 3. A. München: Carl Hanser Verlag

AllFacebook (2012): Facebook Nutzerzahlen, veröffentlicht unter http://allfacebook.de/ userdata/ (15.07.2012)

Allmann, Uwe (1997): Innovatives Theatermanagement. Eine Fallstudie. Wiesbaden: DUV

Almstedt, Matthias (1999): Ganzheitliches computerbasiertes Controlling im öffentlichen Theater. Konzeption und prototypische Implementierung eines Controlling-Infosystems auf der Basis einer Analyse des öffentlichen Theaters, Göttingen: Unitext-Verlag

Alpar, Paul/ Blaschke, Steffen (Hrsg.) (2008a): Web 2.0 – Eine empirische Bestands-aufnahme, Wiesbaden: GWV

Alpar, Paul/ Blaschke, Steffen (Hrsg.) (2008b): Einleitung, in: Alpar, Paul/ Blaschke, Steffen (Hrsg.): Web 2.0 – Eine empirische Bestandsaufnahme, Wiesbaden: GWV, S. 1-15

Alpar, Paul/ Blaschke, Steffen/ Keßler, Steffen (2007): Web 2.0: Neue erfolgreiche Kommunikationsstrategien für kleine und mittlere Unternehmen, Wiesbaden: Hessen-Media

Ambler, Tim/ Ioannides, Andreas A./ Rose, Steven (2000): Brand on the Brain. Neuro-Image of Advertising, in: Business Strategy Review, 11. Jg., Nr. 3, S. 17-30

Amersdorffer, Daniel/ Bauhuber, Florian/ Egger, Roman/ Oellrich, Jens (Hrsg.) (2010): Social Web im Tourismus: Strategien - Konzepte – Einsatzfelder, Heidelberg: Springer

Anderson, Chris (2007): The Long Tail – der lange Schwanz. Nischenprodukte statt Massenmarkt – das Geschäft der Zukunft, München: Carl Hanser Verlag

Anderson, Chris (2009): Free: The Future of a Radical Price, New York: Hyperion Books

ARD/ZDF (2011a): ARD/ZDF Onlinestudie, veröffentlicht unter: http://www.ard-zdf-onlinestudie.de/ (21.08.2011)

ARD/ZDF (2011b): Onlinenutzung, veröffentlicht unter: http://www.ard-zdf-onlinestudie.de/index.php?id=onlinenutzung00 (21.08.2011)

ARD/ZDF (2011c): Vergleich Mediennutzung nach Alter, veröffentlicht unter: http://www.ard-zdf-onlinestudie.de/index.php?id=289 (21.08.2011).

ARD/ZDF (2011d): Nutzung von Social Media-Anwendungen nach Alter, veröffentlicht unter: http://www.ard-zdf-onlinestudie.de/index.php?id =onlinenutzunganwend0 (22.08.2011)

ARD/ZDF (2011e): Entwicklung der Online-Verweildauer, veröffentlicht unter: http://www.ard-zdf-onlinestudie.de/index.php?id=319 (21.08.2011)

ARD/ZDF (2011f): Nutzungsfrequenz von Social Media-Anwendungen, veröffentlicht unter: http://www.ard-zdf-onlinestudie.de/index.php?id =307 (21.8.2011)

ARD/ZDF (2011g): Nutzung von Online-Communitys, veröffentlicht unter: http://www.ard-zdf-onlinestudie.de/ index.php?id=309) (22.08.2011)

ARD/ZDF (2011h): Nutzung von Social Media-Angeboten, veröffentlicht unter: http://www.ard-zdf-onlinestudie.de/index.php?id=313 (25.08.2011)

ARD/ZDF (2011i): Genutzte Onlineanwendungen 2011, veröffentlicht unter: http://www.ard-zdf-onlinestudie.de/index.php?id= onlinenutzunganwend0 (09.07.2012)

Ayen, Hermann (2002): Marketing für Theaterbetriebe, Neuwied: Luchterhand

Baecker, Dirk (2003): Wozu Kultur?, Berlin: Kadmos

Baerens, Barbara (1979): Öffentlichkeitsarbeit als Determinante journalistischer Informationsleistungen. N P3/1979, S. 301-316

Ballwanz, Holger (2002): Kommunikationsprozesse im Internetmarketing, in: Manschwetus, Uwe/ Rumlcr, Andrea (Hrsg.): Strategisches Internetmarketing, Wiesbaden: Gabler, S. 395-416

Bamberger, Daniela (2010): Web 2.0 und Social Networking am Beispiel des Städel Museums, in: Scheurer, Hans/Spiller, Ralf (Hrsg.): Kultur 2.0. Neue Web-Strategien für das Kulturmanagement im Zeitalter von Social Media, Bielefeld: Transcript, S. 203-214

Barthelmes, Jürgen/Sander, Ekkehard (2001): Erst die Freunde, dann die Medien, München: DJI-Verlag

Bauer, Hans H./ Martin, Isabel/ Albrecht, Carmen-Maria (2008): Virales Marketing als Weiterentwicklung des Empfehlungsmarketing, in: Bauer, Hans/ Große-Leege, Dirk/ Rösger, Jürgen (Hrsg.): Interactive Marketing im Web 2.0+, München: Vahlen, S. 58-69

Bauer, Hans H./ Neumann, Marcus M./ Mäder, Ralf (2008): Virtuelle Verkaufsberater in interaktiven Medien, in: Bauer, Hans/ Große-Leege, Dirk/ Rösger, Jürgen (Hrsg.): Interactive Marketing im Web 2.0+, München: Vahlen, S. 216-213

Bauer, Hans/ Große-Leege, Dirk/ Rösger, Jürgen (Hrsg.) (2008): Interactive Marketing im Web 2.0+, München: Vahlen

Bauer, Hans/ Haber, Tobias E./ Albrecht, Carmen-Maia/ Laband, Tom (2008): Viral Advertising, in: Bauer, Hans/ Große-Leege, Dirk/ Rösger, Jürgen (Hrsg.): Interactive Marketing im Web 2.0+, München: Vahlen, S. 268-282

Bauer, Hans/ Martin, Isabel/ Albrecht, Carmen-Maria (2008): Virales Marketing als Weiterentwicklung des Empfehlungsmarketing, in: Bauer, Hans/ Große-Leege, Dirk/ Rösger, Jürgen (Hrsg.): Interactive Marketing im Web 2.0+, München: Vahlen, S. 58-71

Baumol, William J. / Bowen, William G. (1966): Performing Arts – The Economic Dilemma, Cambridge, M.A.

Beck, Christoph/ Hesse, Gero (2011): Social Media Studie 2011. Eine empirische Untersuchung: Die DAX-, MDAX-, TecDAX-, sowie 120 mittelständische Unternehmen, veröffentlicht im Internet: http://bit.ly/yj98Nl (02.02.2012)

Beck, Klaus (2006a): Medien, in: Bentele, Günter/ Brosius, Hans-Bernd/ Otfried Jarren (Hrsg.) (2006): Lexikon Kommunikations- und Medienwissenschaft, Wiesbaden: VS, S. 165

Beck, Klaus (2006b): Massenkommunikation, in: Bentele, Günter/ Brosius, Hans-Bernd/ Otfried Jarren (Hrsg.): Lexikon Kommunikations- und Medienwissenschaft, Wiesbaden: VS, S. 161f.

Beck, Klaus (2006c): Information, in: Bentele, Günter/ Brosius, Hans-Bernd/ Otfried Jarren (Hrsg.) (2006): Lexikon Kommunikations- und Medienwissenschaft, Wiesbaden: VS, S. 97f.

Behrens, Karl (1964): Absatzwerbung, Wiesbaden: Gabler

Bentele, Günter (2006a): Strategie, in: Lexikon Kommunikations- und Medienwissenschaft, Wiesbaden: VS, S. 274

Bentele, Günter (2006b): Vertrauen, in: Bentele, Günter/ Brosius, Hans-Bernd/ Otfried Jarren (Hrsg.) : Lexikon Kommunikations- und Medienwissenschaft, Wiesbaden: VS, S. 300

Berekoven, Ludwig/ Eckert, Werner/ Ellenrieder, Peter (2009): Marktforschung. Methodische Grundlagen und praktische Anwendung, 12. A., Gabler: Wiesbaden

Berlit, Peter/ Grams, Astrid (2010): Bildgebende Diagnostik in der Neurologie und Neurochirurgie: Interdisziplinäre methodenorientierte Fallvorstellung, Stuttgart: Thieme

Bernays, Edward (1928): Propaganda, New York: Horace Liveright

Bernays, Edward (2007): Propaganda. Die Kunst der Publik Relations, Freiburg: Orange Press

Bernecker, Michael (2009): Der Nutzen des Web 2.0 für die Kundenbindung, in: Bernecker, Michael/Pepels, Werner (Hrsg.): Jahrbuch Marketing 2009, Köln: Johanna-Verlag, S. 191-204

Bernecker, Michael/ Beilharz, Felix (2012): Social Media Marketing, 2. A., Köln: Johanna Verlag

Berners-Lee, Tim (1999): Transcript of Tim Berners-Lee's talk to the LCS 35th Anniversary celebrations, Cambridge Massachusetts, 1999/April/14, Veröffentlicht im Internet: http://www.w3.org/1999/04/13-tbl.html (09.08. 2011)

Bernet, Marcel (2010): Social Media in der Medienarbeit. Online-PR im Zeitalter von Google, Facebook und Co, Wiesbaden: VS

Bidlingmaier, Johannes (1975): Kategorien des Werbeerfolgs. In Behrens, Karl (Hrsg.): Handbuch der Werbung, 2. A., Wiesbaden: Gabler, S. 699-712

Bienert, Joerg (2007). Web 2.0 - Die Demokratisierung des Internet. In: Information Management & Consulting (22), Volume: 22, Issue: 1, S. 6-14

Birbaumer, Niels/ Schmidt, Robert F. (2003): Biologische Psychologie, 5. A., Berlin et al.: Springer

Bitner, May J./ Obermiller, Carl (1985): The Elaboration Likelihood –Modell: Limitations and Extensions in Marketing. In: Advances in Consumer Research, Vol. VII, S. 420-425

Blanchard, Oliver (2012): Social Media ROI, München: Addison-Wesley

Blömeke, Eva/ Braun, Alexander/ Clement, Michel (2011): Kundenintegration in die Wertschöpfung am Beispiel des Buchmarkts. In: Hass, Berthold H./ Walsh, Gianfranco / Kilian, Thomas (Hrsg.): Web 2.0 – Neue Perspektiven für Marketing und Medien Berlin/Heidelberg: Springer, 2. A., S. 253-266.

Blumauer, Andreas/ Pellegrini, Tassilo (Hrsg.) (2009): Social Semantic Web. Web 2.0 – Was nun ? Berlin et al.: Springer

Boerner, Sabine (2002): Führungsverhalten und Führungserfolg. Beitrag zu einer Theorie der Führung am Beispiel des Musiktheaters, Wiesbaden: Gabler.

Böhme-Dürr, Karin (2000): Fernsehen als Ersatzwelt – zur Realitätsorientierung von Kindern, in: Koppe-Graff, Siegried/ Oerter, Rolf (Hrsg.): Spielen und Fernsehen, München: Weinheim, S.133-152

Bolwin, Rolf (2011): Theater und Orchester gestern, heute, morgen – eine Welt der Kunst in Zahlen, in: Bühnenverein (Hrsg.) (2011): Wie geht es weiter mit dem Stadttheater, Köln: o.V., S. 5-12

Bongard, Joachim (2002): Werbewirkungsforschung. Grundlagen – Probleme – Ansätze, Münster et. al.: LIT

Bortoluzzi Dubach, Elisa/ Frey, Hansrudolf (2007): Sponsoring, Basel: Paul Haupt

Bortz, Jürgen/ Döring, Nicola (2003): Forschungsmethoden und Evaluation für Human- und Sozialwissenschaftler, Heidelberg/Berlin: Springer

Brandenburg, Detlef (2005): Musiktheater – Oper, Stadttheater, Postmoderne. In: Deutscher Bühnenverein (Hrsg.): Theater und Orchester in Deutschland, Köln: o.V.

Brauerhoch, Frank-Olaf (2004): Theater, Publikum und Image – eine Studie über die „Theaterlandschaft" in Frankfurt a.M. In: Wagner, Bernd (Hrsg.) (2004a): Jahrbuch für Kulturpolitik 2004. Thema: Theaterdebatte, Band 4, Essen: Klartext

Brosius, Hans-Bernd/ Esser, Frank (1998): Mythen in der Wirkungsforschung: Auf der Suche nach dem Stimulus-Response-Modell, in: Publizistik, 43 (1998) 4, S. 341 – 361

Bruhn, Manfred (2004): Marketing. Grundlagen für Studium und Praxis, Wiesbaden: Gabler

Bruhn, Manfred (2006): Qualitätsmanagement für Dienstleistungen, 6. A., Berlin et al.: Springer

Bruhn, Manfred (2010): Kommunikationspolitik, 6. A., München: Vahlen

BSO (Bayerische Staatsoper) (2012): Trailer DAS RHEINGOLD, veröffentlicht unter: http://bit.ly/HuZjoU (07.03.2012)

Buchli, Hans (1962): 6000 Jahre Werbung. Geschichte der Wirtschaftswerbung und Propaganda, Berlin: de Gruyter

Bühne Überlingen (2013): Reigen Dirne und Soldat, veröffentlicht im Internet unter: http://www.buehne-ueberlingen.de/second-life-theater/second-life-theater.html (03.03.2013)

Bühnenverein (2010): Information zur Theaterstatistik 2009/2010, veröffentlicht unter: http://www.buehnenverein.de/de/publikationen-und-sta-tistiken/statistiken/theaterstatistik.html (03.06.2011)

Bühnenverein (Hrsg.) (2011): Wie geht es weiter mit dem Stadttheater, Köln: o.V.

Bullinger, Hans-Jörg/ Scheer, August-Wilhelm (Hrsg.) (2006): Service Engineering, Berlin et. al.: Springer

Burgold, Felix/ Sonnenburg, Stephan/ Voß, Markus (2009): Masse macht Marke: Die Bedeutung von Web 2.0 für die Markenführung, in: Sonnenburg, Stephan (Hrsg.): Swarm Branding. Markenführung im Zeitalter von Web 2.0, Wiesbaden: VS, S. 9-19

Burkart, Roland (2002): Kommunikationswissenschaft, 4. A., Wien et. al.: Böhlau

Butzer-Strothmann, Kristin/ Günter, Bernd/ Degen, Horst (2001): Leitfaden für Besucherbefragungen durch Theater und Orchester, Baden Baden: Nomos

Cantù, Marco (2008): The Social Web. An Introduction into Web 2.0 and its Communities, Piacenza: o.V.

Carls, Nada (2007): Guerilla-Marketing im Kulturbetrieb, Berlin: VDM

Chaffey, Dave/ Mayer, Richard/ Johnston, Kevin/ Ellis-Chadwick, Fiona (2001): Internet-Marketing, München: Pearson Studium

Chan-Olmsted, Sylvia (2011): Media Branding in a Changing World: Challenges and Opportunities 2.0, in: International Journal on Media Management, Volume 13, Issue 1, 2011, S. 3-19

Chen, Yubo/ Fay, Scott/ Wang, Qi (2011): The Role of Marketing in Social Media: How Online Consumer Reviews Evolve, in: Journal of Interactive Marketing, Volume 25, Issue 2, Pages 67-122 (May 2011), S. 85-94

Chou, Wen-ying Sylvia/ Hunt, Yvonne M/ Burke Beckjord, Ellen/ Moser, Richard P./ Hesse, Bradford W (2009): Social Media Use in the United States: Implications for Health Communication, in: Journal of Medical Internet Research, 2009 Oct-Dec; 11(4): e48. Veröffentlicht unter: http://www.ncbi.nlm.nih.gov/pmc/articles/PMC2802563/ (22.02.2012)

Claycamp, Henry/ Liddy, Lucien (1969): Prediction of New Product Performance: An Analytical Approach, in: Journal of Marketing Research, 6/1969, S. 412-418

Clement, Reiner/ Schreiber, Dirk (2010): Internetökonomie. Grundlagen und Fallbeispiele der vernetzten Wirtschaft, Berlin et al.: Springer

Colbert, Francois (2007): Marketing Culture the Arts, Montreal: Paul & Co Pub Consortium

Colley, Russel H. (1961): Defining Advertising Goals for Measured Advertising Results, New York: Association of National Advertisers

Conrady, Roland/ Japersen, Thomas/ Pepels, Werner (Hrsg.) (2002): Online Marketing Instrumente, Neuwied et al.: Luchterhand

Cooke, Mike/Buckley, Nick (2008): Web 2.0, social networks and the future of market research, in: International Journal of Market Research, Vol. 50 Issue 2, S. 267-292

Cornelsen, Claudia (2002): Online-PR, in: Conrady, Roland/ Japersen, Thomas/ Pepels, Werner (Hrsg.): Online Marketing Instrumente, Luchterhand: Neuwied et al., S. 172-191

Correa, Teresa/ Hinsley Amber Willard/ Zúñiga (2010): Who interacts on the Web?: The intersection of user´s personality and social media use, in: Journal: Computers in Human Behaviour, Nr. 26 (2010), S. 247-253

Corsten, Hans/ Dresch, Kai-Michael/ Gössinger, Ralf (2005): Wettbewerbsstrategien für Dienstleistungen, in: Corsten, Hans/ Gössinger, Ralf (Hrsg.): Dienstleistungsökonomie, Berlin: Duncker & Humbolt, S. 361-403

Corsten, Hans/ Gössinger, Ralf (2007): Dienstleistungsmanagement, München: Oldenbourg

Czajka, Sebastian/Mohr, Sabine (2009): Internetnutzung in privaten Haushalten in Deutschland. S. 553-559; Veröffentlicht unter: http://www.destatis.de (21.07.2009)

Danielli, Giovanni/ Backhaus, Norman/ Laube, Patrik (2009): Wirtschaftsgeografie und globalisierter Lebensraum, 3. A., Zürich: Compendio Bildungsmedien

Dannenberg, Marius (2002): Management personalisierter E-Mail-Marketing-Kampagnen, in: Frosch-Wilke, Dirk/ Raith, Christian (Hrsg.): Marketing-Kommunikation im Internet. Theorie, Methoden und Praxisbeispiele vom One-to-One bis zum Viral-Marketing, Braunschweig et al: Vieweg, S. 207-233

Dannenberg, Ross A./ Mortinger, Steve/ Christ, Roxanne/ Scelsi, Chrissie/ Alemi, Farnanz (Hrsg.) (2010): Computer Games and Virtual Worlds. A New Frontier in Intellectual Property Law, Chicago: ABA Publishing

Darby, Michael/Karni, Edi (1973): Free Competition and the Optimal Amount of Frau, in: The Journal of Law and Economics, Jg. 16, Heft 1 (1973), S. 67-88

DBV (Deutscher Bühnenverein) (2010): Theaterstatistik 2008/2009, Köln: o.V.

DBV (Deutscher Bühnenverein) (2011a): Theaterstatistik 2009/2010, Köln: o.V.

DBV (Deutscher Bühnenverein) (2011b): Pressemitteilung zur Theaterstatistik 2009/2010, veröffentlicht unter: http://www.buehnenverein.de/de/publikationen-und-statistiken/statistiken/theaterstatistik.html (10.10.2011)

DBV (Deutscher Bühnenverein) (2011c): Der Faust, veröffentlicht unter: www.buehnenverein.de/de/netzwerke-und-projekte/der-faust.html (06.06.2011)

DBV (Deutscher Bühnenverein) (Hrsg.) (2005): Theater und Orchester in Deutschland, Köln: o.V.

de Teffé, Carola (2011): Kulturmarketing, in: Lewinski-Reuter, Verena/ Lüddemann, Stefan (Hrsg.): Glossar Kulturmanagement, Wiesbaden: VS, S. 175-182

Denzau, Arthur T. /North, Douglas, C. (1994): Shared Mental Models: Ideologies and Institutions, Kyklos, 47, S. 3-31

DGQ (Deutsche Gesellschaft für Qualität) (2012): Basiswissen: Begriffe, Qualität, Veröffentlicht unter: http://www.dgq.de/wissen/begriffe_qualitaet.htm (10.02.2012)

Diekmann, Andreas (2009): Spieltheorie. Einführung, Beispiele, Experimente, Reinbek bei Hamburg: Rowohlt

Diekmann, Andreas (2011): Empirische Sozialforschung. Grundlagen, Methoden, Anwendungen, 5. A., Reinbek bei Hamburg: Rowohlt Verlag

Diercks, Nina (2012): Social Media Recht. Worum geht es hier eigentlich? Und für wen ist das denn? Veröffentlicht im Internet unter: http:// socialmediarecht.wordpress.com/about/ (20.02.2012)

Doob, Leonard W. (1956): Public Opinion and Propaganda, New York: Shoe String Press Inc.

DOV (Deutsche Orchestervereinigung)/ ZfKf (Zentrum für Kulturforschung) (2011): Präsentation des 9. KulturBarometers, veröffentlicht im Internet, http://bit.ly/ryHeBk (14.11.2011)

Du Plessis, Erik (2005): The Advertising Mind, London: Kogan Page

Dümcke, Cornelia (1995): Zur aktuellen Theaterentwicklung aus ökonomischer Sicht, in: Popp, Sebastian/ Wagner, Bernd (Hrsg.): Das Theater und sein Preis. Beiträge zur Theaterreform, Frankfurt a.M.: Hessische Gesellschaft für Demokratie und O¨kologie, S. 67-77

Dyck, Christian (2002): Die Bedeutung von Partnerprogrammen im Online-Buchhandel – das Beispiel amazon.de, in: Frosch-Wilke, Dirk/ Raith, Christian (Hrsg.): Marketing-Kommunikation im Internet. Theorie, Methoden und Praxisbeispiele vom One-to-One bis zum Viral-Marketing, Braunschweig et al: Vieweg, S. 244-259

Ebersbach, Anja/ Glaser, Markus/ Heigl, Richard (2010): Social Web, 2. A., Stuttgart: UTB

Edelman, David C. (2007): From the Periphery to the Core: As Online Strategy Bcomes Overall Strategy, Marketing Organisazions and Agencies Will Never Be the Same, in: Journal of Advertising Research, 6/2007, S. 130

Eichhoff, Matthias/ Schumann, Michael (2010): Museum 3.0. Die virtuelle Gemäldegalerie Dresden in Secon Life, in: Scheurer, Hans/Spiller, Ralf (Hrsg.) (2010): Kultur 2.0. Neue Web-Strategien für das Kulturmanagement im Zeitalter von Social Media, Bielefeld: Transcript, S. 251-258

EK (Enquete-Kommission) (2008): Schlussbericht der Enquete-Kommission "Kultur in Deutschland", Herausgegeben von der Bundeszentrale für politische Bildung, Bonn: o.V.

Ellinghaus, Uwe (2000): Werbewirkung und Markterfolg, München et al.: Oldenbourg

Ellis, Avy/ Kauferstein, Michael (2004): Dienstleistungsmanagement, Berlin et al.: Springer

Erlei, Mathias/ Leschke, Martin/ Sauerland, Dirk (1999): Neue Institutionenökonomik, Stuttgart: Schäffer Poeschel

Esch, Franz-Rudolf (2010): Strategie und Technik der Markenführung, 6. A., München: Vahlen

Evans, Dave (2008): Social Media Marketing, Indianapolis: Wiley

Facebook (2012b): People Who Like Cosy Concerts Fan Page (Demographics and Location), Veröffentlicht unter: https://www.facebook.com/ Cosy.Concerts?sk=page_insights_likes (07.03.2012)

Facebook Newsroom (2012): Key Facts, veröffentlicht unter: http://newsroom. fb.com/content/default.aspx?NewsAreaId=22 (Abruf 20.07.2012)

Facebook Statistics (2012): veröffentlicht unter: http://newsroom.fb.com/content/ default.aspx?NewsAreaId=22 (07.03.2012)

Fank, Matthias (2009): Aktuelle Situation der Blogger und Foren- Betreiber. Ergebnisse einer Online-Befragung, Veröffentlicht im Internet: http://www.infospeed.de/data/Social-Media-Studie-2009.pdf (02.01.2012)

Faßler, Manfred (1997): Was ist Kommunikation? München: UTB

Fehse, Kai (2009): Neurokommunikation, Baden Baden: Nomos

Fini, Tim/ Joshi, Anupam/ Kolari, Pranam/ Java, Akshay/ Kale, Anubhav/ Karandikar, Amit (2008): The Information Ecology of Social Media and Online Communities, in: AI Magazin (by the Association for the Advancement of Artificial Intelligence), Volume: 29 Issue: 3, S. 77-91

Fischer, Marc/ Hüser, Annette/ Mühlenkamp, Claudia/ Schade, Christian/ Schott, Eberhard (1993): Marketing und neuere ökonomische Theorie – Ansätze zu einer Systematisierung, in: BFuB, 45. Jg. (1993), Nr.4, S. 444-470

Fischer, Tilman (2006): Kulturelle Veranstaltungen und ihr Publikum: eine entscheidungsorientierte Untersuchung des Konsumentenverhaltens bei kulturellen Veranstaltungen, Aachen: Shaker

Fischerkoesen, Hans (1967): Experimentelle Werbeerfolgsprognose, Wiesbaden: Gabler

Fischer-Lichte, Erika (1999): Kurze Geschichte des deutschen Theaters, Tübingen: UTB

Fitzsimons, James A./ Fitzsimons, Mone J. (2008): Servicemanagement, New York: Irwin Professional Pub

Fleiß, Sabine (2006): Prozessorganisation in Dienstleistungsunternehmen, Stuttgart: Kohlhammer

Föhl, Patrick/ Lutz, Markus (2010): Publikumsforschung in öffentlichen Theatern und Opern: Nutzen, Bestandsaufnahme und Ausblick, in: Glogner, Patrick /Föhl, Patrick S. (Hrsg.): Das Kulturpublikum. Fragestellungen und Befunde der empirischen Forschung, Wiesbaden: VS, S. 23-97

Föhl, Patrik S. (2011): Kooperationen und Fusionen von öffentlichen Theatern, Wiesbaden: VS

Frank, Simon A. (2011a): Online-Kulturmarketing und Social Media, in: Klein, Armin (Hrsg.): Kompendium Kulturmarketing, München: Vahlen, S. 141-167

Frank, Simon A. (2011b): Retweet @Zarathustra: Also! Die Kommunikationskultur auf Twitter als (Un)Heilsbringer für den Kunst- und Kulturbetrieb? In: Janner, Karin/Holst, Christian/ Kopp, Axel (2011): Social Media im Kulturmanagement. Grundlagen, Fallbeispiele, Geschäftsmodelle, Studien, Heidelberg: mitp, S. 420-428

Frees, Beate/ van Eimeren, Birgit (2011): Bewegtbildnutzung im Internet 2011: Mediatheken als Treiber. Ergebnisse der ARD/ZDF-Onlinestudie 2011. MP 7–8/2011, S. 350–359

Frosch-Wilke, Dirk/ Raith, Christian (Hrsg.) (2002): Marketing-Kommunikation im Internet. Theorie, Methoden und Praxisbeispiele vom One-to-One bis zum Viral-Marketing, Braunschweig et al: Vieweg

Fuchs, Wolfgang/ Unger, Fritz (2007): Management der Marketingkommunikation, Berlin/Heidelberg: Springer

Gabler, Reinhard (2009): Qualitätsmanagement für Sozialdienstleister, o.O.: BOD

Gedenk, Karen (2002). Verkaufsförderung, München: Vahlen

Gerlach-March, Rita (2010): Kulturfinanzierung, Wiesbaden: VS

Gerlach-March, Rita (2011): Gutes Theater. Theaterfinanzierung und Theaterangebot in Großbritannien und Deutschland im Vergleich, Wiesbaden: VS

Gesamtverband Kommunikationsagenturen (GWA) (2003): Argumente. Informationen aus der Kommunikationswirtschaft 1 / 2003. Veröffentlicht im Internet: http://www.gwa.de/fileadmin/media-center/Dokumente/Meinungen/Marketing_schafft_Konsum.pdf (05.03.2010)

Gilbert, Eric/ Karahalios, Karrie (2009): Predicting tie strength with social media, in: CHI 2009 Proceedings of the 27th international conference on Human factors in computing systems, S. 211-220

Gilbert, Eric/ Karahalios, Karrie/ Sandvig, Christian (2008): The Network in the Garden: An Empirical Analysis of Social Media in Rural Life, in: CHI 2008 Proceeding of the twenty-sixth annual SIGCHI conference on Human factors in computing systems. Veröffentlicht unter: http://social.cs.uiuc.edu/papers/pdfs/chi08-rural-gilbert.pdf (30.07.2011)

Gladwell, Malcom (2000): The Tipping Point: How Little Things Can Make a Big Difference, New York: Hachette Book Groups

Glogner, Patrick/ Föhl, Patrick S. (Hrsg.) (2010): Das Kulturpublikum. Fragestellungen und Befunde der empirischen Forschung, Wiesbaden: VS

Glogner-Pilz, Patrick (2012): Publikumsforschung. Grundlagen und Methoden, Wiesbaden: VS

Göbel, Elisabeth (2002): Neue Institutionenökonomik, Stuttgart: Lucius und Lucius

Göhmann, Lars (2005): Theater muss sein!? – Vortrag, gehalten im Rahmen der Fachtagung „Theater – muss sein!?", Veröffentlicht im Internet: www.proskenion.de/pdf/tmsein.pdf (06.01.2010)

Goodchild, Michael F. (2007): Citizens as Voluntary Sensors: Spatial Data Infrastructure in the World of Web 2.0, in: International Journal of Spatial Data Infrastructures Research, 2007, Vol. 2, S. 24-32

Google Trends (2013): Vergleich der Schlagwörter Web 2.0 (rot) und Social Media (blau). Veröffentlicht unter: http://www.google.com/trends/explore?hl=en#q=Web%202.0%2C%20Social%20Media&cmpt=q (03.03.2013)

Grabs, Anne/ Bannour, Karim-Patrick (2011): Follow me! Erfolgreiches Social Media Marketing mit Facebook, Twitter und Co, Bonn: Galileo Press

Grob, Hein Lothar/ vom Brocke, Jan (2006): Internetökonomie – Das Internet im Fokus hybrider Systeme, in: Grob, Hein Lothar/ vom Brocke, Jan (Hrsg.): Internetökonomie. Ein interdisziplinärer Beitrag zur Erklärung und Gestaltung hybrider Systeme, München: Vahlen, S. 3-16

Grün, Oskar/ Brunner, Jean-Claude (2002): Der Kunde als Dienstleister, Wiesbaden: Gabler

Grunder, Rebecca (2003): Viral Marketing, in: Wirtschaftswissenschaftliches Studium, 32, 9, S. 539-541

Günter, Bernd (2001): Kulturmarketing, in: Tscheulin, Dieter K./Helmig, Bernd (Hrsg.): Branchenspezifisches Marketing, Wiesbaden: Gabler, S. 331-339

Günter, Bernd/ Hausmann, Andrea (2009): Kulturmarketing, Wiesbaden: VS

Günter, Bernd/ Hausmann, Andrea (2012): Kulturmarketing, 2. A., Wiesbaden: VS

Gumpelmaier, Wolfgang (2011): Warum Crowdfunding kein schnelles Geld verspricht – Voraussetzungen für gelungenes Online-Fundraising, in: Janner, Karin/ Holst, Christian, Kopp, Axel (Hrsg.): Social Media im Kulturmanagement. Grundlagen, Fallbeispiele, Geschäftsmodelle, Studien, Heidelberg: mitp, S. 365-382

Haase, Henning (1989): Werbewirkungsforschung. In: Groebel, Jo/ Winterhoff-Spurk, Peter (Hrsg.): Empirische Medienpsychologie, München: BeltzPVU, S. 213-244

Habermas, Jürgen (1981): Theorie des kommunikativen Handelns. Band 1: Handlungsrationalität und gesellschaftliche Rationalisierung. Band 2: Zur Kritik der funktionalistischen Vernunft. Frankfurt a.M.: Suhrkamp

Häder, Michael (2010): Empirische Sozialforschung. Eine Einführung. 2. A., Wiesbaden: VS

Hafner, Katie/ Lyohn, Matthew (1997): Apra Kadabra Die Geschichte des Internet, Heidelberg: Dpunkt

Haller, Sabine (2009): Dienstleistungsmanagement, München: Gabler

Hartmann, Sebastian (2011): Neanderweb 2.0 – „Evolution" als Konzept für das Neanderthal Museum im Social Web, in: Janner, Karin/Holst, Christian/ Kopp, Axel (Hrsg.): Social Media im Kulturmanagement. Grundlagen, Fallbeispiele, Geschäftsmodelle, Studien, Heidelberg: mitp, S.269-183

Hass, Berthold H./ Walsh, Gianfranco/ Kilian, Thomas (Hrsg.) (2008): Web 2.0. Neue Perspektiven für Marketing und Medien, Heidelberg: Springer

Hasselbach, Dieter/ Klein, Armin/ Knüsel, Pius/ Opitz, Stephan (2012): Der Kulturinfarkt. Von allem zu viel und überall das Gleiche, München: Knaus

Haubl, Rolf (1992): Früher oder später kriegen wir euch, in: Hartmann, Hans A. (Hrsg.): Bilderflut und Sprachmagie, Opladen: Westdeutscher Verlag, S.9-32

Häusel, Hans-Georg (Hrsg.) (2008): Neuromarketing, Erkenntnisse der Hirnforschung für Markenführung, Werbung und Verkauf, München: Haufe

Hausmann, Andrea (2001): Besucherorientierung von Museen unter Einsatz des Benchmarking, Bielefeld: Transcript

Hausmann, Andrea (2005): Theater-Marketing, Grundlagen, Methoden und Praxisbeispiele, Stuttgart: Lucius

Hausmann, Andrea (2006a): Marketing für Theater – Überlegungen zur Königsdisziplin des Kulturmanagement, in: Europa-Universität Viadrina Frankfurt/Oder (Hrsg.): Universitätsschriften 2006, Frankfurt/Oder, S. 170-191

Hausmann, Andrea (2006b): Die Kunst des Branding: Kulturbetriebe im 21. Jahrhundert erfolgreich positionieren, in: Höhne, Steffen (Hrsg.): Kulturbranding?!, Leipzig: Leipziger Universitätsverlag S. 47-58

Hausmann, Andrea (2007): Visitor Orientation and its Impact on the Financial Situation of Cultural Institutions in Germany, in: International Journal of Nonprofit and Voluntary Sector Marketing, Vol. 12, No. 3, S. 205-215.

Hausmann, Andrea (2011a): Kunst- und Kulturmanagement. Kompaktwissen für Studium und Praxis, Wiesbaden: VS

Hausmann, Andrea (2011b): Theatermarketing, in: Klein, Armin (Hrsg.): Kompendium Kulturmarketing, München: Vahlen, S. 217-235

Hausmann, Andrea (2011c): Benchmarking, in: Lüddemann, Stephan/Lewinski-Reuter, Verena (Hrsg): Glossar Kulturmanagement - in 60 Stichwörtern, Wiesbaden: VS, S.27-33

Hausmann, Andrea (2012a): Virale Empfehlungen und Social Media im Theaterbereich, in: Betriebswirtschaftliche Forschung und Praxis, 64 (2012), Heft 1, S. 18-33

Hausmann, Andrea (2012b): Creating 'buzz': opportunities and limitations of social media for arts institutions and their viral marketing, in: International

Journal of Nonprofit and Voluntary Sector Marketing, DOI: 10.1002/nvsm, S. 1-10

Hausmann, Andrea/ Pöllmann, Lorenz (2010): Crowdfunding im Web 2.0. Neue Chancen für Fundraising und Kommunikation am Beispiel der Kultur, in: Stiftung und Sponsoring, Ausgabe 2/10, S. 28-29

Hausmann, Andrea/ Pöllmann, Lorenz (2012): Auswirkungen und Potenziale von Social Media im Kulturmanagement, in: Drews, Albert (Hrsg.): Die Zukunft der kulturellen Infrastruktur, 56. Loccumer Kulturpolitisches Symposium, Rehburg-Loccum: Evangelische Akademie Loccum, S. 105-113

Hausmann, Andrea/ Pöllmann, Lorenz (2013): Using Social Media for Arts Marketing: Theoretical Analysis and Empirical Insights for Performing Arts Organizations, in: International Review on Public and Nonprofit Marketing, 2/2013, DOI: 10.1007/s12208-013-0094-8

Heinrichs, Werner (2006): Der Kulturbetrieb, Bielefeld: Transcript

Heinrichs, Werner/ Klein, Armin (2001): Kulturmanagement von A-Z, München: Beck

Helm, Sabrina (2000a): Viral Marketing: Kundenempfehlung im Internet, Wiesbaden: DUV

Helm, Sabrina (2000b): Viral Marketing – Establishing Customer Relationships by „Word-of-Mouse", in: Electronic Markets, 10, 3, S.158-161

Henner-Fehr, Christian (2010): Herausforderung Weblog, in: Scheurer, Hans/Spiller, Ralf (Hrsg.): Kultur 2.0. Neue Web-Strategien für das Kulturmanagement im Zeitalter von Social Media, Bielefeld: Transcript, S.150-161

Hennig-Thurau, Thorsten / Walsh, Gianfranco (2004): Electronic Word-of-Mouth: Consequences of and Motives for Reading Customer Articulations on the Internet. In: International Journal of Electronic Commerce, 8 (2), S. 51-74.

Hennig-Thurau, Thorsten/ Gwinner, Kevin P./ Walsh, Gianfranco/ Gremler, Dwayne D. (2004): Electronic Word-of-Mouth via Consumer-Opinion Platforms: What Motivates Consumers to Articulate Themselves on the Internet? In: Journal of Interactive Marketing, 18 (1), S. 38-52.

Henze, Raphaela (2011): Nutzung des Web 2.0 an deutschen Theatern und Schauspielhäusern, in: Loock, Friedrich/ Scheytt, Oliver (Hrsg.): Kulturmanagement und Kulturpolitik, Raabe: Berlin, H 3.8, S. 1-13

Herbst, Dieter (2007): Public Relations, Berlin: Cornelsen

Herrmann, Andreas/ Homburg, Christian (Hrsg.) (2000): Marktforschung, 2. A., Wiesbaden: Gabler

Herzog, Roman (1996): Zum 150. Jubiläum des Deutschen Bühnenvereins. Rede des Bundespräsidenten in Oldenburg, in: Bulletin Nr. 46, Bonn 10.06.1996 (Presse- und Informationsamt der Bundesregierung)

Hettler, Uwe (2010): Social Media Marketing, Oldenburg: München

Hildebrandt, Lutz (2000): Hypothesenbildung empirische Überprüfung, in: Herrmann, Andreas/Homburg, Christian (Hrsg.): Marktforschung, 2. A., Wiesbaden: Gabler, S. 33-57

Hilger, Harald (1985): Marketing für öffentliche Theaterbetriebe. Frankfurt a.M.: Europäische Hochschulschriften: Reihe 5, Betriebswirtschaft. Bd. 643

Hilke, Wolfgang (1989): Grundprobleme und Entwicklungstendenzen des Dienstleistungsmarketing, in: Hilke, Wolfgang (Hrsg): Schriften zur Unternehmensführung, Band 35: Dienstleistungsmarketing, Wiesbaden: Gabler, S. 5-44

Hilker, Claudia (2010): Social Media für Unternehmer: Wie man Xing, Twitter, Youtube und Co. Erfolgreich im Business einsetzt, Wien: Linde

Himpe, Tom (2006): Die Werbung ist tot. Lang lebe die Werbung, München: Stiebner

Hoegel, Clemens (1995): Ökonomie der Oper. Grundlagen des Musiktheater-Managements. Bonn: ARCult Media

Hoffman, Donna L./ Novak, Thomas P. (2011): CALL FOR PAPERS Journal of Interactive Marketing Special Issue — Social Media: Issues and Challenges, in: Journal of Interactive Marketing, Volume 25, Issue 1, February 2011, S. 64-65

Holland, Heinrich (2001): Direktmarketing-Aktionen professionell planen, Wiesbaden: Gabler

Holland, Heinrich (2004): Direktmarketing, München: Vahlen

Holland, Heinrich (Hrsg.) (2002): Das Mailing, Wiesbaden: Gabler

Holzapfel, Felix/ Holzapfel, Klaus (2010): Facebook, Göttingen: Businessvillage

Holzbaur, Ulrich/ Jettinger, Edwin/ Knauss, Bernhard/ Moser, Ralf/ Zeller, Markus (2005): Eventmanagement. Veranstaltungen professionell zum Erfolg führen, Berlin: Springer

Homburg, Christian (2012): Marketingmanagement. Strategie – Instrumente – Umsetzung – Unternehmensführung, 4. A., Wiesbaden: Springer Gabler

Homburg, Christian/ Krohmer, Harley (2009): Marketingmanagement. Strategie-Instrumente-Umsetzung-Unternehmensführung, Wiesbaden: Gabler

Hopf, Gregor (2010): Die zerstörerische Kraft des Internets, in: Scheurer, Hans/Spiller, Ralf (Hrsg.): Kultur 2.0. Neue Web-Strategien für das Kulturmanagement im Zeitalter von Social Media, Bielefeld: Transcript, S. 45-60

Hopf, Michael (1983): Informationen für Märkte und Märkte für Informationen, Frankfurt a.M.: Bardurio und Hess

Howard, John A./ Ostlund, Lyman E. (1973): The Theory of Buyer Behavior: Theoretical and Empirical Foundations, New York: John Wiley & Sons

Howard, John A./ Sheth, Jagdish N. (1969): The Theory of Buyer Behavior, New York: John Wiley & Sons

Howe, Jeff (2008): Crowdsourcing. Why the Power of the Crowd is Driving the Future of Business, New York: Crown Business

Hünnekens, Wolfgang (2010): Die Ich-Sender: Das Social Media-Prinzip – Twitter, Facebook & Communities erfolgreich einsetzen, 3. A., Göttingen: Businessvillage

Institut für Länderkunde (2002) (Hrsg.): Nationalatlas Bundesrepublik Deutschland. Band 6: Bildung und Kultur, Heidelberg: Spektrum Akademischer Verlag

IWS (Internetworldstats) (2011): Veröffentlicht online unter: http://www.internetworldstats.com/stats.htm (21.08.2011)

Janner, Karin (2009): Internet-Marketing in Kulturbetrieben, in: Loock, Friedrich/ Scheytt, Oliver (Hrsg.): Kulturmanagement und Kulturpolitik, Raabe: Berlin, H 2.11, S. 1-36

Janner, Karin (2010): Kulturmarketing 2.0, in: Scheurer, Hans/Spiller, Ralf (Hrsg.): Kultur 2.0. Neue Web-Strategien für das Kulturmanagement im Zeitalter von Social Media, Transcript: Bielefeld: Transcript, S. 119-137

Janner, Karin/ Holst, Christian/ Kopp, Axel (2011): Social Media im Kulturmanagement. Grundlagen, Fallbeispiele, Geschäftsmodelle, Studien, Heidelberg: mitp

Jarvis, Jeff (2009): What Would Google Do? New York: Harper Business

Jung, Holger/ von Matt, Jean-Remy (2007): Momentum. Die Kraft, die Werbung heute braucht, Berlin: Lardon

Junk, Hermann (1973): Optimale Werbeprogrammplanung. Grundlagen und Entscheidungsmodelle, 2. A., Essen: W. Giradet

Kaas, Klaus P. (1973): Diffusion und Marketing, Stuttgart: Schäffer Poeschel

Kaas, Klaus P. (1991): Marketinginformationen: Screening und Signaling unter Partnern und Rivalen, in: Zeitschrift für Betriebswirtschaft, Jg. 61, Heft 3 (1991):, S. 357-370

Kaas, Klaus P. (1995a): Einführung: Marketing und Neue Institutionenökonomik, in: Kaas, Klaus P. (Hrsg.) (1995): Kontrakte, Geschäftsbeziehungen, Netzwerke – Marketing und Neue Institutionenökonomik, Düsseldorf: Verlagsgruppe Handelsblatt, S. 1-19

Kaas, Klaus P. (1995b): Marketing zwischen Markt und Hierarchie, in: Kaas, Klaus P. (Hrsg.) (1995): Kontrakte, Geschäftsbeziehungen, Netzwerke – Marketing und Neue Institutionenökonomik, Düsseldorf: Verlagsgruppe Handelsblatt

Kaas, Klaus P. (Hrsg.) (1995): Kontrakte, Geschäftsbeziehungen, Netzwerke – Marketing und Neue Institutionenökonomik, Düsseldorf: Verlagsgruppe Handelsblatt

Kaplan Andreas M./ Haenlein Michael (2010), Users of the world, unite! The challenges and opportunities of social media, Business Horizons, Vol. 53, Issue 1, S. 59-68

Katrin Busemann, Katrin/ Gscheidle, Christoph (2011): Web 2.0: Aktive Mitwirkung verbleibt auf niedrigem Niveau, in: Media Perspektiven 7-8/2011, S. 360-369

Kaul, Helge (2011): Social Media im Kulturmarketing – Ergebnisse einer empirischen Studie, in: Janner, Karin/Holst, Christian/ Kopp, Axel (Hrsg.): Social Media im Kulturmanagement. Grundlagen, Fallbeispiele, Geschäftsmodelle, Studien, Heidelberg: mitp, S. 405-412

Kenning, Peter/ Plassmann, Hilke/ Ahlert, Dieter (2007): Consumer Neurosince. Implikationen neurowissenschaftlicher Forschung für das Marketing, in: Marketing Zeitschrift für Forschung und Praxis, 29. Jg. 1/2007, S. 55-57

Keuchel, Susanne (2005): 8. Kulturbarometer, Akzeptanz als Chance nutzen für mehr Publikum im Musiktheater und Konzerten. Veröffentlicht im Internet: www.miz.org/artikel/kulturbarometer_zusammenfassung.pdf (10.10.2011)

KGSt (Kommunale Gemeinschaftsstelle) (1998): Führung und Steuerung des Theaters, Köln: o.V.

Kielholz, Annette (2008): Online-Kommunikation. Die Psychologie der neuen Medien für die Berufspraxis, Heidelberg: Springer

Kilian, Thomas/ Hass, Berthold H./ Walsh, Gianfranco (2008): Grundlagen des Web 2.0, in: Hass, Berthold H./ Walsh, Gianfranco/ Kilian, Thomas (Hrsg.): Web 2.0. Neue Perspektiven für Marketing und Medien, Heidelberg: Springer, S.3-22

Kilian, Thomas/ Langner, Sascha (2010): Online-Kommunikation. Kunden zielsicher verführen und beeinflussen, Wiesbaden: Gabler

Klein, Armin (2008a): Der exzellente Kulturbetrieb, 2. A., Wiesbaden: VS

Klein, Armin (2008b): Besucherbindung im Kulturbetrieb, 2. A., Wiesbaden: VS

Klein, Armin (2011): Kulturmarketing, München: Beck

Kloss, Ingomar (2003): Werbung. Lehr-, Studien- und Nachschlagewerk, 3. A., München, Vahlen

Kloss, Ingomar (2007): Werbung. Handbuch für Studium und Praxis, 4. A., München: Vahlen

Knudsen, Hans (1970): Deutsche Theatergeschichte, Stuttgart: Kröner

Koch, Waldemar (1958): Grundlagen und Techniken des Vertriebs (Bd. 1). Berlin: Dunker und Humbolt

Kolosoky, Scott (2011): Enterprise Social Technology. Austin (Texas): Greenleaf Book Group

Kornmeier, Martin (2007): Wissenschaftstheorie und wissenschaftliches Arbeiten. Eine Einführung für Wirtschaftswissenschaftler, Heidelberg: Physica-Verlag

Kornmeier, Martin (2010): Wissenschaftlich schreiben leicht gemacht. 3. A., Bern et al.: UTB

Kotler, Philip (1967): Marketing Management, New Jersy: Englewood Cliffs

Kotler, Philip/ Bliemel, Friedhelm (2006): Marketing-Management, München: Pearson Studium

Kotler, Philip/ Scheff, Joanne (1997): Standing Room Only, Strategies for Marketing the Performing Arts, Boston: Harvard Business Press

Kotteder, Franz (2011): Die wissen alles über Sie, München: Redline Verlag

Kreßer, Tino (2011): Finanzeirung durch Viele gemeinsam – Crowdfunding im Bereich Kunst und Kultur, in: Janner, Karin/Holst, Christian/ Kopp, Axel (Hrsg.): Social Media im Kulturmanagement. Grundlagen, Fallbeispiele, Geschäftsmodelle, Studien, Heidelberg: mitp, S. 349-364

Kreutzer, Ralf T./ Hinz, Jule (2010): Möglichkeiten und Grenzen von Social Media Marketing, Working Papers oft he Institut of Management Berlin at the Berlin School of Economics and Law (HWR Berlin) Nr. 58, Date: 10/2010. Veröffentlicht unter: http://berlinmba.org/ fileadmin/doc/Working_Paper/ WP_58_online.pdf (30.07.2011)

Kroeber-Riel, Werner (1980): Konsumentenverhalten, 2. A., München: Vahlen

Kroeber-Riel, Werner/ Weinberg, Peter/ Gröppel-Klein, Andrea (2009), Konsumentenverhalten, 9. A., München: Vahlen

Kromrey, Helmut (2009): Empirische Sozialforschung, 12. A., Stuttgart: Lucius und Lucius

Krugman, Herbert E. (1965): The Impact of Television Advertising: Learning Without Involvement. In: Public Opinion Quarterly, Vol. 29, 3/1965, S. 349-356

Krugman, Herbert E. (1966): The Measurement of Advertising Involvement. In: Public Opinion Quarterly, Vol. 30, 4/1966, S. 583-596

Kümmritz, Joachim (2001): Sparen bis zum Starrkrampf? In: Die Deutsche Bühne. Das Theatermagazin, 72. Jg. H.7, S. 38-41

Kunczik, Michael (2010): Public Relations: Konzepte und Theorien, 5. A., Stuttgart: UTB

Kuß, Alfred/ Eisend, Martin (2010): Marktforschung. Grundlagen der Datenerhebung und Datenanalyse, 3. A., Wiesbaden: Gabler

Lange, Klaus (2006): Ökonomie des subventionierten öffentlichen Theaters in Deutschland: Bestandsaufnahme und Entwicklungstendenzen, Bremen: Universität Bremen

Langner, Sascha (2005): Viral Marketing – wie Sie Mundpropaganda gezielt auslösen und gewinnbringend nutzen, Wiesbaden: Gabler

Lasswell, Harold D. (1949): The structureand function of communication in society. In: Schramm, W. (Hrsg.): Mass communications, Urbana (USA), 102-115. Wiederveröffentlichung des gleichnamigen Artikels von Lasswell (1948) in Bryson, L. (Hrsg.): The Communication of Ideas, New York: Harper & Brothers, S. 37-51

Lavidge, Robert C./ Steiner, Gary A. (1961): A model for predictive measurements of advertising effectiveness, in: Journal of Marketing, 25, S. 59-62

Lennartz, Knut (2005): Theaterhistorie – Die Wurzeln der deutschen Theaterlandschaft. In: Deutscher Bühnenverein (Hrsg.): Theater und Orchester in Deutschland, Köln: o.V.

Levine, Rick/ Loocke, Christopher/ Searls, Doc/ Weinberger, David (2002): Das Cluetrain Manifest. 95 Thesen für die neue Unternehmenskultur im digitalen Zeitalter,: München: Econ

Levison, Jay Conrad (1984): Guerilla Marketing, Boston: Houghton Mifflin

Levison, Jay Conrad (2006): Die 100 besten Guerilla – Marketing – Ideen, Frankfurt a.M.: Campus

Lewis, Elias St. Elmo (1903): Catch-Line and Argument, in: The Book-Keeper, Vol. 15, 2/1903, S. 124

Li, Charlene/ Bernoff, Josh (2009): Facebook, Youtube, Xing und Co, München: Hanser

Li, Charlene/Bernoff, Josh (2011): Groundswell. Winning in a world transformed by social technologies, Boston: Forrester Research:

Liebl, Franz (2000): Der Schock des Neuen. Entstehung und Management von Issues und Trends, München: Gerling-Akad.-Verlag

Lisowsky, Arthur (1951): Über den gegenwärtigen Stand der Werbepsychologie. Vortrag, gehalten auf dem Reklamekongress 1951 in Hamburg

Lovelock, Chrisopher H./Wirtz, Jochen (2010): Services marketing: people, technology, strategy, 7. A., New Jersy: Prentice Hall International

Ludes, Peter (2003): Einführung in die Medienwissenschaften, 2. A., Berlin: Schmidt

Luhmann, Niklas (1973): Vertrauen. Ein Mechanismus der Reduktion sozialer Komplexität. 2. A., Stuttgart: UTB

Luhmann, Niklas (2006): Soziale Systeme. Grundriss einer allgemeinen Theorie. Frankfurt a.M.: Suhrkamp

Luhmann, Niklas (2010): Die Realität der Massenmedien, 4. A., Wiesbaden: VS

Maecker, Eugen (1953): Planvolle Werbung. Ein Handbuch für die Werbepraxis 2. A., Essen: W. Giradet

Maleri, Rudolf/ Frietzsche, Ursula (2008): Grundlagen der Dienstleistungsproduktion, Berlin: Springer

Mandel, Birgit (2009): PR für Kunst und Kultur. Handbuch für Theorie und Praxis. 2. A., Bielefeld: Transcript

Mangold, W. Glynn/ Faulds, David, J. (2009): Social Media: The new hybrid element of the promotion mux, in: Business Horizons (2009), Nr. 52, S. 357-365

Manovich, Lev (2001): The Language of New Media, Cambridge, Mass: MIT Press

Manschwetus, Uwe/ Rumler, Andrea (Hrsg.) (2002): Strategisches Internetmarketing, Wiesbaden: Gabler

Martin, Uta (1999): Typologisierung des Theaterpublikums. Das Erkenntnispotential der verhaltensorientierten Marktsegmentierung für das Marketing öffentlich-rechtlicher Theater. Dresden: TU Dresden

Maurer, Tina/ Alpar, Paul/ Noll, Patrick (2008): Nutzertypen junger Erwachsener in sozialen Online-Netzwerken in Deutschland, in: Alpar, Paul/ Blaschke, Steffen (Hrsg.) (2008a): Web 2.0- Eine empirische Bestandsaufnahme, Wiesbaden: GWV, S. 207-232

Mayer, Manfred (1990): Operations Research/Systemforschung: Eine Einführung in die praktische Bedeutung, Tübingen: Gustav Fischer

Mayfield III, Thomas D. (2011): A Commander´s Strategy for Social Media, in: Joint Force Quarterly, issue 60, 1st Quarter 2011, S. 79-83

McGuire, William J. (1969): An information-processing model of advertising effectiveness. Paper presented to Symposium on Behavioural and Management Science in Marketing, University of Chicago.

Meffert, Heribert (1986): Marketing – Grundlagen der Absatzpolitik, 7. A., Wiesbaden: Gabler

Meffert, Heribert (2000): Marketing. Grundlagen der marktorientierten Unternehmensführung, Konzepte – Instrumente – Praxisbeispiele, Wiesbaden: Gabler

Meffert, Heribert/ Bruhn, Manfred (2006): Dienstleistungsmarketing, 5. A., Wiesbaden: Gabler

Meffert, Heribert/ Bruhn, Manfred (2009): Dienstleistungsmarketing, Grundlagen-Konzepte-Methoden, 6. A., Wiesbaden: Gabler

Merten, Klaus (1977): Kommunikation. Eine Begriffs- und Prozessanalyse, Opladen

Merten, Klaus (1999): Einführung in die Kommunikationswissenschaft, Bd.1: Grundlagen der Kommunikationswissenschaft, Münster et al.: LIT

Metzinger, Peter (2004): Business Campaigning, Berlin et al.: Springer

Meyer, Jörg (2004): Mundpropaganda im Internet. Bezugsrahmen und empirische Fundierung des Einsatzes von Virtual Communities im Marketing, Hamburg: Dr. Kovac

Meyer, Paul (1963): Die Werbeerfolgskontrolle, Düsseldorf: Econ

Michelis, Daniel/ Schildhauer, Thomas (Hrsg.) (2010): Social Media Handbuch. Theorien, Methoden, Modelle, Baden Baden: Nomos

Misoch, Sabina (2006): Online-Kommunikation, Konstanz: UVK Verlagsgesellschaft

Montgomery, David/ Urban, Glen (1969): Management Sciences in Marketing. New Jersy: Englewood Cliffs

Müller, Adrian W./ Müller-Stewens, Günter (2009): Strategic Foresight. Trend- und Zukunftsforschung in Unternehmen – Instrumente, Prozesse, Fallstudien, Stuttgart: Schäffer Poeschel

Müller, Uta (2008): Informationsverhalten beim Kauf von Unterhaltungsdienstleistungen. Eine Analyse am Beispiel von Circusunternehmen. Marburg: Tectum

Müller, Wolfgang/Weber, Regina (1993): Werbewirkungsfunktionen: Erfolgsräume der Praxis oder wissenschaftlich bestätigte Realität. In: Werbeforschung und Praxis, 38 Jg. S.17-78

Münker, Stefan (2010): Die Sozialen Medien des Web 2.0, in: Michelis, Daniel/ Schildhauer, Thomas (Hrsg.): Social Media Handbuch. Theorien, Methoden, Modelle, Baden Baden: Nomos

Murugesan, San (2007): Understanding Web 2.0, in: IT Pro, Issue July/August 2007, S. 34-41

MUV (Messe und Veranstaltungs GmbH) (2013): Mitgeh-Portal, veröffentlicht unter: http://www.muv-ffo.de/index-mitgehportal.htm (10.03.2013)

Nelson, Philip (1970): Information and Consumer Behaviour, in: Journal of Political Economy, Jg. 78, Nr.2, (1970), S.311-329

News Aktuell (2012): Social Media Trendmonitor 2012, veröffentlicht unter: www.newsaktuell.de/smtrend12 (20.07.2012)

Nieschlag, Robert/ Dichtl, Erwin/ Hörschgen, Hans (2002): Marketing, Berlin: Duncker & Humblot

Noelle-Neumann, Elisabeth (1966): Information und öffentliche Meinung. In: Publizistik, 11. Jg., 3-4/1966, S. 355-370

North, Douglas C. (1994): Economic Performance Through Time, Alfred Nobel Memorial Prize Lecture in Economic Science, American Economic Review, 84, S. 359-368

Nowicki, Matthias (2000): Theatermanagement. Ein dienstleistungsbasierter Ansatz, Hamburg: Dr. Kovac

NZZ (Neue Züricher Zeitung) (2012): Facebook: Nutzer sollen Freunde verraten, veröffentlicht im Internet unter: http://www.nzz.ch/aktuell/digital/facebook-nutzer-sollen-freunde-verraten-1.17333177 (Abruf 09.07.2012)

O´Connell, Judy/ Groom, Dean (2010): Virtual Worlds. Learning in a changing world, Camberwell: ACER Press

O´Reilly, Tim (2005): What Is Web 2.0: Design Patterns and Business Models for the Next Generation of Softwae, veröffentlicht unter: http://oreilly.com/web2/archive/what-is-web-20.html (19.07.2011)

O´Reilly, Tim (2006): Web 2.0 Compact Definition: Try Again, in: Tim O´Reilly Blog at O´Reilly Radar, veröffentlicht unter: http://radar.oreilly. com/2006/12/web-20-compact-definition-tryi.html, (16.02.2010)

Oeckel, Albert (1964): Handbuch der Public Relations, München: Süddeutscher Verlag

Otting, Ludwig (2001): Wer sparen will muss investieren. In: Die Deutsche Bühne. Das Theatermagazin, 72. Jg. H.7, S. 36-37

Patalas, Thomas (2006): Guerilla Marketing – Ideen schlagen Budget, Berlin: Cornelsen

Pauli, Knut S. (1993): Leitfaden für die Pressearbeit, München: Deutscher Taschenbuchverlag

Pepels, Werner (1997): Einführung in die Kommunikationspolitik, Stuttgart: Schäffer Poeschel

Pepels, Werner (2001): Kommunikations-Management, Stuttgart: Schäffer Poeschel

Pepels, Werner (2005): Marketing-Kommunikation. Werbung-Marken-Medien, Rinteln: Merkur

Peters, Paul (2011): Reputationsmanagement im Social Web, Köln: Social Media Verlag

Petty, Richard E./ Cacioppo, John T. (1981): Attitudes and Contemporary Approaches, Dubuque: Westview Press

Petty, Richard E./ Cacioppo, John T. (1986): Communication and Persuasion: Central and Peripheral Routes to Attitude Chance, New York: Springer

Petty, Richard E./Cacioppo, John T. (1983): Central and Peripheral Routes of Persuasion: Application to Advertising. In: Percy, Larry/Woodside, Arch G. (Hrsg): Advertising and Consumer Psychology, Lexington, Mass: Rowman & Littlefield, S. 3-23

Pfeiffer, Thomas/ Koch, Bastian (2010): Social Media: Wie Sie mit Twitter, Facebook und Co. Ihren Kunden näher kommen, München: Addison-Wesley

Picot, Arnold/ Wolff, Birgitta (2004): Informationsökonomik, in: Alisch, Katrin (Red.) Gabler Wirtschafts-Lexikon, 16. A. Wiesbaden: Gabler, S. 1478-1482

Pispers, Ralf/ Dabrowski, Joanna (2011): Neuromarketing im Internet. Erfolgreiche und gehirngerechte Kundenansprache im E-Commerce, Freiburg: Haufe

Plassmann, Hilke (2006): Der Einfluss von Emotionen auf Markenproduktentscheidungen: Theoretische Fundierung und empirische Analyse mit Hilfe der funktionellen Magnetresonanztomographie, Wiesbaden: DUV

Pohlmann, Günter (1992): Erkenntnisinteresse und Erkenntnisgrenzen der Marktforschung In: Planung und Analyse, 4/1992, S. 5-9

Pöllmann, Lorenz (2010): Ambush-Marketing für Kulturbetriebe, in Schütz, Dirk/ Heinze, Dirk (Hrsg.): Kulturmanagement Magazin – Kultur und Management im Dialog, Nr. 50, Dezember 2010, S. 12-13

Pöllmann, Lorenz (2011): Der Einsatz von Apps in der Kulturkommunikation, in Schütz, Dirk/Heinze, Dirk (Hrsg.): Kulturmanagement Magazin – Kultur und Management im Dialog, Nr.57, Juli 2011, S. 19-20

Pöllmann, Lorenz (2012): Die Nutzung von Facebook, YouTube und Twitter durch öffentlich-rechtliche Theater in Deutschland, in: Hausmann, A. (Hrsg.): Viadrina Kulturmanagement Barometer, Studie 1/2012, verfügbar unter: http://www.kuwi.europa-uni.de/de/lehrstuhl/vs/km/ViKuBa/ViKuBa-Studie-1_2012.pdf (Abruf 21.07.2012)

Qype (2012): Über Qype, veröffentlicht unter: http://de.advert.qype.com/ (07.03.2012)

Raab, Gerhard/ Gernsheimer, Oliver/ Schindler, Maik (2009): Neuromarketing: Grundlagen - Erkenntnisse – Anwendungen, 2. A., Wiesbaden: Gabler

Reibstein, D.J. (2002): What Attracts Consumers to Online Stores an What Keeps Them Coming Back?, in: Journal of the Academy of Marketing Science, 30; S. 465-473

Reichert, Heinrich (2000): Neurobiologie, 2. A., Stuttgart/ New York: Thieme

Renker, Laura-Christiane (2008): Virales Marketing im Web 2.0. Innovative Ansätze einer interaktiven Kommunikation mit dem Konsumenten, München: IFME

Richter, Rudolf/ Furubotn, Eirik G. (2010): Neue Institutionenökonomik, 4. A., Tübingen: Mohr Siebeck Verlag

Ripperger, Tanja (1999): Vertrauen im institutionellen Rahmen, in Korff, Wilhelm (Hrsg.) Handbuch der Wirtschaftsethik, Band 3, Gütersloh: Gütersloher Verlags-Haus, S. 67-99

Robertson, Thomas S. (1971): Innovative Behavior and Communication. New York: Holt, Rinehart, Winston.

Rogers, Everett M. (2003): Diffussion of Innovations, 5. A., New York: The Free Press

Röper, Henning (2001): Theatermanagement. Betriebsführung, Finanzen, Legitimation und Alternativmodelle. Köln: Böhlau

Röper, Henning (2006): Theatermanagement. Betriebsführung, Finanzen, Legitimation und Alternativmodelle. 2. A., Köln: Böhlau

Rosenstiel, Lutz von/ Neumann, Peter (2002): Marktpsychologie, Darmstadt

Rössel, Jörg/ Hackenbroch, Rold/ Göllnitz, Angela (2002): Die soziale und kulturelle Differenzierung des Hochkulturpublikums. In: Sociologica Internationalis. Internationale Zeitschrift für Soziologie, Kommunikations- und Kulturforschung. 40. Band, Heft 2, S. 191-212

Roth, Gerhard (2003): Fühlen, Denken, Handeln. Wie das Gehirn unser Verhalten steuert, Frankfurt a.M.: Suhrkamp

Rothärmel, Bettina (2007): Leistungserstellung im Kulturmanagement. Eine institutionenökonomische Analyse, Wiesbaden: DUV

Röttger, Ulrike/ Preusse, Joachim/ Schmitt, Jana (2011): Grundlagen der Public Relations. Eine kommunikationswissenschaftliche Einführung, Wiesbaden: VS

Rudolph, Thomas/ Emrich, Oliver/ Meise Jan Niklas (2008): Einsatzmöglichkeiten von Web 2.0-Instrumenten im Online-Handel und ihre Nutzung durch Konsumenten, in: Bauer, Hans/ Große-Leege, Dirk/ Rösger, Jürgen (Hrsg.): Interactive Marketing im Web 2.0+, München: Vahlen, S. 184-195

Rudolph, Thomas/ Emrich, Oliver/ Meise, Jan Niklas (2008): Einsatzmöglichkeiten von Web 2.0 – Instrumenten im Online-Handel und ihre Nutzung durch Konsumenten, in: Bauer, Hans/ Große-Leege, Dirk/ Rösger, Jürgen (Hrsg.): Interactive Marketing im Web 2.0+, München: Vahlen, S. 184-195

Rust, Holger (2008): Zukunftsillusionen. Kritik der Trendforschung, Wiesbaden: VS

Safko, Lon (2010): The Social Media Bible: Tactics, Tools, and Strategies for Business Success, 2. A., New Jersey: John Wiley & Sons

Schäfer, Sebastian/ Richet, Alexander/Koch, Michael (2008): Wer bloggt was? Eine Analyse der deutschen Top 100-Blogs mit Hilfe von Cluster-Verfahren in: Alpar, Paul/ Blaschke, Steffen (Hrsg.) (2008): Web 2.0 – Eine empirische Bestandsaufnahme, Wiesbaden: GWV, S. 53-72

Scheer, August-Wilhelm/ Gabriel, Oliver/ Klein, Ralf (2006): Modellbasiertes Dienstleistungsmanagement, in: Bullinger, Hans-Jörg/ Scheer, August-Wilhelm (Hrsg.): Service Engineering, Berlin et al.: Springer, S. 19-51

Schefer, Dieter (2002): Bedeutung, Marktangebot und Qualifizierung von Adressen für die schriftliche Werbung, in: Holland, Heinrich (Hrsg.): Das Mailing, Wiesbaden: Gabler, S. 45-87

Scheff Bernstein, Joanne (2007): Arts Marketing Insights, San Francisco: Wiley & Sons

Scheier, Christian/ Held, Dirk (2006): Wie Werbung wirkt. Erkenntnisse des Neuromarketing, Planegg: Haufe

Scheier, Christian/ Held, Dirk (2008): Was Marken erfolgreich macht. Neuropsychologie in der Markenführung, Planegg: Haufe

Schenk, Michael (1989): Perspektiven der Werbewirkungsforschung. In: Rundfunk und Fernsehen, 37. Jg. 4/1989, S. 447-457

Scheuch, Fritz (2007): Marketing, München: Vahlen

Scheurer, Hans/ Spiller, Ralf (Hrsg.) (2010): Kultur 2.0. Neue Web-Strategien für das Kulturmanagement im Zeitalter von Social Media, Bielefeld: Transcript

Scheurer, Hans/ Spiller, Ralf (Hrsg.) (2010): Kultur 2.0. Neue Web-Strategien für das Kulturmanagement im Zeitalter von Social Media, Bielefeld: Transcript

Schiele, Gregor/ Hähner, Jörg/ Becker, Christian (2008): Web 2.0 – Technologien und Trends, in: Bauer, Hans/ Große-Leege, Dirk/ Rösger, Jürgen (Hrsg.): Interactive Marketing im Web 2.0+, München: Vahlen, S. 4-13

Schindler, Marie-Christine/ Liller, Tapio (2011): PR im Social Web: Das Handbuch für Kommunikationsprofis, Köln: O´Reilly

Schirp, Heinz (2008): Neurowissenschaften und Lernen, in: Caspary, Ralf (Hrsg.): Lernen und Gehirn. Der Weg zu einer neuen Pädagogik, 5. A. Freiburg et al.: Herder, S. 99-128

Schlossmuseum Wolfenbüttel (Hrsg.) (1992): Vom herzoglichen Hoftheater zum bürgerlichen Tourneetheater, Wolfenbüttel: Schlossmuseum Wolfenbüttel

Schlosspark Theater Berlin (2012): Facebook-Profil, veröffentlicht unter: http://de-de.facebook.com/pages/Schlosspark-Theater-Berlin-Offizielle-Seite/332467151990?viewas=0&sk=app_2373072738 (Abruf: 03.08.2012)

Schmidt, Thomas (2012): Theatermanagement, Wiesbaden: Springer VS

Schmidt, Ulrike (2010a): Das Social-Media-Engagement deutscher Museen und Orchester 2010, veröffentlicht unter: http://kulturzweinull.eu/wp-content/uploads/2010/10/das-social-media-engagement-deutscher-museen-und-orchester-20102.pdf (02.01.2012)

Schmidt, Ulrike (2010b): Die Social-Media-Aktivitäten der Kronberg Academy, in: Scheurer, Hans/Spiller, Ralf (Hrsg.): Kultur 2.0. Neue Web-Strategien für das Kulturmanagement im Zeitalter von Social Media, Bielefeld: Transcript, S. 215-224

Schneidewind, Petra (2000): Entwicklung eines Theaterinformationssystems, Frankfurt a.M.: Peter Lang

Schöneck, Nadine M./ Voß, Werner (2005): Das Forschungsprojekt. Planung, Durchführung und Auswertung einer quantitativen Studie, VS-Verlag: Wiesbaden

Schubert, Petra/ Selz, Dorian/ Haertsch, Patrick (2003): Digital erfolgreich. Fallstudien zu strategischen E-Business-Konzepten, 2. A., Berlin et al.: Springer

Schulte, Thorsten (2007): Guerilla Marketing, 3. A., Sternenfels: Verlag Wissenschaft und Praxis

Schulz von Thun, Friedemann (2010): Miteinander reden: Fragen und Antworten. 3. A., Reinbek bei Hamburg: rororo

Schulz, Sebastian/ Mau, Gunnar/ Löffler, Stella (2008): Motive und Wirkungen im viralen Marketing, in: Hass, Berthold H./ Walsh, Gianfranco/ Kilian, Thomas (Hrsg.): Web 2.0. Neue Perspektiven für Marketing und Medien, Heidelberg: Springer, S. 250-266

Schulze, Gerhard (2005): Die Erlebnisgesellschaft. Kultursoziologie der Gegenwart. Frankfurt a.M.: Campus

Schumacher, Anja (1994): Unvollkommene Information in der neoklassischen Informationsökonomik und im evolutionsökonomischen Ansatz, Dissertation, Frankfurt a.M. et al.: Europäischer Verlag der Wissenschaften

Schumann, Siegfried (2006): Repräsentative Umfrage, 4. A., München: Oldenbourg

Schwarz, Torsten (2008): Erfolgreiches Online Marketing, Freiburg et al.: Haufe

Schweiger, Günter/ Schrattenecker, Gertraud (2005): Werbung. Eine Einführung, 6. A., Stuttgart et al.: UTB

Schweiger, Wolfgang/ Beck, Klaus (Hrsg.) (2010): Handbuch Online-Kommunikation, Wiesbaden: VS

Schwerdtfeger, Dettloff (2004): Markenpolitik für Theater – ein produktpolitisches Marketingkonzept, Köln: Fördergesellschaft Produkt-Marketing e.V.

Scoble, Robert/ Israel, Shel (2006): Naked Conversations, San Francisco: Wiley & Sons

Seyffert, Rudolf (1966): Werbelehre. Theorie und Praxis der Werbung, Stuttgart: C. E. Poeschel

Shankar, V./ Smith, A.K., Rangaswamy, A. (2003): Consumer satisfaction and loyality in online and offline environments, in: International Journal of Research in Marketing, 20, S. 153-175

Shannon, Claude/ Weaver, Warren (1949): The mathematical theory of communication, University of Illinois Press, Urbana

Shannon, Claude/ Weaver, Warren (1976): Mathematische Grundlagen der Informationstheorie, München: Oldenbourg

Shirky, Clay (2008): Here Comes Everybody. The Power of Organizing Without Organization, New York: Penguine Books

Shirky, Clay (2011): The Political Power of Social Media, in: Foreign Affairs, veröffentlicht unter: www.foreignaffairs.com/print/66987 (26.07.2011)

Sieg, Gernot (2007): Volkswirtschaftslehre, München: Oldenbourg

Sievers, Norbert (2005): Publikum im Fokus. Begründung einer nachfrageorientierten Kulturpolitik, in: Wagner, Bernd (Hrsg.): Jahrbuch für Kulturpolitik 2005. Thema. Kulturpublikum, Bd. 5, Essen, S. 45-58

Simhandl, Peter (2007): Theatergeschichte in einem Band, Berlin: Henschel

Solf, Günter (1993): Theatersubventionierung. Möglichkeiten einer Legitimation aus wirtschaftstheoretischer Sicht, Bergisch Gladbach: Josef Eul

Sonnenburg, Stephan (Hrsg.) (2009): Swarm Branding. Markenführung im Zeitalter von Web 2.0, Wiesbaden: VS

Spiegel Online (2011): Was Apples iPhone speichert, veröffentlicht unter: http://www.spiegel.de/netzwelt/gadgets/bewegungsprofile-was-apples-iphone-speichert-a-758467.html (21.04.2011)

Spitzer, Manfred (2006): Lernen. Gehirnforschung und die Schule des Lebens, Heidelberg: Spektrum

Stanoevska-Slabeva, Katarina (2008): Web 2.0 – Grundlagen, Auswirkungen und zukünftige Trends. In: Meckel, Miriam/ Stanoevska-Slabeva, Katarina (Hrsg.): Web 2.0. Die nächste Generation Internet, Baden Baden: Nomos, S. 13-38.

Statista (2012a): Entwicklung der Visits der deutschen Social Networks (in Mio.) von Mai 2011 bis Mai 2012, veröffentlicht unter: http://de.statista.com/statistik/daten/studie/209595/umfrage/entwicklung-der-visits-der-deutschen-social-networks/ (09.07.2012)

Statista (2012b): Prognose zur Entwicklung der Visits (in Mio.) der deutschen Social Networks 2012, veröffentlicht unter: http://de.statista.com/statistik/daten/studie/224655/umfrage/prognose-zur-entwicklung-der-deutschen-social-networks/ (9. Juli 2012)

Steffenhagen, Hartwig (2008): Marketing. Eine Einführung, Stuttgart: Kohlhammer

Stiglitz, Joseph E. (2003): Information and Change in the Paradigma in Economics, in: Arnott, Richard/ Greenwald, Bruce/ Kanbur, Ravi/ Nalebuff, Barry (Hrsg.): Economics for an Imperfect World, Cambridge: MIT

Stolpmann, Markus (2002): Werbeformen im Internet, in: Conrady, Roland/ Japersen, Thomas/ Pepels, Werner (Hrsg.): Online Marketing Instrumente, Neuwied et al.: Luchterhand, S. 136-154

Strong Jr., Edward K. (1925): Theories of Seeling, in: Journal of Applied Psychology, Vol 9(1), March 1925, S. 75-86.

Stuber, Reto (2011): Erfolgreiches Social Media Marketing mit Facebook, Twitter, Xing und Co., 4.A., Düsseldorf: Data Becker Verlag

Süddeutsche Zeitung 2004: "Ich werde 90 - ich habe es nicht verdient". George Tabori im Interview, geführt von Benjamin Henrichs, veröffentlicht unter: http://www.sueddeutsche.de/kultur/820/406597/text/ (20.04.2010)

Surowiecki, James (2005): The Wisdom of Crowds, London: Abacus

Tauchnitz, Jürgen (2000): Bevölkerungsbefragung zum Thema Landeshauptstadt Magdeburg 1999, veröffentlicht unter: www.marketing-tauchnitz.de

Theis-Berglmair, Anna Maria (2003): Organisationskommunikation. Theoretische Grundlagen und empirische Forschung, Münster et al: LIT

Tobias, Stefan (2003): Kosteneffizientes Theater? Deutsche Bühnen im DEA-Vergleich, Dortmund: o.V.

Trepel, Martin (2004): Neuroanatomie, 3. A., München/Jena: Urban und Fischer

Tropp, Jörg (2011): Moderne Marketing Kommunikation: System – Prozess – Management, Wiesbaden: VS

UNESCO 2010: The Intangible Heritage Lists. Veröffentlicht unter http://www.unesco.org/culture/ich/en/lists/ (22.04.2010; 14:14)

Vakianis, Artemis (2003): Controlling im Theater. Eine kritische Diskussion. Wien: Studienverlag

Vakianis, Artemis (2006): Besonderheiten des Managements von Kulturbetrieben anhand des Beispiels „Theater". In: Zemylas, Tasos/Tschmuck, Peter (Hrsg.): Kulturbetriebsforschung. Ansätze und Perspektiven der Kulturbetriebslehre, Wiesbaden: VS

van Eimeren Birgit / Frees, Beate (2011): Drei von vier Deutschen im Netz – ein Ende des digitalen Grabens in Sicht? Ergebnisse der ARD/ZDF-Onlinestudie 2011. MP 7–8/2011, S. 334–349

von Ferenczy, Dennis/ Spiess, Sandro/ Staudt, Anja (2010): Twitter für Events: Wie Sie mit Hilfe von Social Media Ihrem Event zum Erfolg verhelfen. Studie: Veröffentlicht unter: http://app.en25.com/ e/er?utm_campaign=&utm_medium=email&utm_source=Eloqua&s=2631&lid=63&elq= (22.02.2012)

Voss, Zannie Giraud/ Voss Glenn B./ Shuff, Christopher/ Rose, Ilana B. (2008): Theatre Facts 2008. A Report on Practices and Performance in the American Not-for-profit Theatre Based on the Annual TCG Fiscal Survey. Veröffentlicht im Internet: http://www.tcg.org/tools/facts/ (18.01.2009)

Wach, Antonia/ Lachermeier, Johannes (2011): Zielsetzung, Maßnahmen und Erfolgsmessungen im Web 2.0: Strategisches Vorgehen am Beispiel der Bayerischen Staatsoper, in: Janner, Karin/Holst, Christian/ Kopp, Axel (Hrsg.): Social Media im Kulturmanagement. Grundlagen, Fallbeispiele, Geschäftsmodelle, Studien, mitp: Heidelberg, S. 285-302

Wagner, Bernd (2004b): Theaterdebatte – Theaterpolitik. Einleitung, in: Ders. (Hrsg.) Jahrbuch für Kulturpolitik 2004. Thema: Theaterdebatte, Band 4, Essen: Klartext

Wagner, Bernd (Hrsg.) (2004a): Jahrbuch für Kulturpolitik 2004. Thema: Theaterdebatte, Band 4, Essen: Klartext

Wagner, Udo/ Srnka, Katharina J. (2003): Zur Bedeutung von Information im Marketing, in: Dosoudil, Ilse (Hrsg.): Information und Wirtschaft. Aspekte einer komplexen Beziehung, Wien: WUV, S. 25-53

Walsh, Gianfranco/ Kilian, Thomas/ Zenz, René (2011): Strategische Mundwerbung im Web 2.0 am Beispiel von Medienprodukten. In: Hass, Berthold H./ Walsh, Gianfranco / Kilian, Thomas (Hrsg.): Web 2.0 – Neue Perspektiven für Marketing und Medien Berlin/Heidelberg: Springer, 2. A., S. 279-294.

Watzlawick, Paul/ Beavin, Janet H./ Jackson, Don D. (1974): Menschliche Kommunikation. Formen, Störungen, Paradoxien. Bern, Stuttgart, Wien: Hans Huber

Weber, Larry (2009): Marketing the Social Web: How Digital Customer Communities Build Your Business, 2. A., Hoboken, NJ: Wiley & Sons

Weiber, Rolf (1996): Was ist Marketing? Ein informationsökonomischer Erklärungsansatz. Arbeitspapier zur Marketingtheorie, Nr. 1, 2. A., Trier: o.V.

Weiber, Rolf (2004): Informationsökonomische Fundierung des Industriegütermarketing, in: Backhaus, Klaus/ Voeth, Markus (2004): Handbuch Industriegütermarketing, Wiesbaden: Gabler, S. 79-118

Weiber, Rolf/ Adler, Jost (1995a): Der Einsatz von Unsicherheitsreduktionsstrategien im Kaufprozeß: Eine informationsökonomische Analyse, in: Kaas, Klaus P. (Hrsg.): Kontrakte, Geschäftsbeziehungen, Netzwerke – Marketing und Neue Institutionenökonomik, Düsseldorf: Verlagsgruppe Handelsblatt, S. 61-77

Weiber, Rolf/Adler, Jost (1995b): Informationsökonomisch begründete Typologisierung von Kaufprozessen, in: Zeitschrift für betriebswirtschaftliche Forschung, 47. Jg., Nr. 1, S. 43-65

Weinberg, Peter/ Salzmann, Ralph (2004): Neuere Ansätze der Emotionsforschung aus Marketingsicht, in: Wiedmann, K.P. (Hrsg.): Fundierung des Marketing, Wiesbaden, S. 47-61

Weinberg, Tamar (2009): The New Community Rules: Marketing on the Social Web, Sebastopol, CA: O´Reilly

Weinberg, Tamar (2010): Social Media Marketing. Strategien für Twitter, Facebook & Co, Köln: O´Reilly

Werner, Andreas (2003): Marketing Instrument Internet. Strategie – Werkzeuge – Umsetzung, 3. A., Heidelberg: dpunkt

Widmayer, Jörg (2000): Produktionsstrukturen und Effizienz im öffentlichen Theatersektor, Frankfurt a.M.: Peter Land

Wikipedia (2011): Wikipedia, veröffentlicht unter: http://de.wikipedia.org/wiki/Wikipedia (26.08.2011)

Wilke, Helmut (2005): Systemtheorie II: Interventionstheorie, 4. A., Stuttgart: Lucius & Lucius

Winter, Carsten (2006): TIMES-Konvergenz und der Wandel kultureller Solidarität. In: Hepp, Andreas/ Krotz, Friedrich/ Moores, Shaun/ Winter, Carsten (Hrsg.): Konnektivität, Netzwerk und Fluss. Konzepte gegenwärtiger Medien-Kommunikations- und Kulturtheorie, Wiesbaden: VS

Winter, Carsten (2011): Von der Push- zur Pull-Kultur (-innovation)in: Janner, Karin/Holst, Christian/ Kopp, Axel (Hrsg.): Social Media im Kulturmanagement. Grundlagen, Fallbeispiele, Geschäftsmodelle, Studien, Heidelberg: mitp, S. 149-188

Wirtz, Bernd W. (2003): Medien- und Internetmanagement, Wiesbaden: Gabler

Wittmann, Waldemar (1959): Unternehmung und unvollkommene Information, Opladen: Westdeutscher Verlag

Wölker, Johannes (2011): Arbeitshandbuch Qualitätsmanagement. 2. A.. Berlin et al.: Springer

Yin, Robert K. (2009): Case study research: design and methods. 4. A., Thousand Oaks: Sage.

ZAD (Zentrum für Audience Development) (2007): Besucherforschung in öffentlichen deutschen Kulturinstitutionen, veröffentlicht unter:
http://www.geisteswissenschaften.fu-berlin.de/v/zad/media/
Besucherforschung_ZAD.pdf (02.01.2011)

Zaltman, Gerald (2000): Consumer Researchers: Take a Hike!, in Journal of Consumer Research, 26,4, S. 423-429

Zarella, Dan (2010): Das Social Media Marketing Buch, Köln: O´Reilly

ZEIT online (2012): Schwarz bleibt schwarz, veröffentlicht unter: http://www.zeit.de/ 2012/08/Theater-Mainz (03.08.2012)

Zeithaml, Valerie A. / Bitner, Mary Jo/ Gremler, Dwayne D. (2008): Services Marketing, 5. A., Columbus, OH: Mcgraw-Hill Professional

Zerdick, Axel/ Picot, Arnold/ Schrape, Klaus/ Artopé, Alexander/ Goldhammer, Klaus/ Heger, Dominik K./ Lange, Ulrich T./ Vierkant, Eckart/ López-Escobar, Esteban/ Silverstone, Roger (2001): Die Internet-Ökonomie. Strategien für die digitale Wirtschaft, 3. A., Berlin et al.: Springer

Zerfaß, Ansgar/ Boelter, Detrich (2005): Die neuen Meinungsmacher. Weblogs als Herausforderungen für Kampagnen, Marketing, Medien, PR und Medien, Graz: Nausner und Nausner

Zerfaß, Ansgar/ Welker, Martin/Schmidt, Jan (2008a): Kommunikation, Partizipation und Wirkung im Social Web. Band 1, Grundalgen und Methoden. Von der Gesellschaft zum Individuum, Köln: von Halem

Zerfaß, Ansgar/ Welker, Martin/Schmidt, Jan (2008b): Kommunikation, Partizipation und Wirkung im Social Web. Band 2, Strategien und Anwendungen: Perspektiven für Wirtschaft, Politik, Publizistik, Köln: von Halem

ZfKf/ DOV (Zentrum für Kulturforschung/ Deutsche Orchestervereinigung) (2011): Präsentation des 9. KulturBarometers, veröffentlicht im Internet unter: www.miz.org/artikel/2011_KulturBarometer.pdf (10.02.2012)

Zimmermann, Ralf (2006): Neuromarketing und Markenwirkung. Was Marketing von der modernen Hirnforschung lernen kann, Berlin: VDM

Danksagung

Mein herzlicher Dank gilt Frau Prof. Dr. Andrea Hausmann für die engagierte Betreuung meiner Promotion. Darüber hinaus danke ich Herrn Prof. Dr. Dr. Knefelkamp sehr für die Übernahme des Zweitgutachtens.

Für die kontinuierliche und hilfreiche Unterstützung danke ich besonders Clara Herrmann, Laura Murzik, Mariko Ponczeck, meinen Eltern Dr. Hildegunde Habel-Pöllmann und Siegfried H. Pöllmann sowie meiner Schwester Almut Pöllmann, denen die Arbeit gewidmet ist.

Dem Shaker Verlag, insbesondere Frau Heike Jansen, danke ich für die sehr gute Zusammenarbeit bei der Realisierung der Publikation.

Im Weiteren danke ich folgenden Personen:

Alice Altissimo | Martina Aschmies | Manon Awst | Prof. Dr. Hermann Ayen | Viola Bornmann | Steffanie Bub | Prof. Dr. Thomas Düllo | Julius Erdmann | Linda Frenzel Dr. Sandra Geschke | Ina Gysbers | Dirk Heinze | Astrid Horst | Fritz Huber | Timotheus Kartmann | Lars Kieper | Christine Klotmann | Achim Könneke | Johannes Lachermeier | Tanja Lötzsch | Kim May | Frederik Mayet | Christian Melzer | Dr. Izabella Parowicz | Nicola Pattberg | Dr. Dr. Theodor Pindl | Erich Pöllmann | Rebecca Rasem | Janna Rohden | Katrin Schröder | Prof. Dr. Hartmut Schröder | Dirk Schütz Thorsten Teubl | Simone Voggenreiter | Hans-Conrad Walter | Benjamin Walther Christiane Werum | Kristin Westermann | Kira Wortmann | Prof. Dr. Paul Zalewski Bärbel Ziegerick